船舶波浪载荷与结构强度

唐浩云　张显库　著

大连海事大学出版社

ⓒ 唐浩云　张显库　2021

图书在版编目(CIP)数据

船舶波浪载荷与结构强度／唐浩云,张显库著. —
大连：大连海事大学出版社,2021.12
ISBN 978-7-5632-4204-7

Ⅰ.①船…　Ⅱ.①唐…②张…　Ⅲ.①船舶—波浪载
荷②船舶—结构强度　Ⅳ.①U661.4

中国版本图书馆 CIP 数据核字(2021)第 251549 号

大连海事大学出版社出版

地址:大连市黄浦路523号　邮编:116026　电话:0411-84729665(营销部)　84729480(总编室)
http://press.dlmu.edu.cn　E-mail:dmupress@dlmu.edu.cn
大连天骄彩色印刷有限公司印装　　　　　大连海事大学出版社发行
2021 年 12 月第 1 版　　　　　　　　　2021 年 12 月第 1 次印刷
幅面尺寸:184 mm×260 mm　　　　　　　　　　　　　　印张:12
字数:296 千　　　　　　　　　　　　　　　　印数:1~500 册
出版人:刘明凯
责任编辑:孙笑鸣　　　　　　　　　　　　　责任校对:张　华
封面设计:张爱妮　　　　　　　　　　　　　版式设计:张爱妮

ISBN 978-7-5632-4204-7　　　定价:37.00 元

前　言

随着全球一体化的逐步深入,我国航运业在近几十年里得到了显著的发展。大宗货物远洋运输、沿海短途客运、近海邮轮等相关船舶的需求正在不断扩大。为了提高船舶的运输效率、降低船舶运营成本,船舶在设计上逐步趋于专业化、大型化。传统油船在平均载重量上已由 20 世纪 50 年代的 4 万吨迅速提升到了 30 万吨,而散货船的平均载重量也很快达到了 40 万吨的水平。同时,多体船技术也已逐渐成熟,快速双体船、高速三体船、高速五体船等高技术船舶已在世界各地的工程领域中开始广泛应用。船体结构大型化和复杂化带来航运经济效应提升的同时,也给船舶的航行安全提出了更高的要求。

随着计算机技术的发展,越来越多的船舶设计人员开始采用数值仿真手段来指导船舶的设计和建造。本书总结了船舶载荷与结构响应分析领域的相关基本理论,并结合作者近几年来对于船舶波浪载荷、模型试验、船体结构强度评估以及船体结构状态安全监测等方面新的研究成果,说明了现阶段如何针对复杂海洋环境来实施船舶波浪载荷和结构响应预报的基本方法。书中详细地给出了这些方法所涉及的相关理论推导、数值离散和模型验证,有助于读者全面深入地了解数值仿真方法的由来和使用环境。作者希望读者能够通过阅读此书增强对船舶波浪载荷和结构强度评估方面研究的理解,从而帮助读者解决船舶工程领域中的实际问题。同时,本书所涉及的一些理论目前仍是航海科学技术、船舶与海洋工程以及流体力学中的前沿技术,其研究进展中仍存在一些难点,希望读者能通过阅读此书获得启发,在已有的成果基础上做进一步的研究和探索,从而提高我国船舶设计和长期运营的技术水平,加快我国船舶工业的发展。

在本书撰写过程中,本人多次与大连海事大学航海学院张显库教授研讨。张教授对于相关理论的讲解极大地提高了本书的系统性和创新性,加强了本书的可读性和实用性。同时,也感谢本人的博士导师哈尔滨工程大学任慧龙教授以及船舶与海洋工程结构力学研究所的各位老师对于本人在学术道路上探索的启蒙和激励。此外,本人的研究生何子琛、武鑫鑫也参与了本书的文献整理、插图制作等工作,在此表示感谢。最后,感谢国家自科基金(No. 51679024)、辽宁省自科基金(2021-BS-078)、辽宁省教育厅面上项目(LJKZ0046)以及中央高校基本科研业务费(3132021150)等专项资金对书中相关研究的资助。

由于作者水平有限,书中不足之处在所难免,欢迎读者批评指正。

唐浩云

2021 年 8 月 2 日于大连海事大学

目　录

1 绪 论

纵观人类的发展史,它其实是一部由内陆走向海洋,由自身周边环境至全球的探索史。早期,人类主要以自身周边环境作为活动范围来满足生存需求,其范围相对较小且比较固定;但随着人类对于自然规律认识的积累,人类的活动范围开始向外扩展,并逐步延伸至整个大陆。随着活动边界的不断扩张,人们逐渐意识到自己所处的世界不仅仅只有辽阔的陆地,还有一种更加广阔的领域,一种由不断扰动的巨大流体所涵盖的环境,我们把它称为"海洋"。

面对这种新的环境,人们没有停下前进的步伐,而是利用对流体规律的认识和对水面漂浮技术的不断尝试,最终形成了一种能够在海洋环境下移动的工具,海船的雏形也在此基础上逐步建立起来。随着人力船、风帆船、明轮船以及螺旋桨船的迭代发展,人类已能够在全球范围内自由地活动,而这也是"全球一体化"兴起的基础[1]。同时,借助船舶制造和远洋技术的发展,人类对于海洋资源的开发也日益成熟。近海渔业、远洋运输以及海底石油勘探等海洋领域下的开发活动日益频繁,其给予了人类社会巨大的物质财富。海洋中源源不断的物质资源已逐渐进入人们的日常生活中,极大地提升了人们的物质生活水平[2]。

随着全球一体化经济和环保意识的不断深入,对于海船的各项要求也在逐步提高。事实上,船舶在经历了漫长的研究和改进后,其性能已得到了显著的提升。但随着科学技术的不断发展,针对船舶设计上的研究一直没有停歇。船舶在海洋环境下航行的研究主要可以分为两个方面,第一个方面主要集中于复杂海洋环境的模拟,研究环境对于船舶运动和流体力的影响;第二个方面则是关注于船体本身,对于船体材料组成的结构形式在振动、冲击等流体作用下的响应分析,从而确保船舶在航行过程中不会出现结构材料的断裂。

本书也将从这两个方面对于船舶的设计进行详细的叙述,致力于让读者对于现阶段船舶设计领域中波浪载荷和结构强度方向的研究前沿有一定的了解。

1.1 船舶波浪载荷发展概述

船舶波浪载荷的研究主要关注于船舶周边流体的波动特征,通过对于流体特征的观察与认识,专家学者先后建立了势流理论和黏流理论来模拟流体的扰动。势流理论借助理想流体假设,认为船舶周边流场中的流体是均匀、不可压缩、无黏且无旋的,并通过构建势函数和流函数来描绘流体的流动特征[3-4]。而黏流理论则是利用流体连续性方程和 Navier-Stokes 方程来组成控制条件,从而模拟不可压缩、密度为常量的流体波动[5]。同时,根据流体波动的时频效应和二维、三维等流体和物体的尺度特征,船舶波浪载荷研究又可细分为时域理论、频域理论、二维理论、二维半理论以及三维理论。此外,在流体的数值模拟中又引入了面元法、边界元法、自由面格林函数法、有限元法、有限体积法、无网格光滑粒子流(Smoothed Particle Hydrodynamics,SPH)方法等众多数值求解方法,从而使得波浪载荷的发展出现了众多研究分支,并随着计算机技术的不断改善,波浪载荷的模拟在不同的细分领域中都取得了长足的进步。

在船舶波浪载荷理论的发展中,最早得到广泛应用的为船体细长体理论,理论将船视为一个理想的细长体,认为船舶的吃水和型宽与船长相比均为小量。此理论由 Munk[6] 在 1924 年提出,并从 20 世纪 50 年代开始被广泛应用于求解船舶在波浪中的水动力问题。其后,Joosen[7] 采用长波近似原理,基于细长体理论求解了波浪中航行船舶的非定常载荷响应。而 Ogilvie[8] 则对波浪中的短波特征展开研究,通过引入短波假定并利用切片法模拟了船舶与流体的相互作用,给出了船舶水动力系数的求解方法。Newman[9] 则结合了短波假设下的切片法和长波假定的细长体理论,建立了统一的二维船舶波浪载荷线性切片理论。切片理论的基本思路与数学积分求解类似,将船舶分成多个横向薄切片,并在每个二维切面上展开模拟计算。在切面上,采用二维绕流理论来获得船体横剖面的附加质量、阻尼等水动力系数,最终通过沿船长积分得到波浪对于船舶的载荷。对于常规船舶而言,切片理论能很好地估算波浪力,从而预估船舶运动和波浪载荷的大小。此外,根据二维水动力计算方法的不同,切片理论又可细分为常规切片法[10-11]、新切片法[12]和 Salvesen-Tuck-Faltinsen(STF)切片法[13]。船舶切片理论的形成在波浪载荷研究发展中意义重大,其给予船舶与海洋结构物设计人员一种相对稳定可靠的载荷预报工具,即便是船舶制造工业高度发展的今天,切片理论在初步设计中仍发挥着不可替代的作用。

虽然切片理论的诞生使得船舶波浪载荷的预报得到了极大的提升,但理论中流体线性假设也造成了大波高、高航速等复杂环境下船舶载荷特征描述失真的现象。为了进一步计及非线性因素的影响,Fonseca 和 Guedes Soares[14] 在切片理论简化船体与波浪结界面(平均湿表面)的基础上,引入了具有非线性特征的入射波力和静水恢复力,建立了弱非线性的波浪载荷预报理论。而 Wu[15-16] 则考虑了船体弹性变形造成的流固耦合影响,基于二维切片法实现了船舶水弹性响应的模拟,并进一步建立了不规则波中船体载荷模拟的方法。其后,通过在泰勒展开式中保留二阶项,刘应中和缪国平[17] 基于切片法获得了瞬时二阶波浪力的求解方法。而宋竞正和任慧龙[18] 则通过引入瞬时冲击和剖面吃水的瞬态变化,利用二维切片水弹性理论展开了舰船在规则波和不规则波中迎浪航行时的运动和载荷响应分析。此外,为了考虑航速效应的影响,段文洋、马山等人引入了一种修正的二维半理论方法[19-20],在流场的模拟中控制方程和物面仍采用二维条件,而在自由表面上利用三维边界。该理论假定船舶在高航速时,水波只向后传播,忽略船首处非定常扰动。基于此高速假设,该理论又被称为高速细长体理论。尽管利用二维切片法对于船舶载荷进行预报,其精度满足一般的工程需求,但是对于首尾部型值变化较大的船舶而言,切片法的预报与试验结果仍有较大的差别,尤其是在波浪局部压力的计算上。因此,对于船舶波浪载荷的研究逐步从二维模型转变为三维模型,从而逐步形成了三维势流理论。

在三维势流理论中,往往利用边界元法和摄动理论,取小参数为波陡,将非线性自由面条件、物面条件进行线性化处理,最终得到基于船舶周边流场速度势的控制方程。通过速度势的求解,可以获得船舶的一阶、二阶甚至高阶波浪力,从而实现波浪载荷的模拟[21]。在流场速度势的求解中,基于速度势时空分离求解和速度势时空关联求解两种思路,逐步形成了现今两种主流分支,即频域势流理论和时域势流理论。频域势流理论主要基于流场速度势时空分离求解的基本原理,直接去寻找船舶在波浪中处于稳定状态下的载荷特征。此理论将流场时历的数值模拟通过时频转化方法化简为流场稳态下频域的求解问题。由于其时间项的分离处理，使得其速度势的求解过程相对简单，效率较高。因此，三维频域势流理论较之时域理论发展得相对更快。在利用边界元法求解速度势上，往往需要构建相应的格林函数来满足边界条件。这种利用格林函数来求解流场扰动的做法，又被称为格林函数法。在频域理论中，主要可采用两种类型的格林函数，一种是只能满足流体扰动关系的频域简单格林函数（频域 Rankine 源）；另一种是能够自动满足线性自由面和远方辐射条件的格林函数（频域自由面格林函数）。简单格林函数虽然不具备天然满足边界条件的属性，但其求解简单且便于调整，适合处理流场的复杂问题[22-23]。通过在船舶和流场边界上布置源和汇，简单格林函数能够有效地进行流场的辐射势和绕射势的求解。而频域自由面格林函数法则是基于 Haskind[24]、Havelock[25]、缪国平[26]、Bessho[27]等众多专家的研究成果，在满足 Neumann-Kelvin 自由面条件和远方辐射波面衰减消失条件的格林函数表达式上进行流场速度势的求解。自由面格林函数在数值边界条件的处理上较为简单，只需在船体湿表面划分网格即可以进行流场模拟，因此十分适合船舶设计人员进行船体的初步设计。法国船级社开发的 HydroStar[28]、挪威船级社开发的 Seasam[29]、美国麻省理工学院开发的 WAMIT[30]以及哈尔滨工程大学和中国船级社联合开发的 WALCS[31]等成熟商业软件的简单预报模块都是基于此种方法。频域自由面格林函数法在数值模拟上虽然效率较高，但在有航速格林函数的求解上仍存在难点。针对有航速船舶航行的问题，往往需要具备较高数值模拟知识储备的技术人员指导，从而才能在船舶设计过程中避免出现数值结果失真。频域势流虽然在求解稳态下的流场特征较为便利，但在瞬态载荷的模拟上略显不足。由于缺乏时间因果关系的连续求解，在分析瞬态载荷形成机理上有所缺陷。而考虑时间变化过程的时域理论在这方面具有一定优势。在基于速度势时空关联求解的时域理论中，格林函数法也得到了广泛的应用。三维时域势流理论也分为时域 Rankine 源法和时域自由面格林函数法。时域 Rankine 源法在理论推导中相对简单从而发展较快，但其无法自动满足自由面和远方辐射条件，使得在其求解流场上仍需要划分大量的网格，从而占用相对较大的计算资源。而时域自由面格林函数法则主要是依托 Finkelstein[32]推导的自由表面时域格林函数数值表达式，并利用 Cummins[33]和 Ogilvie[34]研究中的脉冲响应函数理论来实现船舶周边流场的模拟。与频域自由面格林函数法类似，时域自由面格林函数法在网格划分上需求较少，仅需船体表面的形状数据即可。但时域自由面格林函数也具有增频、增幅的振荡特性，在求解外飘型船舶时容易出现数值发散现象，其数值计算的稳定性仍需进一步研究。

综上所述，无论是频域理论还是时域理论，其分支下的简单格林函数法与自由面格林函数法均具有明显的优缺点。因此，一些学者开始尝试将 Rankine 源和自由面格林函数的优点结合起来，从而逐步形成了一种混合源法，或称之为 Rankine-Green 匹配法。该方法将船舶周边流场域进一步划分，通过建立数值虚拟控制面将其分为内域和外域[35]。在内域中采用简单格林函数来模拟流场波动，而在外域中使用自由面格林函数来满足自由面和远方辐射条件。此方法既解决了 Rankine 源划分网格较多和无法满足远方辐射条件的问题，也避免了自由面格林函数在求解复杂船体表面影响时出现的发散现象，因此是一种具有发展前景的数值模拟方法[36]。在结合两种方法优势的同时，其理论也较单一格林函数法更加复杂，因此也是目前船舶波浪载荷理论重点研究的方向之一。

除了势流理论之外，随着计算机技术的突飞猛进，黏流理论在近几年来也得到了长足的发展。真实流体是具有黏性且有旋的。在大型结构与流体的相互作用上，黏性力由于较小而常常被忽略。但在流体的局部特征上,黏性效应往往较为显著。因此,黏性因素的考虑对于船舶波浪载荷也至关重要。在流体力学研究中,达朗贝尔发现利用理想流体无法描述物体的运动阻力(阻力为零),这与现实不符,这在当时被称为达朗贝尔疑题[37]。其后,Navier 和 Stokes 将流体分子间的作用力引入流体欧拉方程中,最终形成 Navier-Stokes 方程(N-S 方程)。N-S 方程的构建奠定了近代黏性流体力学的基础。但由于 N-S 方程的强非线性特征,在黏流求解的研究初期遇到了巨大的障碍。为了能够求解黏性流体波动,德国工程师 Prandtl 在海德尔堡第三届国际数学家学会上的《关于摩擦极小的流体运动》论文中首先提出了边界层理论,认为雷诺数较大时,黏性流体只局限于固体壁上一层薄薄的流体层中,这一流体层又被称为边界层。这一假设克服了黏流在数值求解上的困难,使得流体阻力和能量损失等问题开始得以描述,并在后续的黏流发展中逐步产生了层流和湍流两大分支。由于直接求解 N-S 方程仍然工作量巨大,英国物理学家雷诺假定在流场的瞬态变化中流体压力和速度分量仍旧满足 N-S 方程,并可将该瞬时分量进一步分解为时间平均值和在时间平均值上下涨落的脉动值,从而逐步形成了雷诺平均方程(Renolds Averaged Navier-Stokes Equations),即 RANS 方程[38]。并在后续学者的湍流研究中,形成了 k-ε 型、Spalart-Allmaras 型、k-ω 型及雷诺应力型湍流数值模型。而这也是现阶段计算流体力学(Computational Fluid Dynamics,CFD)软件 FLUNET、Star CCM+ 等内含的理论。黏流理论广泛应用于船舶阻力的估算,其理论在限制航道、多船会遇以及局部流场精细化模拟上具有较好的效果。

事实上,船舶波浪载荷研究的目标是通过描绘船舶周边流场的波动特征来指导船舶安全航行。结合数学物理方法的基本思路,将物理现象数学化,通过简化和近似逼近等手段来构建诠释物理现象的数学方程。通过利用现有的数学求解工具进一步求解方程,最终获得方程的解并反馈回物理实际,从而指导相关人员开展安全操作。船舶在实际运营时,无论是船舶运动还是船体遭受的冲击,其本质均为船舶周边载荷对于船舶自身的影响。因此,通过船舶波浪载荷的研究来探索船舶周边流体扰动的机理,对于人类在海洋环境中的发展具有重要的价值。

1.2　船舶结构强度评估的意义

除了船舶运动预报以外,对于船舶设计和运营人员而言,船舶在海洋环境中是否会产生结构破损是其重点关注的问题之一。特别是船舶向大型化趋势发展的今天,单船的经济效应逐步提升,其船体结构破损所带来的损失无法估量。同时,船体结构重量和舱容大小的限制,使得现阶段船舶结构的设计难度也在逐渐加大。因此,为了确保船舶在复杂海洋环境下其结构强度能够支撑船舶的安全航行,船舶结构强度评估逐渐成为一门船舶设计领域研究的重要分支。针对船舶结构强度评估的研究不再是一门单一研究流体或者固体的学问,而是对船体周边流体载荷预报和船体内部结构响应估算的结合,其融合了流体力学、结构力学以及材料力学等多门学科知识,旨在解决船舶结构在波浪冲击下能够避免破坏的问题。

现阶段船舶结构强度评估的研究主要分为三个方面。第一个方面是估算与船体结构相匹配的载荷外力。外载的研究与流体力学的研究类似,主要借助势流理论和黏流理论来实现。第二个方面则是对已知载荷情况下船体结构的应力、变形与疲劳寿命的预测研究,即船舶的内力问题。其研究主要涵盖材料力学、弹性力学和结构力学等领域,主要针对船体结构出现的屈服、屈曲以及疲劳等破损现象进行分析[39]。现阶段的研究主要以结构有限元理论、逐级破坏理论以及结构损伤累积理论来实现。事实上，船舶遭受的载荷与结构自身变形并非完全独立。对于大型船舶而言，船体在波浪外载的作用下往往会产生结构弹性变形，而船体外壳的弹性变形又将进一步影响到流体的边界条件，流体和固体将出现耦合效应[40]。船体将在波浪频繁的冲击下出现结构振动，这种波激振动也会给船体结构带来潜在的破坏风险。因此，将流体扰动和固体弹性变形联合考虑的理论逐渐形成，我们称之为水弹性理论。在水弹性理论中，波浪频率接近船舶结构固有频率而引起的"弹振"现象和瞬时砰击引起的"颤振"现象是结构强度评估中重点考虑的高频因素。第三个方面研究则是针对船舶结构评估，即如何简单高效地反映船舶的结构强度是否满足要求。其研究主要以考虑危险工况的确定性方法和考虑船舶航行全生命周期载荷的可靠性方法为主[41]。通过这两种方法建立船体结构强度评价体系，并给出具体的船体结构强度安全衡准，从而指导船舶结构设计人员对船舶结构强度进行检验。

船舶结构强度评估对于每一艘新建船舶而言都是必需的，现阶段主要通过船级社对船舶的设计、建造以及运营过程进行监督和检查。针对船舶结构强度评估的研究将能够最大限度地避免船体结构破损事故，从而减少人员和货物的损失。同时，将船舶与波浪环境联合考虑的研究思路，也能够进一步加强我们对于船舶在海洋中航行时结构状态变化特征的认识，加快我国船舶建造和航运业的发展。

参考文献

[1] 杜嘉立,姜华. 船舶原理[M]. 大连:大连海事大学出版社, 2016.
[2] 韩寿家. 造船大意[M]. 大连:大连海运学院出版社, 1993.
[3] 戴仰山,沈进威,宋竞正. 船舶波浪载荷[M]. 北京:国防工业出版社, 2007.
[4] 戴遗山,段文洋. 船舶在波浪中运动的势流理论[M]. 北京:国防工业出版社, 2008.
[5] 约翰 D. 安德森. 计算流体力学基础及其应用[M]. 吴颂平,刘赵淼,译. 北京:机械工业出版社, 2007.
[6] MUNK M M. Aerodynamics of airships[M]. Berlin:Springer, 1936.
[7] JOOSEN W. Slender-Body Theory for an Oscillating Ship at Forward Speed[C]. Proceedings of the 5th Symposium on Naval Hydrodynamics, 1964.
[8] OGILVIE T F, TUCK E O. A rational strip theory of ship motions:part Ⅰ[D]. Michigan:University of Michigan, 1969.
[9] NEWMAN J N. The theory of ship motions[M]. New York:Academic Press, 1978.
[10] KORVIN-KROUKOVSKY B V. Investigation of ship motions in regular waves[J]. Trans. SNAME, 1955, 63:591-630.
[11] KORVIN-KROUKOVSKY B V, JACOB W R. Pitching and heaving motions of a ship in regular waves[J]. Trans. SNAME, 1957, 65:590-632.
[12] TASAI F, TAKAGI M. Theory and calculation of ship response in regular waves[C]. Proc. Symp. on Seaworthiness of Ships, Japan Society of Navel Architects, 1969.
[13] GERRITSMA J, BEUKELMAN W. Analysis of the modified strip theory for the calculation of ship motions and wave bending moments[J]. International Shipbuilding Progress, 1967,14

（156）：319-337.

［14］ FONSECA N，GUEDES SOARES C. Time-domain analysis of large-amplitude vertical ship motions and wave loads ［J］. Journal of Ship Research，1998，42（2）：139-153.

［15］ WU M，MOAN T. Efficient calculation of wave-induced ship responses considering structural dynamic effects ［J］. Applied Ocean Research，2005，27（2）：81-96.

［16］ WU M，MOAN T. Statistical analysis of wave-induced extreme nonlinear load effects using time-domain simulations ［J］. Applied Ocean Research，2006，28（6）：386-397.

［17］ 刘应中，缪国平. 二维物体上的二阶波浪力［J］. 中国造船，1985，1（3）：3-16.

［18］ 宋竞正，任慧龙，戴仰山. 船体非线性波浪载荷的水弹性分析 ［J］. 中国造船，1995，1（2）：22-31.

［19］ 马山. 高速船舶运动与波浪载荷计算的二维半理论研究 ［D］. 哈尔滨：哈尔滨工程大学，2005.

［20］ 马山，宋竞正，段文洋. 二维半理论和切片法的数值比较研究 ［J］. 船舶力学，2004，8（1）：35-43.

［21］ 李玉成，滕斌. 波浪对海上建筑物的作用［M］.北京：海洋出版社，2015.

［22］ DAWSON C. A practical computer method for solving ship-wave problems ［C］. Proceedings of Second International Conference on Numerical Ship Hydrodynamics，1977.

［23］ CHANG M S. Computations of three-dimensional ship motions with forward speed ［C］. Proceedings of the 2nd Int Conf on Numerical Ship Hydrodynamics，University of California Berkeley，1977.

［24］ HASKIND M D. The hydronamic theory of ship oscillatons in rolling and pitching［J］. Applied Mathematics and Mechanics，1946，1（10）：33-36.

［25］ HAVELOCK T H. The effect of speed of advance upon the damping of the heave and pitch ［J］. Transactions Inst. Naval Architects，1958，100（1）：131-135.

［26］ 缪国平，刘应中，杨勤正，等. 三维移动脉动源的 Michell 型表达［J］. 中国造船，1995，1（4）：3-15.

［27］ BESSHO M. On the fundamental singularity in the theroy of ship motion in a seaway［J］. Memior of the Defense Academy Japan，1977，17（8）：95-105.

［28］ VERITAS B. Hydrostar for experts user manual ［R］. Research Department of Bureau Veritas，2010.

［29］ 唐明非，许汀. 基于 DNV 规范的结构疲劳强度谱分析方法［J］. 船舶设计通讯，2011（01）：21-25.

［30］ LEE C H. WAMIT theory manual ［R］. Massachusetts Institute of Technology，1995.

［31］ 张海彬. FPSO 储油轮与半潜式平台波浪载荷三维计算方法研究 ［D］. 哈尔滨：哈尔滨工程大学，2004.

［32］ FINKELSTEIN A B. The initial value problem for transient water waves ［J］. Comm. On Pure and Appl. Math.，1957，1（10）：511-522.

［33］ CUMMINS W E. The impulse response function and ship motions ［J］. Schiff-stechnik，1962，9：101-109.

[34] OGILVIE T F. Recent progress toward the understanding and prediction of ship motions[C]. 5th Symposium on Naval Hydrodynamics, 1964.

[35] ZHANG S, LIN W M, WEEMS K. A hybrid boundary-element method for non-wall-sided bodies with or without forward speed[C]. Proceeding of 13th International Workshop on Water Waves and Floating Bodies, 1998.

[36] 童晓旺. 船舶与海洋结构物运动的三维时域匹配方法研究[D]. 哈尔滨:哈尔滨工程大学, 2014.

[37] 章梓雄, 董曾南. 粘性流体力学[M]. 北京:清华大学出版社, 1998.

[38] 朱克勤, 许春晓. 粘性流体力学[M]. 北京:高等教育出版社, 2009.

[39] 任慧龙, 李陈峰. 破损舰船剩余承载能力分析[J]. 大连海事大学学报, 2008, 34(01):10-14.

[40] 李琪华, 杜双兴, 邱强, 等. 整体弹性船模水弹性理论与试验[J]. 水动力学研究与进展, 1996, 1995(06):628-636.

[41] 唐浩云, 任慧龙, 万千, 等. 基于弯扭耦合的破损船剩余强度评估方法研究[J]. 船舶力学, 2017, 21(7):856-863.

2 波 浪

研究船舶在波浪作用下的载荷和结构特征之前,需要对船舶周边环境中的波浪进行简化。目前在研究流体波浪特征规律上主要分为两种思路:一种是从流体质子的微观运动出发,研究流体中质子在不同时刻特征因素的变化,此种思路称为拉格朗日法;而另一种是以流体空间为基准,研究在不同时刻通过这一空间位置的流体质点所具有的速度和加速度特征,这种分析方法被称为欧拉法。结合这两种分析思路,逐步形成了微幅波理论、有限振幅波理论、椭圆余弦波理论、孤立波理论以及层析波理论等[1]。其中,应用最为广泛的波浪简化理论,即艾利微幅波理论,由学者 Airy 于 1948 年提出。此波浪简化理论也是船舶在波浪中运动和载荷特征分析研究的基础。

2.1 波浪的基本原理

2.1.1 波浪产生的原因

在海洋环境中,波浪是由阵风、天体引力、大气压力变化、水层密度差、海底地震以及水面浮体运动等因素作用而产生的流体波动,是海洋中最为常见的现象之一。波浪的冲击不仅能够改变船舶的运动状态,而且能够引起船舶的结构破坏,因此一直以来都是远洋船舶设计重点关注的问题。波浪波动的成因有很多解释,学者一般认为,波浪主要是由于静止水面受到外部动态作用力而引起的流态不平衡,这种不平衡状态在流体表面张力、重力等作用下又趋于光滑,并在惯性力的驱使下在自由表面出现周期性的起伏波动。

波浪按所受外界作用因素的不同可以分为风成波、潮汐波、地震波和船行波等,如图 2-1 所示。

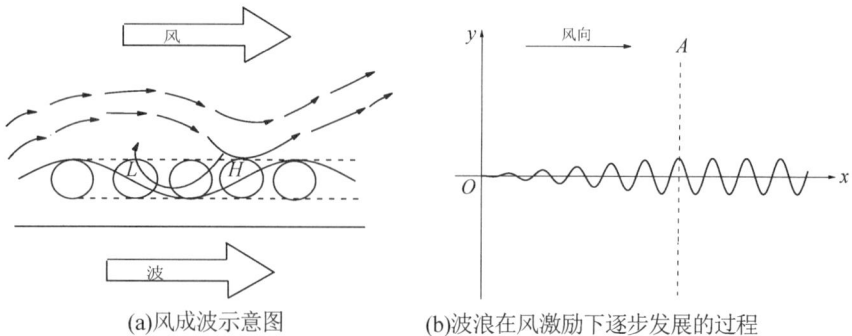

(a)风成波示意图　　　　(b)波浪在风激励下逐步发展的过程

图 2-1　波浪的形成

其中,风成波是船舶运动和载荷冲击的主要诱因,其对于船体结构的影响最大,因此是船舶相关领域的主要研究对象。风成波是指由风力作用而形成的波浪。由于风力往往作用于流体表面,因此又被称为表面波[2]。此外,风虽然是流体波动激励的原因,但流体起伏波动的内部动力仍为重力,从波浪受力的角度来分析,风成波又是一种典型的重力波。

2.1.2 流体的运动方程

波浪中流体的运动是具有特定规律的,通过对这些规律的总结和分析,研究人员逐步建立了流体的运动方程。为了方便研究波浪的波动特征,引入理想流体假设,认为波浪中的海水是一种不可压缩、无黏性的理想流体。因此,基于拉格朗日法,其波浪中水质点的运动方程为

$$\begin{cases} \dfrac{dw}{dt} = -\dfrac{1}{\rho}\dfrac{\partial p}{\partial z} - g \\ \dfrac{dv}{dt} = -\dfrac{1}{\rho}\dfrac{\partial p}{\partial y} \\ \dfrac{du}{dt} = -\dfrac{1}{\rho}\dfrac{\partial p}{\partial x} \end{cases} \tag{2-1}$$

式中,u、v、w为波浪中水质点速度在x、y、z三个坐标轴方向上的分量;ρ为海水的密度;p为流体所受的表面力;g为重力加速度。通过运动方程可知,除波浪的垂向波动以外,波浪中水质点的水平和纵向运动加速度与液体的密度和压力空间导数有关。

而利用欧拉法描述流场时,则可得到流体空间上某一位置处的运动方程:

$$\begin{cases} \dfrac{\partial w}{\partial t} + u\dfrac{\partial w}{\partial x} + v\dfrac{\partial w}{\partial y} + w\dfrac{\partial w}{\partial z} = -\dfrac{1}{\rho}\dfrac{\partial p}{\partial z} - g \\ \dfrac{\partial u}{\partial t} + u\dfrac{\partial u}{\partial x} + v\dfrac{\partial u}{\partial y} + w\dfrac{\partial u}{\partial z} = -\dfrac{1}{\rho}\dfrac{\partial p}{\partial x} \\ \dfrac{\partial v}{\partial t} + u\dfrac{\partial v}{\partial x} + v\dfrac{\partial v}{\partial y} + w\dfrac{\partial v}{\partial z} = -\dfrac{1}{\rho}\dfrac{\partial p}{\partial y} \end{cases} \tag{2-2}$$

2.1.3 流体的连续性方程

根据流体的质量守恒,波浪中的流体将进一步形成连续性方程。假设在流体内某一位置取一由闭曲面S所围成的固定几何空间,其体积为V。则在单位时间内此空间内流体质量的增加量应与同一时间内通过边界净流入到此空间内的流体质量相等,其连续性方程为

$$\iiint_V \dfrac{\partial \rho}{\partial t}dV + \iint_S \rho\tau_n dS = 0 \tag{2-3}$$

式中,τ_n表示沿边界外法线方向上的流体质点的速度分量。

对于理想流体,其流体密度为常数($\partial\rho/\partial t = 0$),则理想流体的连续方程为

$$\dfrac{\partial u}{\partial x} + \dfrac{\partial v}{\partial y} + \dfrac{\partial w}{\partial z} = 0 \tag{2-4}$$

由此可知,理想流体的速度在其各自方向的偏导值之和相互抵消。

2.2　规则波

2.2.1　二维微幅波理论

为了简化波浪研究,将原有的三维波浪降为二维。当波浪的波高远远小于波长和水深时,波浪被视为微幅波[3-5],如图 2-2 所示。在单一激励因素的作用下认为波浪呈现正弦形式的规则波动,因此这种规则波动 $\xi(t)$ 可以表示为

$$\xi(t) = A\sin(kx - \sigma_w t) \tag{2-5}$$

式中,A 为波幅;σ_w 为圆频率;k 为波数,其表征在波传播的方向上单位长度内的波周数目,具体可以由波长 λ 计算获得,如式(2-6)所示。

$$k = \frac{2\pi}{\lambda} \tag{2-6}$$

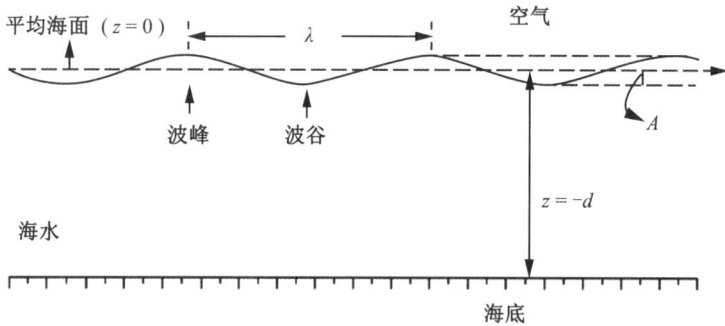

图 2-2　规则波示意图

同时,利用摄动理论可以将流体相关速度进行展开,并忽略二阶小量,从而仅仅考虑波浪起伏中线性化的关系,由式(2-4)可知,其二维波浪的连续方程为

$$\frac{\partial u}{\partial x} + \frac{\partial w}{\partial z} = 0 \tag{2-7}$$

2.2.2　规则波表达式的推导和总结

为了描绘波浪的特征,在流体的速度的求解中引入了速度势函数 φ,通过速度势的空间导数来表征流体的速度,具体公式为

$$\begin{cases} u = \dfrac{\partial \varphi}{\partial x} \\ w = \dfrac{\partial \varphi}{\partial z} \end{cases} \tag{2-8}$$

从而,流体质点的速度可以写为

$$\boldsymbol{V} = u\boldsymbol{i} + w\boldsymbol{k} = \frac{\partial \varphi}{\partial x}\boldsymbol{i} + \frac{\partial \varphi}{\partial z}\boldsymbol{k} = \nabla\varphi \tag{2-9}$$

联立波浪的连续方程(2-7)和流体质点的速度表达式(2-9),则可以得到基于势流的波浪控制方程为

$$\nabla^2 \varphi = \frac{\partial^2 \varphi}{\partial x^2} + \frac{\partial^2 \varphi}{\partial z^2} = 0 \tag{2-10}$$

此外,根据波浪所处的环境,又可以获得以下数值边界条件:

(1)自由面(波面)的运动学边界条件

在理想流体中,认为自由面上的流体质子始终保持在波面上,并随着自由面的起伏波动而移动,因此自由面的波浪是一个关于时间和空间的函数 $z = \eta(x, y, t)$。通过化简流体运动方程可以得

$$\frac{\partial \varphi}{\partial z} = \frac{\partial \eta}{\partial t} + \frac{\partial \varphi}{\partial x}\frac{\partial \eta}{\partial x} + \frac{\partial \varphi}{\partial y}\frac{\partial \eta}{\partial y} \tag{2-11}$$

(2)自由面(波面)的动力学边界条件

若不计液体表面张力的影响,自由面上的压强与大气压强应保持一致($p = p_{气}$),假定认为大气的相对压强 $p_{气}$ 为0,则利用伯努利方程可获得自由面的动力学条件为

$$\frac{\partial \varphi}{\partial t} + g\eta = 0 \tag{2-12}$$

(3)海底的固面边界条件

假定自由面 $z = 0$,如图2-2所示,则在海底上的流体质点不能穿过海底固有边界($z = -d$),只能沿着边界的切线方向进行运动,其垂向速度为0,即

$$u_z\big|_{z=-d} = \frac{\partial \varphi}{\partial z}\bigg|_{z=-d} = 0 \tag{2-13}$$

对于波浪速度势,做进一步假定,认为速度势 φ 可以写成

$$\varphi = \varphi(z)\,\mathrm{e}^{i(kx-\omega t)} \tag{2-14}$$

式中,$\varphi = C_1\mathrm{e}^{kz} + C_2\mathrm{e}^{-kz}$;联立海底条件,则可得

$$\varphi(z) = C\cosh k[(d+z)] \tag{2-15}$$

因而可推导得

$$\varphi = iC\cosh[k(d+z)]\,\mathrm{e}^{i(kx-\omega t)} \tag{2-16}$$

取上式的实部,则有

$$\varphi = -C\cosh[k(d+z)]\sin(kx-\omega t) \tag{2-17}$$

由自由表面动力学边界条件,可得

$$\eta = \frac{C\omega}{g}\cosh(kd)\cos(kx-\omega t) \tag{2-18}$$

对于微幅波动,假设其波浪波动符合余弦函数波动特点,则可设

$$\eta = A\cos(kx-\omega t) \tag{2-19}$$

对比式(2-18)和式(2-19),可得波浪幅值 A 为

$$A = \frac{C\omega}{g}\cosh(kd) \tag{2-20}$$

将式(2-20)代入式(2-17),最终可得到波浪的速度势,其具体公式为

$$\varphi = -\frac{Ag}{\omega}\frac{\cosh[k(z+d)]}{\cosh(kd)}\sin(kx-\omega t) \tag{2-21}$$

对水质点进行速度分解,则沿波浪传播方向(x轴方向)的速度u为

$$u = -\frac{\partial \varphi}{\partial x} = \frac{Akg}{\omega}\frac{\cosh[k(z+d)]}{\cosh(kd)}\cos(kx-\omega t) \tag{2-22}$$

而沿波浪垂直方向(z轴方向)的速度w为

$$w = -\frac{\partial \varphi}{\partial z} = \frac{Akg}{\omega}\frac{\cosh[k(z+d)]}{\cosh(kd)}\sin(kx-\omega t) \tag{2-23}$$

根据伯努利方程,流场内的水动压力可以表示为

$$\frac{p-p_0}{\rho} = -Ag\frac{\cosh[k(z+d)]}{\cosh(kd)}\sin(kx-\omega t) - gz \tag{2-24}$$

此外,通过自由面运动学边界条件亦可推导出波浪的色散方程为

$$\omega^2 = gk\tan(kd) \tag{2-25}$$

同时,对波浪传播的速度进行定义,位相速度c,即波数为

$$c = \frac{\omega}{k} = \sqrt{\frac{g}{k}\tanh(kd)} \tag{2-26}$$

当水深波长比小于0.5时,波浪被视为浅水波,假定

$$\tanh\frac{2\pi d}{\lambda} \approx \frac{2\pi d}{\lambda} \tag{2-27}$$

因此,浅水波的波速有

$$c = \sqrt{gd} \tag{2-28}$$

由上式可知,浅水波的波速主要与水深有关,其在传播过程中的分散现象不明显。

当水深波长比大于0.5时,波浪被视为深水波,其波速可以表示为

$$c = \sqrt{g\lambda/2\pi} \tag{2-29}$$

由此可知,当水深相对较大时,波浪传播的速度与波长有关:波长较大的波浪,其传播速度较快;而波长较小的波浪,其传播速度较慢。

2.3 不规则波

2.3.1 波浪的随机性和不规则性

在上一节中,波浪被简化成单一的因摄动而引起的流体波动,其波动特征可采用近似正弦或余弦的形式来表达。但通过人们对于真实海洋环境的观察,发现真实环境下波浪的波高、幅值以及周期均随着多种随机激励因素而产生不同程度的变化,因此实际波浪的特征往往呈现出随机性和不规则性。

为了能够克服真实波浪的随机性对于波浪以及后续船体载荷预报的影响,在研究中将这种随机性波浪视为不规则波,其数值模拟主要基于线性叠加的思路,认为不规则波是由无限多个方向不同、频率不等、振幅变化而相位各异的微幅简谐波叠加而成的[6-9],如图2-3所示。在统计学上,其波面的波动位移服从均值为零的正态分布,所构成的正态过程具有平稳性和各态历经性。从波浪能量的角度来看,这种不规则波可通过波能谱密度来表达其波浪的随机性。

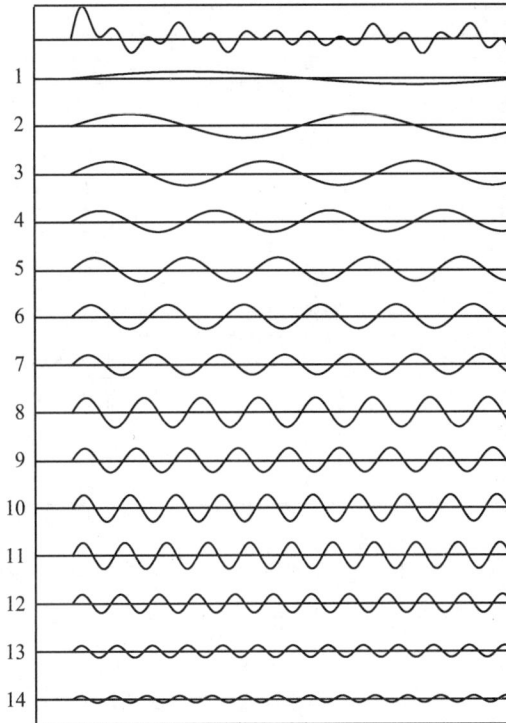

图 2-3 不规则波的叠加合成示意图

在不规则波浪的研究中,往往需要结合各个地区长期海浪观测的资料,因此在此引入海浪观测时的相关统计特征参数。

2.3.2 波高的统计特征值

在不规则波的长期观察中,波高的大小是影响波浪能量至关重要的一个特征量。因此,在波高的记录上,根据不同的研究目的定义了不同的关于波高的测量量。

(1)表观波高 H^*:波浪中相邻两个波的波峰和波谷之间的垂向距离。

(2)平均波高 $\overline{H}$:固定时间段内波高观察量的平均值。

(3)有义波高 $H_{1/3}$:又称波高三一值,是在固定时间段内将波高观察量由高至低排列,并取前三分之一的平均值。一般,人在海上目测的波高与有义波高较为接近。有义波高与平均波高的关系为

$$H_{1/3} = 1.6\overline{H} \tag{2-30}$$

(4)最大波高 $H_{1/10}$:又称波高十一值,是在固定时间段内将波高观察量由高至低排列,并取前十分之一的平均值。最大波高与平均波高的关系为

$$H_{1/10} = 2\overline{H} \tag{2-31}$$

大量波浪观测研究表明,在固定区域的不规则波浪符合一定的统计学规律,因此各国往往采用波高统计特征值来划分海浪等级。表 2-1 为世界气象组织提供的海浪等级表。

表 2-1　海浪等级表

浪级	名称	波高三一值/m
0	无浪	0.0
1	微浪	0.0 ~ 0.1
2	小浪	0.1 ~ 0.5
3	轻浪	0.5 ~ 1.25
4	中浪	1.25 ~ 2.5
5	大浪	2.5 ~ 4.0
6	巨浪	4.0 ~ 6.0
7	狂浪	6.0 ~ 9.0
8	狂涛	9.0 ~ 14.0
9	怒涛	> 14.0

由于风成波是海洋不规则波形成的主要原因[10]，所以区域风速与波高存在一定的关系。通过多年对于我国沿海区域的观测，我国国家海洋局出台了海洋调查规范，给出了风级和波高的对应关系，如表 2-2 所示。

表 2-2　风级和波高的对应关系

风级数	名称	风速/(m/s)	波高三一值/m	波高十一值/m
0	无风	0.0 ~ 0.2	0.0	0.0
1	软风	0.3 ~ 1.5	0.1	0.1
2	轻风	1.6 ~ 3.3	0.2	0.3
3	微风	3.4 ~ 5.4	0.6	1.0
4	和风	5.5 ~ 7.9	1.0	1.5
5	清劲风	8.0 ~ 10.7	2.0	2.5
6	强风	10.8 ~ 13.8	3.0	4.0
7	疾风	13.9 ~ 17.1	4.0	5.5
8	大风	17.2 ~ 20.7	5.5	7.5
9	烈风	20.8 ~ 24.4	7.0	10.0
10	狂风	24.5 ~ 28.4	9.0	12.5
11	暴风	28.5 ~ 32.6	11.5	16.0
12	台风	32.7~ 36.9	14.0	–
13	台风(一级飓风)	37.0 ~ 41.4	>14.0	–
14	强台风(二级飓风)	41.5 ~ 46.1	–	–
15	强台风(三级飓风)	46.2 ~ 50.9	–	–
16	超强台风(三级飓风)	51.0 ~ 56.0	–	–
17	超强台风(四级飓风)	56.1 ~ 69.3	–	–
18	超级台风(五级飓风)	≥69.4	–	–

2.3.3 波浪周期的统计特征值

在不规则波的长期观察中,除了波高的统计特征值之外,波浪周期也是不规则波能量关键的表征量之一。因此,根据不同的研究目标定义了不同关于周期的记录值。

(1)表观周期 T^*:固定区域内波浪的波峰到波谷所经历的时间。

(2)平均周期 $\overline{T}$:固定区域内波浪周期记录量的平均值。

(3)平均跨零周期 T_z:固定区域内在波浪相邻零点位置来测算周期的平均值;其可通过波浪频域谱的零阶矩 m_0 和二阶矩 m_2 获得

$$T_z = 2\pi\sqrt{m_0/m_2} \tag{2-32}$$

(4)谱峰周期 T_p:固定区域内波浪频域谱对于峰值对应的周期;其与平均跨零周期的关系为

$$T_p = (1.25\pi)^{0.25}T_z = 1.41T_z \tag{2-33}$$

2.3.4 波浪谱

根据长期的波浪统计研究,专家学者总结出不规则波的波动规律,并采用能量谱的形式表达出来。而这些具有一定波浪特征参数的能量谱,又被称为波浪谱[11-12]。其中,波浪谱主要分为两类,第一类为只考虑单方向传播的长峰波谱;第二类为考虑多方向的短峰波谱。

(1)单方向传播的长峰波谱

①Pierson-Moskowitz 单参数谱[13],简称 P-M 谱,适用于充分发展的海浪表达。

$$S(\omega) = 0.008\,1\frac{g^2}{\omega^5}\exp\left\{-0.032\left[\frac{g}{(\omega^2 H_s)}\right]^2\right\} \tag{2-34}$$

式中,S 为海浪谱密度;ω 为波浪频率;g 为重力加速度;H_s 为有义波高。国际拖曳水池会议(International Towing Tank Conference,ITTC)根据拖曳水池的条件,对 P-M 谱进行了简化,其简化谱又称为 ITTC 双参谱,其具体表达式为

$$S(\omega) = \frac{0.78}{\omega^5}\exp\left(-\frac{3.12}{\omega^4 H_s^2}\right) \tag{2-35}$$

②Bretschneider 双参数谱[14],不仅适用于充分发展的海浪,也适用于成长中的海浪或由涌组成的海浪。此双参数谱于 1964 年被国际船舶结构会议推荐使用。

$$S(\omega) = \frac{1.25}{4}\frac{\omega_p^4}{\omega^5}H_s^2\exp\left[-1.25\left(\frac{\omega_p}{\omega}\right)^4\right] \tag{2-36}$$

式中,ω_p 为谱峰频率;T_z 为平均跨零周期。此海浪谱公式还可写成

$$S(\omega) = 124H_s^2 T_z^{-4}\omega^{-5}\exp(-496T_z^{-4}\omega^{-4}) \tag{2-37}$$

③JONSWAPS 谱[15],可以适用于有限风区的情况,其谱密度为

$$S(\omega) = \alpha g^2\omega^{-5}\exp\left[-\frac{5}{4}\left(\frac{\omega}{\omega_p}\right)^{-4}\right]\gamma^{\exp\left[-0.5\left(\frac{\omega-\omega_p}{\sigma\omega_p}\right)^2\right]} \tag{2-38}$$

式中,ω_p 为谱峰频率;γ 为谱峰值参数;α 为广义菲利普常数,其表达式为

$$\alpha = 0.312\,5\left(\frac{H_s^2\omega_p^4}{g^2}\right)(1 - 0.287\ln\gamma) \tag{2-39}$$

而 σ 为谱宽参数,其具体表达式为

$$\sigma = \begin{cases} 0.07 & \omega \leqslant \omega_p \\ 0.09 & \omega > \omega_p \end{cases} \tag{2-40}$$

此外,基于有义波高和谱峰周期,其表达式可以转化为

$$S(\omega) = 487(1 - 0.287\ln\gamma)H_s^2 T_p^{-4}\omega^{-5}\exp(-1948 T_p^{-4}\omega^{-4})\gamma^{\exp\left[\frac{-(0.159\omega T_p - 1)^2}{2\sigma^2}\right]} \tag{2-41}$$

此式于 1979 年被国际船舶结构会议(International Ship Structure Conference,ISSC)推荐使用。

④Ochi 和 Hubble 于 1976 年将波浪谱分成了低频和高频两个部分,并分别采用有义波高 H_s、谱峰频率 ω_p 和形状参数 λ 来表示,形成了六参数波浪谱[16],具体表达式为

$$S(\omega) = \frac{1}{4}\sum_j \frac{\left[(4\lambda_j + 1)\,\omega_{pj}^4/4\right]^{\lambda_j} H_{sj}^2}{\Gamma(\lambda_j)\omega^{4\lambda_j+1}}\exp\left[-\left(\frac{4\lambda_j + 1}{4}\right)\left(\frac{\omega_{pj}}{\omega}\right)\right] \tag{2-42}$$

式中,$j = 1,2$ 分别表示低频和高频部分。此六参数波浪谱适用于任何发展阶段的海浪谱。

除此之外,日本学者越智等人对波浪观测研究后给出了实测谱[17],而 1990 年我国学者文圣常也提出了改进的理论海浪谱[18]。

(2)多方向传播的短峰波谱

对于海洋环境中的短峰不规则波,专家学者也进行了相应的研究[19-20]。现阶段主要采用以长峰波谱为基础的修正来实现短峰波谱的合成。短峰波谱 $S(\omega,\theta)$ 通常用引入方向扩散函数 $D(\omega,\theta)$ 来进行表达。

$$S(\omega,\theta) = S_0(\omega)D(\omega,\theta) \tag{2-43}$$

式中,$S_0(\omega)$ 是单方向传播的长峰波谱;θ 为组成波与波浪主方向的夹角。

同时,方向扩散函数 $D(\omega,\theta)$ 应满足以下等式:

$$\int_0^{2\pi} D(\omega,\theta)\mathrm{d}\theta = 1 \tag{2-44}$$

$$D(\omega,\theta) = \frac{\Gamma\left(\dfrac{n}{2} + 1\right)}{\sqrt{\pi}\,\Gamma\left(\dfrac{n}{2} + \dfrac{1}{2}\right)}\cos^n\theta, \quad -\frac{\pi}{2} \leqslant \theta \leqslant \frac{\pi}{2} \tag{2-45}$$

在此,n 为波浪控制系数;Γ 是伽马函数,其具体表达式为

$$\Gamma(n) = \int_0^{+\infty} t^{n-1}\mathrm{e}^{-t}\mathrm{d}t = \lim_{t\to\infty}\frac{t!\cdot t^{n-1}}{\prod_{m=1}^{t}(n + m - 1)} \tag{2-46}$$

对于一般的波浪情况,根据国际拖曳水池会议(ITTC)的建议,波浪控制系数 n 为 2。最终,方向函数进一步简化为

$$D(\omega,\theta) = \begin{cases} \dfrac{2}{n}\cos^2\theta, & -\dfrac{\pi}{2} \leqslant \theta \leqslant \dfrac{\pi}{2} \\ 0, & \text{其他} \end{cases} \tag{2-47}$$

2.3.5　波浪长期观测资料

波浪谱给出了不规则波在波动时内在的规律,但不同地区的波浪特征不尽相同,因此在不规则波的模拟之前需要确定其所在区域的波浪统计特征。而波浪长期观测资料正是这种特征获得的关键资料之一。

就全球海域而言,目前主要的海浪统计资料有 1964 年 Walden 的北大西洋海域海浪统计资料[21];1986 年 Hogben、DaCunba & Olliver 修正后的全球海域海浪统计资料(Global Wave Statistics,GWS)[22],其中 GWS 资料将世界海洋划分为多个海区;1981 年北大西洋公约组织(North Atlantic Treaty Organization,NATO)学者 Bales 发布了北大西洋海域的长期统计资料,该资料于 1991 年被国际船级社协会(International Association of Classification Societies,IACS)推荐使用,即 NATO-IACS 海浪资料[23];此外,我国学者方钟圣等在 1996 年出版了西北太平洋波浪统计集[24]。

根据以上提供的主要海浪统计资料,在船舶设计时可将全球海域划分为以下几个重要区域:中国沿海海域、西北太平洋海域、西北太平洋最严重海浪的 No.15 海区(北纬 35°~60°,东经 160°~170°)、GWS 的北大西洋海域,详见表 2-3~表 2-10。

表 2-3　中国沿海(左)资料

T_z/s		3.50	4.00	5.00	6.00	7.00	8.00
H_s/m	11.50	0	0	0	0	0	0
	11.00	0	0	0	0	0	0
	9.00	0	0	0	0	0	0
	7.50	0	0	0	0	0	1
	6.00	0	0	0	0	2	2
	5.00	0	0	0	3	7	6
	4.00	0	0	3	11	12	6
	3.25	0	1	14	27	20	9
	2.50	0	10	39	43	24	9
	1.85	3	37	74	56	24	8
	1.25	11	54	66	38	14	4
	0.85	21	62	56	27	9	3
	0.50	36	62	42	18	6	1
	小计	71	226	294	223	118	49

表 2-4　中国沿海(右)资料

T_z/s		9.00	10.00	11.00	12.00	12.50	小计
H_s/m	11.50	0	0	0	0	0	0
	11.00	0	0	0	0	0	0
	9.00	0	0	0	0	0	0
	7.50	1	0	0	0	0	2
	6.00	1	0	0	0	0	5
	5.00	2	1	0	0	0	19
	4.00	2	0	0	0	0	34
	3.25	3	1	0	0	0	75
	2.50	2	0	0	0	0	127
	1.85	2	0	0	0	0	204
	1.25	1	0	0	0	0	188
	0.85	0	0	0	0	0	178
	0.50	0	0	0	0	0	165
	小计	14	2	0	0	0	997

表 2-5　西北太平洋(左)资料

T_z/s		3.50	4.00	5.00	6.00	7.00	8.00
H_s/m	11.50	0	0	0	0	0	0
	11.00	0	0	0	0	0	0
	9.00	0	0	0	0	0	0
	7.50	0	0	0	0	0	2
	6.00	0	0	0	0	2	9
	5.00	0	0	0	1	10	27
	4.00	0	0	0	4	21	41
	3.25	0	0	1	11	40	60
	2.50	0	0	2	18	49	58
	1.85	0	0	3	22	46	45
	1.25	0	0	3	13	23	20
	0.85	0	0	2	8	12	9
	0.50	0	0	1	3	4	3
	小计	0	0	12	80	207	274

表 2-6 西北太平洋(右)资料

T_z/s		9.00	10.00	11.00	12.00	12.50	小计
H_s/m	11.50	0	0	0	0	0	0
	11.00	0	0	1	1	0	2
	9.00	1	3	3	1	1	9
	7.50	7	10	6	2	1	28
	6.00	16	14	7	3	1	52
	5.00	33	22	10	3	1	107
	4.00	39	22	8	2	1	138
	3.25	47	23	8	2	1	193
	2.50	39	17	5	1	0	189
	1.85	26	10	3	1	0	156
	1.25	10	4	1	0	0	74
	0.85	5	2	0	0	0	38
	0.50	1	0	0	0	0	12
	小计	224	127	52	16	6	998

表 2-7 西北太平洋 No.15 区域(左)资料

T_z/s		3.50	4.00	5.00	6.00	7.00	8.00
H_s/m	11.50	0	0	0	0	0	0
	11.00	0	0	0	0	0	0
	9.00	0	0	0	0	0	0
	7.50	0	0	0	0	0	2
	6.00	0	0	0	0	2	9
	5.00	0	0	0	1	10	27
	4.00	0	0	0	4	21	41
	3.25	0	0	1	11	40	60
	2.50	0	0	2	18	49	58
	1.85	0	0	3	22	46	45
	1.25	0	0	3	13	23	20
	0.85	0	0	2	8	12	9
	0.50	0	0	1	3	4	3
	小计	0	0	12	80	207	274

表 2-8 西北太平洋 No.15 区域（右）资料

T_z/s		9.00	10.00	11.00	12.00	12.50	小计
H_s/m	11.50	0	0	0	0	0	0
	11.00	0	0	1	1	0	2
	9.00	1	3	3	1	1	9
	7.50	7	10	6	2	1	28
	6.00	16	14	7	3	1	52
	5.00	33	22	10	3	1	107
	4.00	39	22	8	2	1	138
	3.25	47	23	8	2	1	193
	2.50	39	17	5	1	0	189
	1.85	26	10	3	1	0	156
	1.25	10	4	1	0	0	74
	0.85	5	2	0	0	0	38
	0.50	1	0	0	0	0	12
	小计	224	127	52	16	6	998

表 2-9 北大西洋（GWS）（左）资料

T_z/s		2.5	3.5	4.5	5.5	6.5	7.5
H_s/m	11.5	0	0	0	0	0	0
	10.5	0	0	0	0	0	0
	9.5	0	0	0	0	0	0
	8.5	0	0	0	0	0	1
	7.5	0	0	0	0	0	1
	6.5	0	0	0	0	1	3
	5.5	0	0	0	0	2	9
	4.5	0	0	0	0	5	21
	3.5	0	0	0	1	14	46
	2.5	0	0	0	5	33	79
	1.5	0	0	0	13	54	75
	0.5	0	0	3	14	21	13
	小计	0	0	3	33	130	248

表 2-10 北大西洋(GWS)(右)资料

T_z/s		8.5	9.5	10.5	11.5	12.50	13.5	小计
	11.5	0	0	1	0	0	0	1
	10.5	0	1	1	1	0	0	3
	9.5	1	1	2	1	1	0	6
	8.5	2	3	3	2	1	0	12
	7.5	4	5	4	2	1	0	17
	6.5	8	11	8	4	2	1	38
H_s/m	5.5	19	20	13	5	2	1	71
	4.5	38	34	19	7	2	0	126
	3.5	65	48	21	6	2	0	203
	2.5	80	43	14	4	1	0	259
	1.5	47	16	4	1	0	0	210
	0.5	4	1	0	0	0	0	56
	小计	268	183	90	33	12	2	1 002

通过海洋长期统计资料,可以了解到不同海洋区域的有义波高 H_s 和特征周期 T_z 发生的概率水平,结合相应的海浪谱即可获得船舶和海洋结构物在该地区最有可能遭受到的海洋环境,同时也为后续船舶与海洋结构物的长期载荷预报提供数据支撑。

2.3.6 不规则波的模拟

不规则波的模拟可分为两个方面,第一个方面主要集中于采用计算机仿真技术对不规则波进行数值化的模拟;而第二个方面则是在模型试验技术中,在模型试验水池中对于不规则波的简化造波模拟。

(1)数值模拟

在不规则波的数值模拟上,主要是根据线性叠加原理来构造平稳随机过程中充分发展的海浪。不规则波可通过叠加大量不同周期、不同波幅和不同相位的规则波而形成[28]。因此,其波面波动和波浪势函数分别可以表示为

$$\eta_I(t) = \sum_{j=1}^{N} A_j \cos \left[k_j (x \cos\beta + y \sin\beta) - \omega_j t + \varepsilon_j \right] \tag{2-48}$$

$$\varphi_I(t) = \sum_{j=1}^{N} \frac{A_j g}{\omega_j} \mathrm{e}^{k_j z} \sin \left[k_j (x \cos\beta + y \sin\beta) - \omega_j t + \varepsilon_j \right] \tag{2-49}$$

式中,N 为构建不规则波的规则子波个数;k_j 为第 j 个规则子波的波数;ω_j 为第 j 个规则子波的频率;A_j 为第 j 个规则波的波幅;ε_j 为第 j 个规则波的随机相位,在 $[0, 2\pi]$ 内均匀分布。

在实际不规则波的模型过程中,获取不规则波的方法有两种,其分别为等分能量法和等分频率法。等分能量法是将不规则波的能量谱按照能量的大小分成 N 等份,将每一等份的能量生成一个规则子波,通过叠加子波获得不规则波的随机波动。而等分频率法则是采用类似的

思路,将波能谱按照频率的大小分成 N 等份,从而进一步生成每个子频率分段的波幅和圆频率,通过对每个子波进行叠加,最终形成需要的不规则波时历。以等分频率法为例,在模拟长峰不规则波时,基于频率等分法的子波波幅与频率谱 $S_\eta(\omega)$ 的关系为

$$A_j^2 = 2S_\eta(\omega_j)\Delta\omega \tag{2-50}$$

根据上述不规则波的理论,结合中国沿岸长期观察资料(见表 2-3),利用式(2-35)、式(2-48)和式(2-50)即可编写相应的 Fortran 程序,从而使得不规则波能够自主实时生成。图 2-4 给出了基于 ITTC 双参谱下有义波高 $H_s = 0.5$ m ,特征周期 $T_1 = 2.0$ s 的不规则波时历曲线。

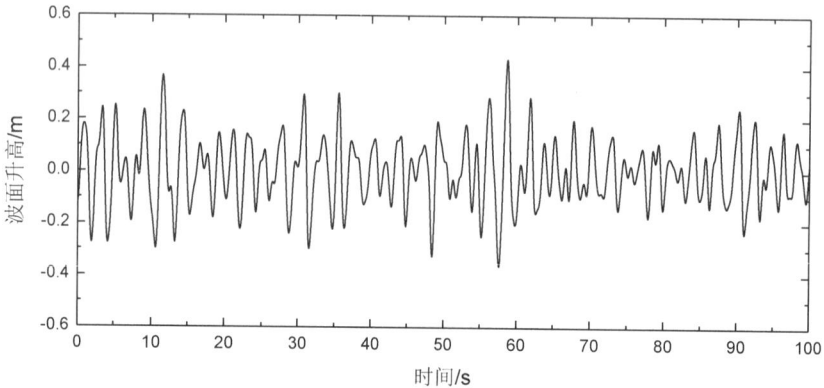

图 2-4　不规则波的波面时历曲线

通过自相关函数法,对数值模拟的不规则波进行合成,形成数值模拟波浪谱。通过 ITTC 双参谱和模拟谱对比可知,如图 2-5 所示两条曲线几乎重合,ITTC 双参理论谱和模拟谱的吻合度很高,证明了本节对于长峰不规则波数值模拟的可靠性。

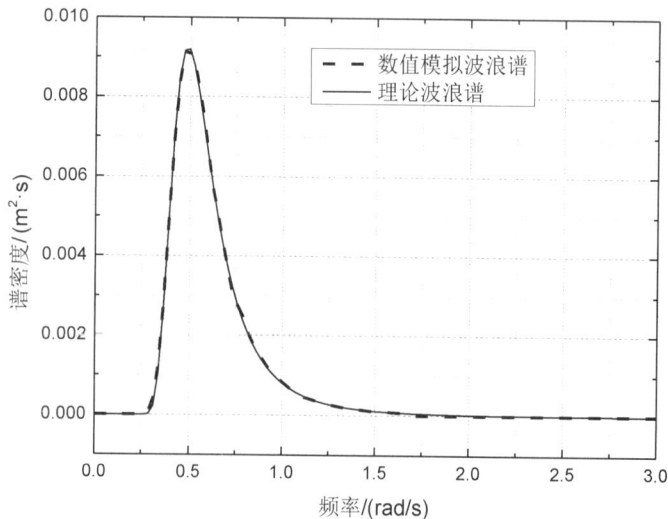

图 2-5　不规则波理论波浪谱和数值模拟波浪谱的对比

(2)水池造波

在船舶耐波性和载荷试验中,往往需要模拟海洋不规则波的环境,因此需要在相关水池中

进行不规则波的制造。图 2-6 给出了多体船不规则波试验的形式。

图 2-6 多体船不规则波试验的形式

在水池造波上,也采用通用的子波叠加原理,通过造浪板的复合简谐运动在相应的拖曳水池中制造不规则波[28-29]。相对于规则波的造波,为了能够体现整个波浪谱的能量分布特征,需要对不规则波的实施时长进行限定。根据国际船模拖曳水池会议的规定,在制造不规则波进行试验时,需要保障充足的时长。其造波时间至少要经历 200 个波浪周期,即在不规则波的制造上必须有 200 个不同频率和相位的子波进行合成。

图 2-7 给出了拖曳水池中浪高仪测量的不规则波的波高随时间的变化过程。其波浪的制造显示出较好的不规则性和随机性。采用快速傅里叶变换(Fast Fourier Transform,FFT),将时域波动转化成频域的波能分布,并与目标谱 ITTC 双参数谱相对比,如图 2-8 所示。不规则波的理论波浪谱和试验波浪谱在频域分布上基本保持一致,采用造波板进行复合简谐运动来获得不规则波是可靠的。

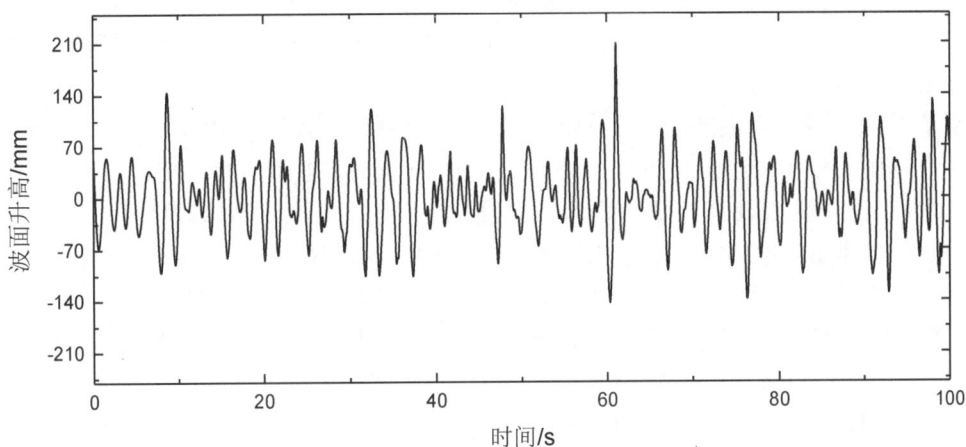

图 2-7 不规则波的波面时历曲线

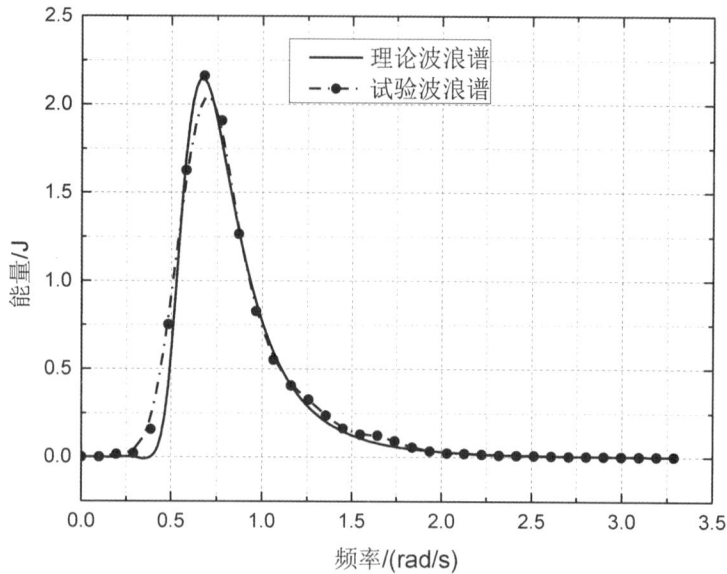

图 2-8　不规则波的理论波浪谱和试验波浪谱的对比

参考文献

［1］黄德波. 水波理论基础［M］. 北京：国防工业出版社，2011.

［2］邹志利. 水波理论及其应用［M］. 北京：科学出版社，2005.

［3］吴云岗，陶明德. 水波动力学基础［M］. 上海：复旦大学出版社，2011.

［4］余锡平. 近岸水波的解析理论［M］. 北京：科学出版社，2012.

［5］刘应中，缪国平. 海洋工程水动力学基础［M］. 北京：海洋出版社，1991.

［6］焦甲龙，孙树政，任慧龙，等. 一种非线性水波自由面模型及其海浪数值模拟［J］. 华中科
　　技大学学报，2015，43（4）：89-92.

［7］文圣常，余宙文. 海浪理论与计算原理［M］. 北京：科学出版社，1984.

［8］莫兰. 海洋工程水动力学［M］. 刘水庚，译. 北京：国防工业出版社，2012.

［9］俞聿修. 随机波浪及其工程应用［M］. 大连：大连理工大学出版社，2011.

［10］杜嘉立. 船舶原理［M］. 大连：大连海事大学出版社，2016.

［11］张亮，李云波. 流体力学［M］. 哈尔滨：哈尔滨工程大学出版社，2006.

［12］高艳波，朱光文，白毅平，等. 美国国家业务化海浪观测计划及其对我们的启示［J］. 海洋
　　技术，2011，30（4）：118-122.

［13］ST DENIS M，PIERSON W J. On the motions of ship in confused seas［M］. Trans. SNAME，
　　1953.

［14］PIERSON W J，MOSKOWITZ L. A proposed spectral form for fully developed wind seas
　　based on the similarity theory of S. A. Kitaigorodskii［J］. Journal of Geophysical Research At-
　　mospheres，1964，69（24）：1-10.

［15］BRETSCHNEIDER C L. A one-dimensional gravity wave spectrum［C］. Proc. Conf. on

Ocean Wave Spectra, 1961.

[16] OCHI M K, HUBBLE E N. On six-parameter wave spectra[C]. Proc. 15th Conf. on Coastal Engineering, 1976.

[17] 高石敬史,大楹重雄. 海洋波の方向波スペトルについて[J]. 日本造船学会誌, 1991, 55 (3):7-15.

[18] 文圣常,张大错,郭佩芳,等. 改进的理论风浪频谱[J]. 海洋学报, 1990, 12(3): 271-283.

[19] LONGUET HIGGINS M S. The effect of non-linearities on statistical distributions in the theory of sea waves[J]. Journal of Fluid Mechanics, 1963, 17(3): 459-480.

[20] HUANG N E, LONG S R. An experimental study of the surface elevation probability distribution and statistics of wind-generated waves[J]. Journal of Fluid Mechanics, 1980,101(1): 179-200.

[21] WALDEN H. The Characteristics of Sea Waves in the North Atlantic Ocean Report No. 41 [C]. Deutscher Wetterdienst Seawetteramt, 1964.

[22] BALES S L, LEE W T, Voelker J M. Standardized Wave and Wind Environments for NATO Operation Areas[C]. DTNSRDC report SPD-0919-01, 1980.

[23] STIANSEN S G, CHEN H H. Application of probabilistic design methots to wave loads prediction for ship structures analysis[C]. SNAME, 1982.

[24] 方钟圣. 西北太平洋波浪统计集[M]. 北京: 国防工业出版社,1996.

3 船体波浪载荷预报

波浪载荷,顾名思义就是波浪引起的船体载荷,其包含波浪引起的波动力、水动压力和弯矩等,是船舶在海洋中航行时六自由度运动和结构变形产生的主要原因。波浪载荷的预报对船舶的设计和评估至关重要,其贯穿了船舶设计建造的整个过程,是船舶设计和维护方案的重要指标,对于我国船舶工业的发展有着重要的意义。

3.1 势流理论

船体波浪载荷预报技术源于船舶设计领域对于船舶耐波性能的关注。目前,国际上关于船舶与海洋结构物的波浪载荷预报主要基于势流理论和黏流理论两种研究思路。由于势流理论相对灵活快捷,因此在船舶设计中以势流理论为主。其通过对新设计的船舶在海洋环境下的波浪场进行模拟,进而评估船舶长期运营过程中耐波性能和结构强度的好坏。

在基于势流理论的载荷预报中,为了克服在非线性边界条件下求解水动力问题的难点,学者们根据自身研究的目标,构建了不同的假设条件,并逐步形成了不同的载荷预报方法[1-2]。根据流场求解过程中时间项的处理不同,波浪载荷的数值模拟可分为频域理论和时域理论两大分支;而从流场维数的简化而言,预报理论又可分为二维切片理论、高速细长体理论和三维理论。其中,三维理论在工程领域已得到了广泛应用。此外,根据数值求解中引入格林函数形式的不同,又可进一步细分为自由面格林函数法、Rankine 源法和混合源法。根据不同的载荷预报技术,国内外研究机构先后开发了多款船舶载荷预报软件,其中应用较为广泛的有美国麻省理工学院(Massachusetts Institute of Technology,MIT)开发的仿真软件 Wave Analysis MIT(WAMIT)、法国船级社推出的水动力计算软件 HydroStar、挪威船级社设计开发的 Sesam 以及中国船级社的载荷预报软件 WALCS。

下面将对基于势流理论的主要波浪载荷预报技术进行系统的阐述,并分析现阶段不同方法的优势和使用范围。

3.1.1 流场描述和基本假设

针对船舶在波浪中的载荷和运动问题,在利用势流理论进行数值求解时,往往需要在理想流体的假设下,即假定船体周边流场中的流体无黏性且不可压缩。同时,忽略流体表面张力,并认为流体仅做无旋流动[3]。此外,进一步定义流场边界,船体周边流体域 Ω 由船体湿表面 S_B、波浪自由面 S_F 和远方控制面 S_∞ 包围而成。其中,船体湿表面 S_B 上的法向量 $\boldsymbol{n}$ 则定义为由船体外的流体指向船内部,如图 3-1 所示。

在波浪作用下的船舶运动仿真过程中,常采用六自由度来表征船舶的运动晃荡特征,即纵

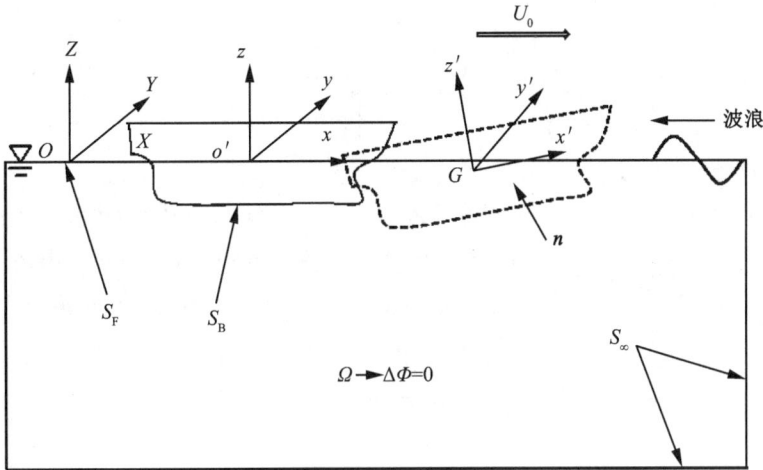

图 3-1　流体域及坐标系的定义

荡、横荡、垂荡、纵摇、横摇和艏摇。为了准确地表征船舶的运动状态,在数值模拟前需要建立
3 个关联坐标系,其具体的坐标系建立标准为:

(1)空间固定坐标系 $O-XYZ$,顾名思义此坐标系始终固定在流场中,不跟随船舶和流体
移动。其坐标系的原点 O 设在初始静水面上,OZ 轴垂直于静水面且竖直向上为正,XY 平面
始终重合于初始静水面。

(2)随船平动坐标系 $o'-xyz$,此坐标系的 $o'x$ 轴与船体航行的方向一致,并以航速 U_0 随
船舶一起平移,xy 平面仍然与初始静水面重合,而 $o'z$ 轴正向则向上垂直于静水面。在船舶航
行的初始时刻($t=0$),空间固定坐标系与此坐标系重叠,而两个坐标系之间的换算关系为
$x_0=x+U_0t,y_0=y,z_0=z$。

(3)船体固联坐标系 $G-x'y'z'$,即固定于船舶上某一特定位置的船体坐标系。此坐标系
将随船舶在波浪中做六自由度晃荡运动,亦其可视为船上人员所观察船体运动所在的坐标系。
为了简化数值运算,一般将坐标系原点放置在船舶重心处。

由船体坐标系的定义可知,船舶的线位移(纵荡 ζ_1、横荡 ζ_2、垂荡 ζ_3)可由船体重心在空间
固定坐标系 $O-XYZ$ 下轴坐标的变化表示。而船舶在航行过程中偏转的角位移(横摇 ζ_4、纵
摇 ζ_5、艏摇 ζ_6)则可通过计算空间坐标 $O-XYZ$ 坐标轴与固联坐标系 $G-x'y'z'$ 坐标轴的空
间角获得。此外,在船体固联坐标系下定义船体角速度矢量 $\boldsymbol{\omega}=(\omega_1,\omega_2,\omega_3)$ 和线速度矢量
$\boldsymbol{u}=(u_1,u_2,u_3)$,通过计算速度矢量来表征船体在波浪中的速度与加速度特征。船体固联坐
标系与空间固定坐标系下船体运动的关系为

$$\boldsymbol{u}=\boldsymbol{T}_X\cdot\begin{bmatrix}\dot{\zeta}_1\\\dot{\zeta}_2\\\dot{\zeta}_3\end{bmatrix} \tag{3-1}$$

$$\boldsymbol{\omega} = \boldsymbol{T}_\theta \cdot \begin{bmatrix} \dot{\zeta}_4 \\ \dot{\zeta}_5 \\ \dot{\zeta}_6 \end{bmatrix} \tag{3-2}$$

式中,运动量的转换矩阵为

$$\boldsymbol{T}_X = \begin{bmatrix} \cos\theta_y\cos\theta_z & \sin\theta_x\sin\theta_y\cos\theta_z & \sin\theta_x\sin\theta_z - \cos\theta_x\sin\theta_y\cos\theta_z \\ -\cos\theta_y\sin\theta_z & \cos\theta_x\sin\theta_z - \sin\theta_x\sin\theta_y\sin\theta_z & \cos\theta_x\sin\theta_y\sin\theta_z + \sin\theta_x\cos\theta_y \\ \sin\theta_y & -\sin\theta_x\cos\theta_y & \cos\theta_x\cos\theta_y \end{bmatrix}$$

$$\boldsymbol{T}_\theta = \begin{bmatrix} \cos\theta_y\cos\theta_z & \sin\theta_z & 0 \\ -\cos\theta_y\sin\theta_z & \cos\theta_z & 0 \\ \sin\theta_y & 0 & 1 \end{bmatrix} \tag{3-3}$$

式中,θ_x、θ_y、θ_z 分别为空间固定坐标系与船体固联坐标系在三个坐标轴上的欧拉角,即船舶在波浪中运动在三个轴向上的偏转角。

3.1.2 速度势的定解条件

在势流理论中,主要是依靠流场速度势的构建与求解来解决船舶在波浪中的运动和载荷问题。速度势即流场速度的势函数,其可以在理想流体假设下表示任意一点的速度[4]。

$$V(x,y,z;t) = \nabla \Phi(x,y,z;t) \tag{3-4}$$

在假定船体摇荡和定常兴波都是小量的情况下,根据叠加原理和 Haskin 的研究成果[5],将流场速度势分成定常兴波速度势、入射波速度势和非定常扰动速度势。

$$\Phi(x,y,z;t) = -U_0 x + \Phi_S(x,y,z) + \varphi_I(x,y,z;t) + \sum_{k=1}^{7} \varphi_k(x,y,z;t) \tag{3-5}$$

式中,$-U_0 x + \Phi_S(x,y,z)$ 为定常兴波势;$\varphi_I(x,y,z;t)$ 为入射波速度势;$k = 1,2,\cdots,6$ 时,$\varphi_k(x,y,z;t)$ 表示辐射势;$k = 7$ 时,$\varphi_k(x,y,z;t)$ 表示绕射势。辐射势和绕射势合称为非定常扰动速度势 φ。

根据流场连续性方程可知,流体域中任意一点的扰动速度势 φ 都必须满足拉普拉斯方程,即

$$\nabla^2 \varphi(x,y,z;t) = 0 \tag{3-6}$$

通过构建合适的数值边界条件和初始条件,流场拉普拉斯方程(3-6)可以获得唯一的解。随着势流理论的发展,现阶段针对扰动速度势来构建的主要数值边界条件和初始条件有:

①自由表面条件(在 S_F 上)

在自由波面上,扰动速度势 φ 应满足波浪波动的规律,即波浪自由面动力学边界条件。通过流场伯努利方程,可推导出其具体表达式为

$$\frac{\partial \varphi}{\partial t} - U_0 \frac{\partial \varphi}{\partial x} + \frac{1}{2} |\nabla \varphi|^2 + g\eta = 0 \tag{3-7}$$

同时,考虑到水波自由面的运动学条件,即水波表面上的物质导数为零,扰动速度势 φ 还需满足的数值边界条件为

$$\frac{\partial \zeta}{\partial t} - U_0 \frac{\partial \zeta}{\partial x} + \frac{\partial \varphi}{\partial x}\frac{\partial \zeta}{\partial x} + \frac{\partial \varphi}{\partial y}\frac{\partial \zeta}{\partial y} - \frac{\partial \varphi}{\partial z} = 0 \tag{3-8}$$

在微幅波假定下,联立式(3-7)和式(3-8),并假定自由面条件在未扰动的静水面上展开,略去自由表面条件中的高阶项,则可获得水波自由面的线性化条件为

$$\frac{\partial^2 \varphi}{\partial t^2} + g \frac{\partial \varphi}{\partial z} = 0 \tag{3-9}$$

值得注意的是,上式为空间固定坐标系下推导而成的线性条件,在处理瞬时湿表面的船体大幅运动问题上较为便利。但在模拟船体小幅运动时,常需要船体固联坐标系下的自由表面条件。通过相关坐标变化,其具体表达式为

$$\frac{\partial^2 \varphi}{\partial t^2} - 2U_0 \frac{\partial \varphi}{\partial t} \frac{\partial \varphi}{\partial x} + U_0^2 \frac{\partial^2 \varphi}{\partial x^2} + g \frac{\partial \varphi}{\partial z} = 0 \tag{3-10}$$

②物面条件(在 S_B 上)

船舶做六自由度的晃荡运动时,由于流体不能穿过船体表面,应在瞬时船体物面上满足不可渗透条件,即船体瞬时湿表面上流体速度的法向导数应与该点物面速度的法向导数相等。由此可知,扰动速度势 $\varphi(t)$ 需要符合的物面边界条件为

$$\boldsymbol{n} \cdot \nabla\varphi = U_0 n_1 + \boldsymbol{V}_C \cdot \boldsymbol{n} - \nabla\varphi_I \cdot \boldsymbol{n} \tag{3-11}$$

式中, $\boldsymbol{V}_C$ 为在随船平动坐标系下船舶非定常运动的速度; $\boldsymbol{n} = (n_1, n_2, n_3)$ 为由流体域指向船体内部的物面法向矢量。

对于满足线性化自由面的入射波,其速度势具有特定的解析式,当不考虑海底反射等因素的影响时,其无限水深下的表达式为

$$\varphi_I(x,y,z,t) = \mathrm{Re}\left[H \cdot \varphi_0(x,y,z) \cdot \mathrm{e}^{iwt}\right] \tag{3-12}$$

当水深有限时,其入射波的速度势又可表示为

$$\varphi_0 = -\frac{ig}{\omega_0} \frac{\cosh[k_0(z+d)]}{\cosh(k_0 d)} \mathrm{e}^{ik_0(x\cos\beta - y\sin\beta)} \tag{3-13}$$

式中, H 为波幅; d 为水深; k_0 为波浪自然波数; ω_0 为波浪自然频率; β 为浪向角。而波浪的色散关系为

$$k_0 \cdot \tanh(k_0 d) = \omega_0^2 / g \tag{3-14}$$

需要注意的是,当船舶处于有限水深中时,由于海底的法向不可穿透性,其流场的扰动速度势还应符合底部边界条件,即

$$\boldsymbol{n} \cdot \nabla\varphi = 0 \quad (z = -h) \tag{3-15}$$

而当船舶在无限水深($d = \infty$)中航行时,其入射波的速度势为

$$\varphi_0(x,y,z) = \frac{ig}{\omega_0} \cdot \mathrm{e}^{k_0 z} \cdot \mathrm{e}^{ik_0(x\cos\beta - y\sin\beta)} \tag{3-16}$$

其色散关系为

$$k_0 = \omega_0^2 / g \tag{3-17}$$

而其遭遇频率为

$$\omega_e = \omega_0 - U_0 k_0 \cos\beta \tag{3-18}$$

此时,入射波的波面起伏升高符合的时域关系为

$$\eta_I(x,y,t) = \mathrm{Re}\left[H \cdot \mathrm{e}^{ik_0(x\cos\beta - y\sin\beta)} \cdot \mathrm{e}^{i\omega t}\right] \tag{3-19}$$

由于在船体微幅运动下平均位置与瞬时位置十分接近,可以采用平均湿表面来替代瞬时物面上满足的数值条件。因此,利用摄动理论展开而得到的流场辐射势和绕射势所符合的线

性物面条件最终可表示为

$$\frac{\partial \varphi_7}{\partial n} = -\frac{\partial \varphi_I}{\partial n} \tag{3-20}$$

$$\frac{\partial \varphi_k}{\partial n} = n_k \dot{\zeta}_k + m_k \zeta_k, k = 1,2,\cdots,6 \tag{3-21}$$

式中，ζ_k 为船体在波浪中的运动幅值；$\boldsymbol{r}$ 为矢径,其值为 $\boldsymbol{r} = (x,y,z)$；$\boldsymbol{n}$ 为由流体域指向船体内部的单位物面法向量,其值为

$$\begin{aligned}
[n_1,n_2,n_3] &= \boldsymbol{n} \\
[n_4,n_5,n_6] &= \boldsymbol{r} \times \boldsymbol{n}
\end{aligned} \tag{3-22}$$

引入定常速度项,令 $\boldsymbol{W} = \nabla[-U_0 x + \boldsymbol{\Phi}_S(x,y,z)]$，则 m_k 定义为

$$\begin{aligned}
[m_1,m_2,m_3] &= -(\boldsymbol{n} \cdot \nabla)\boldsymbol{W} \\
[m_4,m_5,m_6] &= -(\boldsymbol{n} \cdot \nabla)(\boldsymbol{n} \times \boldsymbol{W})
\end{aligned} \tag{3-23}$$

基于学者 Liapis 的研究成果[6]，对定常速度项 $\boldsymbol{W}$ 做相应的简化处理,即忽略定常扰动速度势的影响,则有

$$m = [0,0,0,0,U_0 n_3,-U_0 n_2] \tag{3-24}$$

③远方控制面条件(在 S_∞ 上)

在求解船舶在流域中晃荡运动问题时,除了上述基本的数值边界条件外,仍需要构建远方控制面,即无限远处有一个边界将所有流体包裹在内,从而在流场中形成封闭的边界条件。其流场表现出的波动现象为:流体域中流体距离船舶局部扰动越远,流场扰动影响越小。即在无穷远处扰动速度势未能引起流场波动。当 $R \to \infty$ 和 $z \to -\infty$ 时,认为远方控制面上的量由于衰减作用而对船体水动力贡献为0。

$$\lim_{R\to\infty}\varphi = \lim_{R\to\infty}\nabla\varphi = \lim_{R\to\infty}\frac{\partial\varphi}{\partial t} = 0 \tag{3-25}$$

④初始时刻条件

在势流理论中,由于时间因果关系的影响,此刻的水动力与历史时刻的流体扰动是存在必然关系的。因此,在数值模拟时需要设定初始时刻的条件,即初始条件。对于大多数模拟情况而言,一般流场的初始条件为

$$\varphi = 0, \frac{\partial\varphi}{\partial t} = 0, \begin{cases} t_0 = 0, k = 1,2,\cdots,6 \\ t_0 = -\infty, k = 7 \end{cases} \tag{3-26}$$

由上述边界条件和初始条件可以获得流场拉普拉斯方程的唯一解,从而实现流场的速度场和压力场的模拟。由流场拉普拉斯方程、边界条件及初始条件构成的问题在数值模拟上又被称为初-边值问题。

目前,解决上述初-边值问题的成熟方法主要有 Rankine 源法、自由面格林函数法和混合源法,其基本思想都是利用格林函数将求解水动力的控制微分方程转变为数值边界上的积分方程,并通过对积分方程的求解来获得船舶与流体之间的相互作用力。在流场中构建数值边界,并采用边界积分方程来求解的方法又统称为边界元法。下面对三维频域格林函数法、时域 Rankine 源法和时域混合源匹配法进行介绍。

3.1.3 三维频域格林函数法

三维频域格林函数法是现阶段最为成熟的三维势流理论预报方法[7]。其借助了流场在稳态下波动特征较为固定的特点，在边界条件和数值求解过程中将时间项剥离，并把流场的模拟转化至频域内来进行求解。

为了进一步简化计算过程，引入"高频低速"假设，认为船舶的航速较低，而波浪波动的频率相对较高。因此，在边界条件中忽略含有速度的偏导项，并利用遭遇频率 ω_e 替代波浪频率 ω 的形式来反映航速效应的影响，如

$$\left(i\omega\varphi - U_0\frac{\partial\varphi}{\partial x}\right) \approx i\omega_e\varphi \tag{3-27}$$

从而，上节对于非定常速度势的边界条件可以进一步化简为

（1）域内条件

$$\nabla^2\varphi_k = 0 \quad (k = 1,2,\cdots,7) \tag{3-28}$$

（2）自由面条件

$$\frac{\partial\varphi_j}{\partial z} - \frac{\omega_e^2\varphi_j}{g} = 0 \quad (z = 0) \tag{3-29}$$

（3）物面条件

$$\begin{cases} \dfrac{\partial}{\partial n}\varphi_k = n_k \quad (k = 1,2,\cdots,6) \\ \dfrac{\partial}{\partial n}\varphi_7 = \dfrac{\partial}{\partial n}\varphi_0 \end{cases} \tag{3-30}$$

（4）底部条件

$$\begin{cases} \dfrac{\partial}{\partial z}\varphi_k = 0, (z = -d, k = 1,2,\cdots,6)，有限水深 \\ \lim_{z\to\infty}\nabla\varphi_k = 0，无限水深 \end{cases} \tag{3-31}$$

（5）远方条件

$$\lim_{R\to\infty}\sqrt{R}\left(\frac{\partial\varphi_k}{\partial R} - ik_0\varphi_k\right) = 0, (k = 1,2,\cdots,7) \tag{3-32}$$

式中，R 为流场中质点与船舶重心之间的距离，$R \to \infty$ 即为流场无穷远处。

为了解决上述边-初值问题，这里将对扰动速度势做进一步分解，并引入三维频域格林函数，具体表达式见式(3-33)。三维有限水深格林函数具备良好的数值特性，除船体物面条件以外，其满足所有流体域的边界条件。

$$
\left.
\begin{aligned}
G(p,q) &= \frac{1}{r} + \frac{1}{r_2} + PV\!\int_0^\infty f(\kappa)\,\mathrm{d}\kappa - i\pi \cdot g(k) \\
f(\kappa) &= \frac{2(\kappa+\nu)}{1+\tanh(\kappa h)} \cdot \frac{1}{\kappa\tanh(\kappa h)-\nu} \cdot \frac{\cosh[\kappa(z+h)]}{\cosh(\kappa h)} \cdot \frac{\cosh[\kappa(\zeta+h)]}{\cosh(\kappa h)} \cdot J_0(\kappa R) \\
g(k) &= 2k \cdot \frac{1}{kh\left(1-\dfrac{\nu^2}{k^2}\right)+\dfrac{\nu}{k}} \cdot \frac{\cosh[k(z+h)]}{\cosh(kh)} \cdot \frac{\cosh[k(\zeta+h)]}{\cosh(kh)} \cdot J_0(kR)
\end{aligned}
\right\}
$$

$$(3\text{-}33)$$

式中，$p(x,y,z)$ 为流场内的场点；$q(\xi,\eta,\zeta)$ 为点源；流场函数 $f(\kappa)$ 在 $\kappa=k$ 处有一个一阶极点；$J_0(X)$ 为贝塞尔函数；而其他相关参数可以表示为

$$
\left.
\begin{aligned}
r &= r_{pq} = \sqrt{R^2+(z-\zeta)^2} \\
r_2 &= r_{pq'} = \sqrt{R^2+(z+2h+\zeta)^2} \\
R &= \sqrt{(x-\xi)^2+(y-\eta)^2} \\
k \cdot \tanh(kh) &= \nu = \omega^2/g
\end{aligned}
\right\}
$$

$$(3\text{-}34)$$

对于无限水深，则令水深 $h\to\infty$ 取极限而得到，其表达式为

$$
\left.
\begin{aligned}
G(p,q) &= \frac{1}{r} + PV\!\int_0^\infty f(\kappa)\,\mathrm{d}\kappa - i\pi \cdot g(\nu) \\
f(\kappa) &= \frac{\kappa+\nu}{\kappa-\nu} \cdot \exp[\kappa(z+\zeta)] \cdot J_0(\kappa R) \\
g(\nu) &= \lim_{\kappa\to\nu}(\kappa-\nu)f(\kappa) = 2\nu \cdot \exp[\nu(z+\zeta)] \cdot J_0(\nu R)
\end{aligned}
\right\}
$$

$$(3\text{-}35)$$

在流场中，扰动速度势 φ_k 可表示为物面上的分布源形式，即

$$\varphi_k(p) = \iint_S \sigma(q)G(p,q)\,\mathrm{d}S_q \qquad (3\text{-}36)$$

式中，$\sigma(q)$ 表示船体物面上分布源的强度。由非定常速度势所应满足的物面边界条件可知，其物面源强 $\sigma(q)$ 满足的边界积分方程为

$$2\pi\sigma(p) + \iint_S \sigma(q)\frac{\partial}{\partial n_p}G(p,q)\,\mathrm{d}S_q = \begin{cases} n_j & (j=1,2,\cdots,6) \\[2mm] -\dfrac{\partial}{\partial n}\varphi_0 & (j=7) \end{cases} \quad (p\in S) \qquad (3\text{-}37)$$

利用上述流场积分方程即可计算出源强，从而可获得流场每个位置处的速度势，最终模拟出船舶周边流场的波动。

事实上，利用频域格林函数法来进行船舶周边流场的数值模拟，其遵循的主要步骤有：

①利用面元法对船体水下湿表面进行离散，使其分为多个计算单元，如图 3-2 所示，并以此计算单元为对象布置点源 q。同时，船舶周边流场放置场点 p。

②通过式(3-33)，计算格林函数值 $G(p,q)$，获得不同场点 p 对于点源 q 的波动贡献。

③结合入射波的解析式(3-16)、船体六自由度运动引起的湿表面法向量变化 n_j 和流场积分方程(3-37)，可获得船舶对周边流场扰动速度势的源强 $\sigma(q)$，并通过式(3-36)最终获得流

场扰动速度势 φ_k。

④通过计算得出的扰动速度势 φ_k，结合式(3-4)和式(3-5)，即可获得船舶周边流体的速度场。此外，利用自由面条件(3-7)和(3-8)，就可获得船舶周边水面的波动情况。

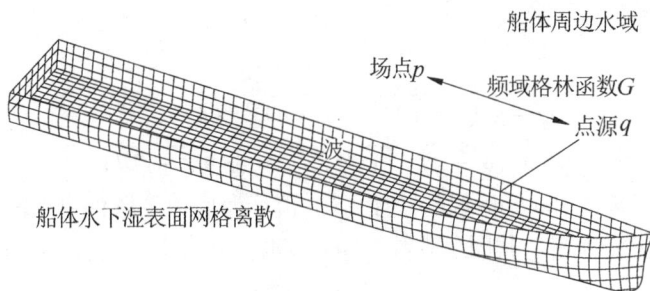

图 3-2 三维频域格林函数法对船体网格的划分

3.1.4 时域 Rankine 源法

为了满足流体域的数值边界条件，除三维频域格林函数法之外，采用时域格林函数来进行流场的数值求解也是一种重要的方法。其中，以 Rankine 源为基础的流场模拟在时域格林函数法中最为普遍[8-9]。在 Rankine 源中，非定常扰动速度势 φ 将被分解为局部速度势 φ_p 和记忆速度势 φ_m。

$$\varphi(t) = \varphi_p(t) + \varphi_m(t) \tag{3-38}$$

式中，局部速度势 φ_p 可以进一步分析为与运动有关的计算表达式，即

$$\varphi_{p,k} = N_k \dot{\zeta}_j(t) + M_k \zeta_j(t) \quad (k = 1,2,3,\cdots,6) \tag{3-39}$$

根据物面条件可得

$$\begin{cases} N_k = 0, M_k = 0; 对于 S_F \\ \dfrac{\partial N_k}{\partial n} = n_k, \dfrac{\partial M_k}{\partial n} = m_k; 对于 S_B \end{cases} \tag{3-40}$$

从而，通过求解水动力项 N_k 和 M_k，即可计算出局部速度势 φ_p。

而对于记忆势，其自由面和物面边界条件也可转化为

$$\frac{\partial \zeta}{\partial t} - (W - \nabla \Phi_s) \cdot \nabla \zeta = \frac{\partial^2 \Phi_s}{\partial z^2} \cdot \zeta + \frac{\partial \varphi_m}{\partial z}, \quad z = 0 \tag{3-41}$$

$$\left[\frac{\partial}{\partial t} - (W - \nabla \Phi_s) \cdot \nabla \right] \varphi = -g\zeta + W \cdot \nabla \Phi_s - \frac{1}{2} |\nabla \Phi_s|^2, \quad z = 0 \tag{3-42}$$

$$\frac{\partial \varphi_m}{\partial n} = (W - \nabla \Phi_s) \cdot n - \frac{\partial \varphi_I}{\partial n}; 对于 S_B \tag{3-43}$$

联立以上的边界条件，即可获得记忆速度势 φ_m。

在利用 Rankine 源法来求解流体速度势时，主要是将流体扰动速度势所应满足的边界条件进行简化，最终形成特定形式的边界积分方程，再通过格林第二定理与相应的简单源格林函数相联立来求解，其具体表达式为

$$C(p)\varphi(p) = \iint_S \left[G(p,q) \frac{\partial}{\partial n_q} \varphi(q) - \varphi(q) \frac{\partial}{\partial n_q} G(p,q) \right] \mathrm{d}S_q \tag{3-44}$$

式中,$C(p)$ 代表场点处的固角系数;p 和 q 为场点和点源;边界积分面 S 包含流场底部表面、远方辐射面、自由面和物面。

而时域格林函数主要为 Rankine 源和其对流场底部的镜像项,具体公式为

$$G(p,q) = \frac{1}{r} + \frac{1}{r_1} \tag{3-45}$$

$$r = \sqrt{(x - \xi)^2 + (y - \eta)^2 + (z - \zeta)^2} \tag{3-46}$$

$$r_1 = \sqrt{(x - \xi)^2 + (y - \eta)^2 + (z + \zeta + 2d)^2} \tag{3-47}$$

观察简单格林函数即 Rankine 源的特征可知,流场海底边界条件可由其函数天然满足,因此对于边界底部的积分为零。其固角系数 $C(p)$ 与水质点的空间位置存在关联,具体表示为

$$C(p) = \begin{cases} 1; & 流体域中 \\ 4\pi; & 流体边界 \\ 2\pi; & p \to q \\ 0; & 其他 \end{cases} \tag{3-48}$$

而在无限水深的工况中,扰动速度势的求解过程与有限水深工况基本保持一致。由于无限水深无须考虑流场底部反射等影响,其 Rankine 源的解析式需做相应修正,即省略底部镜像项,而流场非定常扰动速度势也只需满足除底部条件之外的其他数值边界条件即可。

在采用时域 Rankine 法来模拟流场时,需要注意的数值处理技巧有:

①利用时间步进法来求解自由面条件

为了弥补 Rankine 源无法自动满足自由面条件的劣势,利用时间步进法来逐步求解自由面上的扰动速度势和流场波动。在时间步进的求解过程中,采用四阶龙格-库塔法来提高数值模拟的精度和稳定性。

由龙格-库塔的法则可知,未来时刻的自由面的扰动速度势 $\varphi_{t+\Delta t}$ 和波浪升高 $\eta_{t+\Delta t}$,可以利用当前时刻的速度势和波高描述,其具体关系为

$$\eta_{t+\Delta t} = \frac{\Delta t}{6}(\eta_1 + 2\eta_2 + 2\eta_3 + \eta_4) + \eta_t \tag{3-49}$$

$$\varphi_{t+\Delta t} = \frac{\Delta t}{6}(\varphi_1 + 2\varphi_2 + 2\varphi_3 + \varphi_4) + \varphi_t \tag{3-50}$$

式中,$\eta_1 = H(\varphi, \eta, t)$;

$\varphi_1 = F(\varphi, \eta, t)$;

$\eta_2 = H(\varphi + \varphi_1\Delta t/2, \eta + \eta_1\Delta t/2, t + \Delta t/2)$;

$\varphi_2 = F(\varphi + \varphi_1\Delta t/2, \eta + \eta_1\Delta t/2, t + \Delta t/2)$;

$\eta_3 = H(\varphi + \varphi_2\Delta t/2, \eta + \eta_2\Delta t/2, t + \Delta t/2)$;

$\varphi_3 = F(\varphi + \varphi_2\Delta t/2, \eta + \eta_2\Delta t/2, t + \Delta t/2)$;

$\eta_4 = H(\varphi + \varphi_3\Delta t/2, \eta + \eta_3\Delta t/2, t + \Delta t)$;

$\varphi_4 = F(\varphi + \varphi_3\Delta t/2, \eta + \eta_3\Delta t/2, t + \Delta t)$。

针对自由面边界条件中波面升高和速度势的一阶空间偏导项,可利用双向导数求解来提高时间步进计算的稳定性[10]。

②利用人工阻尼层来处理远方辐射边界条件

由于 Rankine 函数先天无法自动符合远方辐射条件,需要对波浪辐射问题进行适当的数

值处理来避免波浪反射干扰计算域。在现阶段研究中,主要采用施加修正辐射条件(Sommerfeld-Orlanski 条件)或人工阻尼层这两种处理方法来实现。对于特定频率的长波,利用修正辐射条件的效果较好。而在高频波浪中,施加人工阻尼层的数值消波作用较为明显,且在数值模拟上相对简单。本节主要介绍采用人工阻尼层的具体做法。

基于数值海岸的消波原理[11-12],在运动学和动力学的自由表面条件时间步进计算的过程中进一步加入阻尼因子,添加的形式为

$$\frac{\partial \eta}{\partial t} = H(\varphi,\eta,t) - \mu_0 \left(\frac{r}{l}\right)^2 \eta \qquad (3\text{-}51)$$

$$\frac{\partial \varphi}{\partial t} = F(\varphi,\eta,t) - \mu_0 \left(\frac{r}{l}\right)^2 \varphi \qquad (3\text{-}52)$$

式中, l 表示阻尼层的范围; r 表示计算点与阻尼层基点的距离; μ_0 为阻尼系数。

③利用低通滤波来提高时间步进计算的稳定性

相关研究表明在有航速工况下,在船体水线附近往往会出现较强的不稳定性短波。而在利用时域 Rankine 法来模拟自由表面波动时,不稳定的数值短波是引起时间步进计算发散的主要原因之一。因此,在不影响计算精度的前提下,为提高数值模拟的稳定性,研究采用了多节点的低通滤波对自由面的波面升高进行滤波处理,从而消除数值短波的干扰。

依据 Buchmann 提出的低通滤波原理[13],其公式为

$$\eta_i^1 = \eta_i^0 + \lambda (\eta_{i+1}^0 + \eta_{i-1}^0 - 2\eta_i^0) \qquad (3\text{-}53)$$

式中, i 为滤波点沿纵向或横向的节点编号; λ 为滤波强度; η_i^0 为滤波前节点升高的高度; η_i^1 表示滤波后节点升高的高度。

通过以上数值处理方法,即可保证利用时域 Rankine 法来预报船体载荷的稳定性。由于 Rankine 无法自动满足自由面边界条件,因此在计算网格离散上除与频域格林函数法一样划分船体水下湿表面以外,还需要划分船体周边的水面即流场自由面网格,如图 3-3 所示。在数值模拟上,其求解思路与频域格林函数法类似,在离散的自由面网格和湿表面网格上布置点源,并在周边流场中布置场点。同时,利用式(3-45)计算场点与点源之间的关系 G。最后,利用式(3-44)即可求解扰动速度势,从而进一步获得船舶周边流体的速度场和水面时域波动关系。

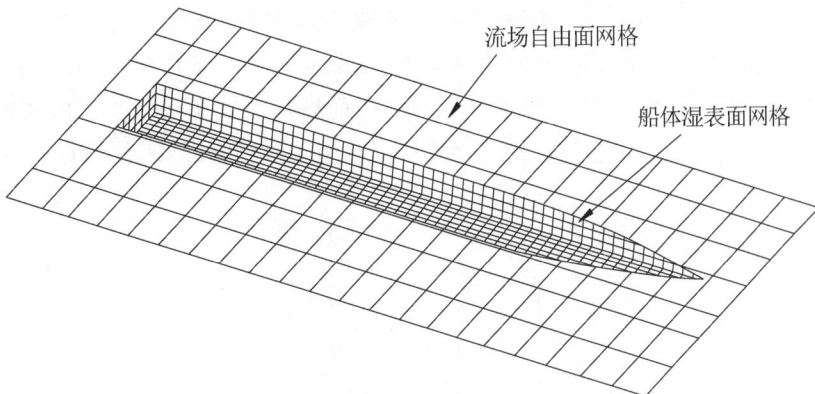

图 3-3 时域 Rankine 法中网格的划分

3.1.5 时域混合源匹配法

时域 Rankine 源法虽然在计算上相对简单灵活,但其运用的简单格林函数也存在着一些先天的不足,即无法完全满足流场的数值边界条件,特别是自由面边界条件和远方辐射条件。因此,在数值仿真上往往需要在水面上划分大量网格,并利用人工阻尼来进行远方消波的处理。其仿真计算需要占用计算机资源较多,运算时间较长。而完全满足线性边界条件的自由面格林函数却因自身具有积分高频振荡和增幅的特性,无法在非直壁船型上广泛应用。因此,学者尝试构建双层流域来混合两种格林函数,从而利用简单格林函数和自由面格林函数各自的优势,实现流场的数值模拟[14-15]。而以此种思路为指导的数值方法,又被称为多重边界元理论或混合源匹配法。混合源匹配法引入了人工边界作为虚拟流场边界,从而将船体周边的流场进行区分。在内部流场域中采用简单格林函数,而在外部流场域上则使用满足自由面边界条件的时域格林函数。由于在人工边界上采用简单的直壁面,其避免了外域自由面格林函数的数值发散现象。同时,在人工边界上建立流场匹配条件[16],从而保证流体波动的特征不变。该方法虽在理论上相对难度较大,但其所需的水动力网格较少,数值计算的效率较高。

在应用混合源匹配法来模拟船体运动和载荷时,需要引入人工数值边界面即控制面 S_C,将船体周边流场划分成流场内域 Ω_{I} 和流场外域 Ω_{II} 两个部分,如图 3-4 所示。为了后续分别应用不同的格林函数来模拟内外流场,将流体域内的非定常扰动速度势进一步分解,如式(3-54)。

$$\varphi_k(t) = \varphi_k^{\mathrm{I}}(t) + \varphi_k^{\mathrm{II}}(t) \tag{3-54}$$

式中,$\varphi_k^{\mathrm{I}}(t)$ 表示内域 Ω_{I} 的扰动速度势;$\varphi_k^{\mathrm{II}}(t)$ 表示外域 Ω_{II} 的扰动速度势。

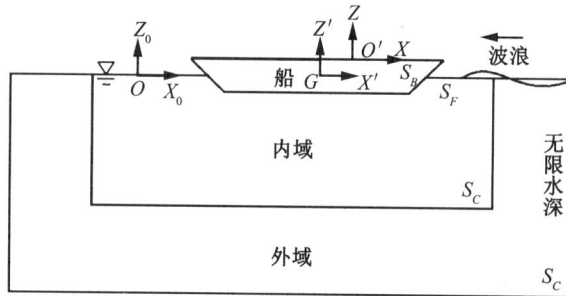

图 3-4　时域混合源匹配法的流域纵剖面示意图

在利用时域混合源匹配法时,流场内域采用 Rankine 源进行数值模拟,其求解过程与时域 Rankine 源类似。而流场外域中,则需利用时域自由面格林函数来实现边界积分方程的求解。根据流场满足的拉普拉斯方程、自由面边界条件以及初始时刻条件,学者 Finkelstein[17] 建立了时域格林函数的定解条件

$[\Omega]$ 　　　　　　　　$\nabla_p^2 G(p,t;q,\tau) = -4\pi\delta(p,q)\delta(t-\tau)$ 　　　(3-55)

$[F]$ 　　　　　　　　　$\dfrac{\partial^2 G}{\partial t^2} + g\dfrac{\partial G}{\partial z} = 0$ 　　　(3-56)

$[R]$ 　　　　　　　　　$\lim\limits_{R\to\infty} \nabla_p G = 0$ 　　　(3-57)

$[B]$ 　　　　　　　　　$\lim\limits_{z\to-\infty} \nabla_p G = 0$ 　　　(3-58)

$[I]$ 　　　　　　　　　$G = \dfrac{\partial G}{\partial t} = 0 \quad (t < \tau)$ 　　　(3-59)

式中,Ω 表示计算流体域;R 表示远方辐射面;F 表示波浪自由表面;I 表示计算的初始条件;B 表示流体域底部表面。根据上述的数值定解条件,学者 Wehausen[18] 建立了三维时域无限水深格林函数,其具体表达式为

$$G(p,q,t-\tau) = G_0(p,q)\delta(t-\tau) + \tilde{G}(p,q,t-\tau)H(t-\tau) \tag{3-60}$$

$$G_0(p,q) = \frac{1}{r} - \frac{1}{r'} \tag{3-61}$$

$$\tilde{G}(p,q,t-\tau) = 2\int_0^\infty \sqrt{gk}\sin[\sqrt{gk}(t-\tau)]\,e^{kz_0}J_0(kR)\,dk \tag{3-62}$$

式中,$q(\xi,\eta,\zeta)$ 和 $p(x,y,z)$ 为流体域中的点源和场点;$q'(\xi,\eta,\zeta)$ 表示以水面为基准的点源镜像;τ 和 t 分别表示历史时刻和当前时刻;$\tilde{G}(p,q,t-\tau)$ 为时域格林函数的自由表面记忆项;$G_0(p,q)$ 为格林函数瞬时项;$H(t)$ 为阶跃函数;$\delta(t)$ 为狄拉克函数;J_0 为零阶贝塞尔函数。通过利用 Hess-Smith 法、精细时程积分法即可分别获得瞬时项和自由表面记忆项[19-22]。

接着,对基于时域混合源的辐射和绕射问题进行探讨。

①内外域流场的辐射问题

通过数值模拟的边-初值问题,流体域中亦可构建辐射速度势 $\varphi_k(k=1,2,\cdots,6)$ 满足的数值边界条件,其具体公式为

$$\begin{cases} \nabla^2\varphi_k = 0;\text{在流场内} \\ \left(\frac{\partial}{\partial t} - U_0\frac{\partial}{\partial x}\right)^2\varphi_k + g\frac{\partial\varphi_k}{\partial z} = 0;\text{对于}\ S_F \\ \frac{\partial\varphi_k}{\partial n} = \dot{\zeta}_k n_k + \zeta_k m_k;\text{对于}\ S_B \\ \varphi_k|_{t=0} = 0, \left.\frac{\partial\varphi_k}{\partial t}\right|_{t=0} = 0;\text{对于}\ S_F\ \text{初始时刻} \end{cases} \tag{3-63}$$

式中,Ω 表示计算流体域;S_B 为船体湿表面;S_F 为流体自由表面。

根据混合源理论,将流场划分为内、外域。在内域 Ω_I 中,应用格林第二定律和简单格林函数,则非定常辐射速度势满足以 Rankine 源为基础的积分方程。

$$2\pi\varphi_k^I(p,t) + \iint_S \varphi_k^I(q,t)\frac{\partial}{\partial n_q}\left(\frac{1}{r}\right)dS_q = \iint_S \frac{1}{r}\frac{\partial}{\partial n_q}\varphi_k^I(q,t)\,dS_q \tag{3-64}$$

而在有航速工况下,在流场外域 Ω_{II} 辐射速度势满足的边界积分方程为

$$2\pi\varphi_k^{II}(p,t) + \iint_{S_c}\left[\varphi_k^{II}(q,t)\frac{\partial G_0}{\partial n_q} - G_0\frac{\partial\varphi_k^{II}(q,t)}{\partial n_q}\right]dS_q =$$

$$-\int_{t_0}^t d\tau\iint_{S_c}\left[\varphi_k^{II}(q,\tau)\frac{\partial}{\partial n_q}\tilde{G}(p,q,t-\tau) - \tilde{G}(p,q,t-\tau)\frac{\partial}{\partial n_q}\varphi_k^{II}(q,\tau)\right]dS_q$$

$$-\frac{U_0^2}{g}\int_{t_0}^t d\tau\oint_\Gamma\left[\varphi_k^{II}(q,\tau)\frac{\partial}{\partial\xi}\tilde{G}(p,q,t-\tau) - \tilde{G}(p,q,t-\tau)\frac{\partial}{\partial\xi}\varphi_k^{II}(q,\tau)\right]d\eta$$

$$+\frac{U_0}{g}\int_{t_0}^t d\tau\oint_\Gamma\left[\varphi_k^{II}(q,\tau)\frac{\partial}{\partial\tau}\tilde{G}(p,q,t-\tau) - \tilde{G}(p,q,t-\tau)\frac{\partial}{\partial\tau}\varphi_k^{II}(q,\tau)\right]d\eta \tag{3-65}$$

式中，G_0 为时域格林函数的瞬时项；$\tilde{G}$ 为自由表面记忆项。在控制面 S_C 上，非定常扰动速度势及其法向导数在内外部流体域上应该满足连续的条件。因此，速度势和速度势的法向导数在控制面上应保持相等，具体满足的匹配条件为

$$\varphi_k^{\mathrm{I}} = \varphi_k^{\mathrm{II}} \quad (p,q \in S_C) \tag{3-66}$$

$$\frac{\partial \varphi_k^{\mathrm{I}}}{\partial n} = \frac{\partial \varphi_k^{\mathrm{II}}}{\partial n} \quad (p,q \in S_C) \tag{3-67}$$

考虑脉冲运动 $\dot{\zeta}(t) = \delta(t)$，将非定常的辐射速度势分解为

$$\varphi_k(p,t) = \psi_{1k}(p)\,\delta(t) + \psi_{2k}(p)\,H(t) + \chi_k(p,t) \quad (k = 1,2,\cdots,6) \tag{3-68}$$

式中，$\psi_{1k}(p)$ 和 $\psi_{2k}(p)$ 为瞬时速度势；$\chi_k(p,t)$ 为记忆速度势。ψ_{1k} 表征着在初始时刻给予船舶一脉冲速度的瞬时效应，而 ψ_{2k} 为有航速状态下运动的辅助瞬时项，而 χ_k 和 ψ_{2k} 的共同作用则是在脉冲激励后位移引起的记忆效应。

由辐射速度势满足的物面条件可推导出瞬时速度势和记忆速度势所满足的物面条件为

$$\begin{cases} \nabla^2 \psi_{1k} = 0；在流场内 \\ \psi_{1k} = 0；对于 S_F \\ \dfrac{\partial \psi_{1k}}{\partial n} = n_k；对于 S_B \end{cases} \tag{3-69}$$

$$\begin{cases} \nabla^2 \psi_{2k} = 0；在流场内 \\ \psi_{2k} = 0；对于 S_F \\ \dfrac{\partial \psi_{2k}}{\partial n} = m_k；对于 S_B \end{cases} \tag{3-70}$$

$$\begin{cases} \nabla^2 \chi_k = 0；在流场内 \\ \left[\left(\dfrac{\partial}{\partial t} - U_0 \dfrac{\partial}{\partial x} \right)^2 + g\dfrac{\partial}{\partial z} \right](\chi_k + \psi_{2k}) = 0；对于 S_F \\ \dfrac{\partial \chi_k}{\partial n} = 0；对于 S_B \\ \chi_k |_{t=0} = 0, \ \dfrac{\partial \chi_k}{\partial t} \bigg|_{t=0} = -g\dfrac{\partial \psi_{1k}}{\partial z}；对于 S_F 初始时刻 \end{cases} \tag{3-71}$$

联立式（3-64）、式（3-65）和式（3-68），便可以得到瞬时速度势和记忆速度势满足的边界积分方程。在内域中，且 $p,q \in S_C + S_F + S_B$ 时，在流体域 Ω_1 中速度势 $\psi_{1k}^{\mathrm{I}}(p)$、$\psi_{2k}^{\mathrm{I}}(p)$、$\chi_k^{\mathrm{I}}(p,t)$ 满足的边界积分方程为

$$2\pi \psi_{1k}^{\mathrm{I}}(p) + \iint_S \psi_{1k}^{\mathrm{I}}(q)\,\frac{\partial}{\partial n_q}\left(\frac{1}{r}\right) \mathrm{d}S = \iint_S \frac{1}{r}\,\frac{\partial}{\partial n_q}\psi_{1k}^{\mathrm{I}}(q)\,\mathrm{d}S \tag{3-72}$$

$$2\pi \psi_{2k}^{\mathrm{I}}(p) + \iint_S \psi_{2k}^{\mathrm{I}}(q)\,\frac{\partial}{\partial n_q}\left(\frac{1}{r}\right) \mathrm{d}S = \iint_S \frac{1}{r}\,\frac{\partial}{\partial n_q}\psi_{2k}^{\mathrm{I}}(q)\,\mathrm{d}S \tag{3-73}$$

$$2\pi \chi_k^{\mathrm{I}}(p,t) + \iint_S \chi_k^{\mathrm{I}}(q,t)\,\frac{\partial}{\partial n_q}\left(\frac{1}{r}\right) \mathrm{d}S = \iint_S \frac{1}{r}\,\frac{\partial}{\partial n_q}\chi_k^{\mathrm{I}}(p,t)\,\mathrm{d}S \tag{3-74}$$

而当 p,q 属于外域，且 $p,q \in S_C$ 时，速度势 $\psi_{1k}^{\mathrm{II}}(p)$、$\psi_{2k}^{\mathrm{II}}(p)$、$\chi_k^{\mathrm{II}}(p,t)$ 满足的边界积分方程为

$$2\pi\psi_{1k}^{\mathrm{II}}(p) + \iint_S \psi_{1k}^{\mathrm{II}}(q)\,\frac{\partial}{\partial n_q}G_0\mathrm{d}S = \iint_S G_0\,\frac{\partial}{\partial n_Q}\psi_{1k}^{\mathrm{II}}(Q)\,\mathrm{d}S \tag{3-75}$$

$$2\pi\psi_{2k}^{\mathrm{II}}(p) + \iint_S \psi_{2k}^{\mathrm{II}}(q)\,\frac{\partial}{\partial n_q}G_0\mathrm{d}S = \iint_S G_0\,\frac{\partial}{\partial n_q}\psi_{2k}^{\mathrm{II}}(q)\,\mathrm{d}S \tag{3-76}$$

$$
\begin{aligned}
&2\pi\chi_k^{\mathrm{II}}(p,t) + \iint_S \chi_k^{\mathrm{II}}(q,t)\,\frac{\partial}{\partial n_q}G_0\mathrm{d}S = \iint_S G_0\,\frac{\partial}{\partial n_q}\chi_k^{\mathrm{II}}(q,t)\,\mathrm{d}S \\
&+ \iint_S \left[\tilde{G}(t)\,\frac{\partial}{\partial n_q}\psi_{1k}^{\mathrm{II}}(q) - \psi_{1k}^{\mathrm{II}}(q)\,\frac{\partial}{\partial n_q}\tilde{G}(t) \right]\mathrm{d}S \\
&+ \int_0^t \mathrm{d}\tau \iint_S \left[\tilde{G}(t-\tau)\,\frac{\partial}{\partial n_q}\psi_{2k}^{\mathrm{II}}(q) - \psi_{2k}^{\mathrm{II}}(q)\,\frac{\partial}{\partial n_q}\tilde{G}(t-\tau) \right]\mathrm{d}S \\
&+ \int_0^t \mathrm{d}\tau \iint_S \left[\tilde{G}(t-\tau)\,\frac{\partial}{\partial n_q}\chi_k^{\mathrm{II}}(q,\tau) - \chi_k^{\mathrm{II}}(q,\tau)\,\frac{\partial}{\partial n_q}\tilde{G}(t-\tau) \right]\mathrm{d}S \\
&+ \frac{2U_0}{g}\int_0^t \mathrm{d}\tau \int_\Gamma \chi_k^{\mathrm{II}}(q,\tau)\,\frac{\partial}{\partial \tau}\tilde{G}(t-\tau)\,\mathrm{d}\eta \\
&- \frac{U_0^2}{g}\int_0^t \mathrm{d}\tau \int_\Gamma \left[\chi_k^{\mathrm{II}}(q,\tau)\,\frac{\partial}{\partial \xi}\tilde{G}(t-\tau) - \tilde{G}(t-\tau)\,\frac{\partial}{\partial \xi}\chi_k^{\mathrm{II}}(q,\tau) \right]\mathrm{d}\eta
\end{aligned}
\tag{3-77}
$$

并在控制面 S_C 上满足速度势连续条件,即

$$
\begin{cases}
\psi_{1k}^{\mathrm{I}}(p) = \psi_{1k}^{\mathrm{II}}(p) \\
\dfrac{\partial}{\partial n}\psi_{1k}^{\mathrm{I}}(p) = \dfrac{\partial}{\partial n}\psi_{1k}^{\mathrm{II}}(p)
\end{cases}
\tag{3-78}
$$

$$
\begin{cases}
\psi_{2k}^{\mathrm{I}}(p) = \psi_{2k}^{\mathrm{II}}(p) \\
\dfrac{\partial}{\partial n}\psi_{2k}^{\mathrm{I}}(p) = \dfrac{\partial}{\partial n}\psi_{2k}^{\mathrm{II}}(p)
\end{cases}
\tag{3-79}
$$

$$
\begin{cases}
\chi_k^{\mathrm{I}}(p,t) = \chi_k^{\mathrm{II}}(p,t) \\
\dfrac{\partial}{\partial n}\chi_k^{\mathrm{I}}(p,t) = \dfrac{\partial}{\partial n}\chi_k^{\mathrm{II}}(p,t)
\end{cases}
\tag{3-80}
$$

通过上述边界积分方程对船体湿表面、自由面以及控制面的面元进行数值离散,建立时域匹配法的求解方程组,即可对瞬时速度势进行求解。

接着,根据求得的瞬时速度势,进一步对记忆速度势进行求解,从而最终获得船体的总辐射势。船舶在波浪中航行时,基于混合源法,其遭受的辐射力为

$$F_{jk}^R = -\rho \iint_S \frac{\partial \varphi_k}{\partial t}n_j\mathrm{d}S + \rho \iint_S \varphi_k m_j\mathrm{d}S \tag{3-81}$$

根据辐射速度势的组合关系,船体在 j 模态运动下遭受的 k 方向的辐射力可以推导为

$$
\begin{aligned}
F_{jk}^R = &-\rho \iint_{S_B} \psi_{1k}(q)n_j\mathrm{d}S\ddot{\zeta}_k(t) - \rho \iint_{S_B} [\psi_{2k}(q)n_j - \psi_{1k}(q)m_j]\,\mathrm{d}S\dot{\zeta}_k(t) \\
&+ \rho \iint_{S_B} \psi_{2k}(q)m_j\mathrm{d}S\zeta_k(t) - \rho \int_0^t \iint_{S_B} \left[\frac{\partial \chi_k(q,t-\tau)}{\partial t}n_j - \chi_k(q,t-\tau)m_j \right]\mathrm{d}S\dot{\zeta}_k(\tau)\mathrm{d}\tau
\end{aligned}
\tag{3-82}
$$

此处,分别引入 4 个变量(a_{jk} 、 b_{jk} 、 c_{jk} 、 K_{jk}),其各自的表达式为

$$a_{jk} = \rho \iint_{S_B} \psi_{1k}(q) n_j \mathrm{d}S ;$$

$$b_{jk} = \rho \iint_{S_B} [\psi_{2k}(q) n_j - \psi_{1k}(q) m_j] \, \mathrm{d}S ;$$

$$c_{jk} = -\rho \iint_{S_B} \psi_{2k}(q) m_j \mathrm{d}S ;$$

$$K_{jk} = \rho \iint_{S_B} \left[\frac{\partial \chi_k(q,t)}{\partial t} n_j - \chi_k(q,t) m_j \right] \mathrm{d}S 。$$

式中,水动力系数 a_{jk} 、 b_{jk} 和 c_{jk} 只与船舶的航速和外壳形状相关,其在平均湿表面下为常值。而系数 K_{jk} 被称为延迟函数,其与时间、航速以及船体外壳的几何形状都有关联,船体运动的记忆效应也是由延迟函数体现。通过引入 4 个参变量,船体遭受的辐射力可以表示为

$$F_{ik}^R(t) = -a_{ik} \ddot{\zeta}_k(t) - b_{ik} \dot{\zeta}_k(t) - \int_0^t K_{ik}(t-\tau) \dot{\zeta}_k(\tau) \, \mathrm{d}\tau - c_{ij} \zeta_k(t) \tag{3-83}$$

②内外域流场的绕射问题

对于求解船舶在流场中运动时的绕射势问题,学者 King[23] 采用傅里叶变换和脉冲响应函数的线性系统取得较好的效果。参照其研究中的处理方法,假定脉冲响应函数存在线性系统,其可以表示为

$$f(t) = \int_{-\infty}^{\infty} K(t-\tau) A(\tau) \mathrm{d}\tau \tag{3-84}$$

式中, $K(t)$ 为脉冲响应函数; $A(t)$ 为系统的输入响应; $f(t)$ 为输入响应通过线性系统后所获得的输出响应。

当入射波幅 $\zeta_0(t)$ 作为系统输入响应时,其入射波速度场为

$$\nabla \varphi_0(p,t) = \int_{-\infty}^{\infty} K(p,t-\tau) \zeta_0(\tau) \mathrm{d}\tau \tag{3-85}$$

在入射波中进一步考虑航速效应 U_0 ,则其可以被表示为

$$\zeta_0(t) = \mathrm{e}^{-ikU_0 t\cos\beta} \mathrm{e}^{i\omega t} = \mathrm{e}^{i\omega_e t} \tag{3-86}$$

所以,单位波幅下的入射波速度势可以表示为

$$\varphi_0 = \frac{ig}{\omega} \mathrm{e}^{k(z-i\bar{\omega})} \mathrm{e}^{i\omega_e t} \tag{3-87}$$

式中, ω_e 为船舶的遭遇频率; k 为波浪的波数; β 为船舶航行的浪向角。

$$\bar{\omega} = x\cos\beta + y\sin\beta \tag{3-88}$$

因此,入射波引起的速度场可表示为

$$\nabla \varphi_0(P,t) = \begin{bmatrix} \boldsymbol{i}\cos\beta \\ \boldsymbol{j}\sin\beta \\ \boldsymbol{k}i \end{bmatrix} \omega \mathrm{e}^{k(z-i\bar{\omega})} \mathrm{e}^{i\omega_e t} \tag{3-89}$$

将 $\zeta_0(t) = \mathrm{e}^{i\omega_e t}$ 代入式(3-85)得到

$$\nabla \varphi_0(p,t) = \int_{-\infty}^{\infty} K(p,\tau) \mathrm{e}^{i\omega_e(t-\tau)} \mathrm{d}\tau \tag{3-90}$$

对比式(3-89)和式(3-90),可知

$$\int_{-\infty}^{\infty} K(p,\tau)\,\mathrm{e}^{-i\omega_e\tau}\,\mathrm{d}\tau = \begin{bmatrix} \boldsymbol{i}\cos\beta \\ \boldsymbol{j}\sin\beta \\ \boldsymbol{k}i \end{bmatrix} \omega \mathrm{e}^{k(z-i\bar{\omega})} \tag{3-91}$$

对式(3-91)进行 Fourier 逆变换,可得有航速情况下速度场的脉冲函数:

$$K(p,t) = \frac{1}{\pi}\mathrm{Re}\left\{ \begin{bmatrix} \boldsymbol{i}\cos\beta \\ \boldsymbol{j}\sin\beta \\ \boldsymbol{k}i \end{bmatrix} \int_0^{\infty} \omega \mathrm{e}^{k(z-i\bar{\omega})}\,\mathrm{e}^{i\omega_e t}\,\mathrm{d}\omega_e \right\} \tag{3-92}$$

而入射波的压力脉冲函数可以采用同样的方法获得,其具体的表达形式为

$$\widehat{p}(p,t) = \frac{\rho g}{\pi}\mathrm{Re}\left[\int_0^{\infty} \mathrm{e}^{k(z-i\bar{\omega})}\,\mathrm{e}^{i\omega_e t}\,\mathrm{d}\omega_e \right] \tag{3-93}$$

因此,由入射波引起的 Froude-Krylov 力为

$$F_j^{FK}(t) = \iint_S P(p,t)\,n_j\mathrm{d}S = \int_{-\infty}^{\infty} \zeta_0(\tau)\,\mathrm{d}\tau \iint_S \widehat{p}(p,t-\tau)\,n_j\mathrm{d}S \tag{3-94}$$

接着,定义 $K_{j0}(t) = \iint_S \widehat{p}(p,t)\,n_j\mathrm{d}S$ 为入射波力的脉冲响应函数。那么,入射波力可以计算为

$$F_j^{FK}(t) = \int_{-\infty}^{\infty} K_{j0}(t-\tau)\,\zeta_0(\tau)\,\mathrm{d}\tau \tag{3-95}$$

船舶在波浪中航行时,其绕射速度势满足的边界条件和初值条件为

$$\begin{cases} \nabla^2\varphi_7 = 0;\text{在流场内} \\[2mm] \left(\dfrac{\partial}{\partial t} - U_0\dfrac{\partial}{\partial x}\right)^2\varphi_7 + g\dfrac{\partial\varphi_7}{\partial z} = 0;\text{自由面上} \\[2mm] \dfrac{\partial\varphi_7}{\partial n} = -\dfrac{\partial\varphi_0}{\partial n};\text{物面上} \\[2mm] \nabla\varphi_7 \to 0,\varphi_7 \to 0;\text{无穷远处} \\[2mm] \nabla\varphi_7 \to 0;\text{无限水深处} \\[2mm] \varphi_7 = 0,\dfrac{\partial\varphi_7}{\partial t} = 0;\text{初始时刻} \end{cases} \tag{3-96}$$

同样,假定绕射势也存在对应的线性系统,采用与入射波压力和入射波速度场类似的处理方法,则绕射势可以表示为

$$\varphi_7(p,t) = \int_{-\infty}^{\infty} \widehat{\varphi}_7(p,t-\tau)\,\zeta_0(\tau)\,\mathrm{d}\tau \tag{3-97}$$

那么,绕射势物面的法向导数为

$$\frac{\partial}{\partial n}\varphi_7(p,t) = \int_{-\infty}^{\infty} \frac{\partial}{\partial n}\widehat{\varphi}_7(p,t-\tau)\,\zeta_0(\tau)\,\mathrm{d}\tau \tag{3-98}$$

由绕射势的物面条件可知

$$\frac{\partial}{\partial n}\varphi_7(p,t) = -\frac{\partial}{\partial n}\varphi_0(p,t) = -n\cdot\int_{-\infty}^{\infty} K(t-\tau)\,\zeta_0(\tau)\,\mathrm{d}\tau \tag{3-99}$$

将绕射势的空间法向导数表达式进行对比,可以发现

$$\frac{\partial}{\partial n}\widehat{\varphi}_7(p,t) = -n \cdot K(p,t) \tag{3-100}$$

将绕射势 $\widehat{\varphi}_7(P,t)$ 分别代入到内外域边界面上,使其满足流体域的边界积分方程。应用与求解辐射势相同的数值解法,对绕射速度势 $\widehat{\varphi}_7(P,t)$ 进行求解。

在获得绕射速度势后,船舶在各运动模态下的绕射力可以表示为

$$F_j^D(t) = -\rho \int_{-\infty}^{\infty} \zeta_0(\tau)\,\mathrm{d}\tau \iint_S \left[\frac{\partial \widehat{\varphi}_7(q,t-\tau)}{\partial t} n_j - \widehat{\varphi}_7(q,t)\, m_j \right] \mathrm{d}S \tag{3-101}$$

而绕射力的脉冲响应函数可以记为

$$K_{7j}(t) = -\rho \iint_S \left[\frac{\partial \widehat{\varphi}_7(q,t)}{\partial t} n_j - \widehat{\varphi}_7(q,t)\, m_j \right] \mathrm{d}S \tag{3-102}$$

绕射力和 Froude-Krylov 力构成了船舶所遭受的波浪激励力,因此波浪激励力为

$$F_j^W(t) = \int_{-\infty}^{\infty} \left[K_{jl}(t-\tau) + K_{7j}(t-\tau) \right] \zeta_0(\tau)\mathrm{d}\tau \tag{3-103}$$

当采用时域匹配法来求解波浪中船舶的运动和波浪载荷响应问题时,除了对船体湿表面和自由面进行水动力网格划分以外,还需要对 Rankine 源与自由面格林函数的交界面进行网格划分。仍以一艘多体船为例,介绍其具体做法。首先,在自由面网格边界上沿着型深方向进行网格划分。在到达控制高度后,再向所在 xy 平面上进行横向网格划分。与自由面划分方法相类似,采用无限插值的方法对控制面网格进行分区划分,控制面上具体的网格划分形式如图 3-5 所示。

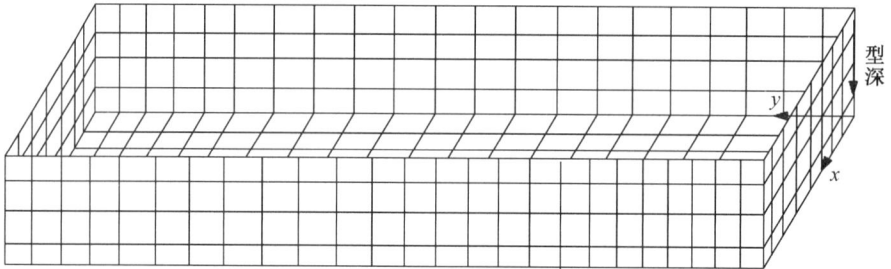

图 3-5　船舶控制面网络划分示意图

最后,将船体湿表面、流场自由面以及控制面的网格进行组合,就能够获得船舶时域匹配法载荷预报所需要的网格信息。通过调节网格参数,能够快速有效地控制网格疏密度和划分网格的范围,从而实现了船舶载荷预报的水动力网格自主划分。图 3-6 给出了利用时域匹配法求解船舶运动和载荷时所需的水动力网格划分形式。

时域匹配法在求解速度势上结合了时域自由面格林函数和时域 Rankine 源,因此在网格划分上对于自由面网格的需求大大减少。其通过控制面网格的引入有效地解决了船舶运动引起的辐射问题,减少了计算所占用的空间,直接提高了数值模拟的效率,是现阶段势流理论研究中一种极具发展前景的船体载荷模拟方法。

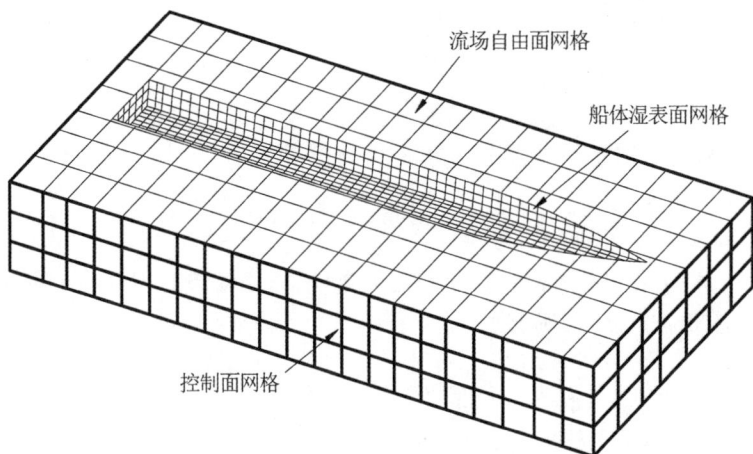

图 3-6 时域法求解船舶运动和载荷时所需的水动力网络划分

3.2 面元法

在边界元理论中,面元法是最为方便有效的数值离散方法。其主要思路是将物体或流场边界的表面进行离散,并用平面或曲面来代替原来的物面,替代的网格被称为面元。最后,在面元上布置流动的奇点,如源、涡、偶极子及其组合,进而求解流场波动的相关问题。其中,赫斯-史密斯(Hess-Smith)方法是求解水动力学问题的一种最常用的数值方法,这种方法以分布源和分布偶极为基础,又称为分布奇点方法[24]。

本节将以采用赫斯-史密斯方法来求解无界流场中三维无升力绕流问题为例,说明面元计算的基本原理。用 S 表示无界流中的物体表面,来流为均匀流,其未扰动速度或无穷远处的速度为

$$U_\infty = iU_{\infty,x} + jU_{\infty,y} + kU_{\infty,z} \qquad (|U_\infty| = 1) \tag{3-104}$$

采用势流理论,用 Φ 表示定常速度势,它在物体外部空间域中适合拉普拉斯方程,在物面上适合不可进入条件,在无穷远处,应该与均匀来流的速度势吻合。其边界条件有

$$\nabla^2\Phi = 0 \tag{3-105}$$

$$\frac{\partial\Phi}{\partial n} = 0 \tag{3-106}$$

$$\Phi \approx xV_{\infty,x} + yV_{\infty,y} + zV_{\infty,z} \qquad (x,y,z = \infty) \tag{3-107}$$

式中,单位法线向量 n 指向物体内部。

在速度势中分出已知的均匀来流项,则有

$$\Phi \approx xU_{\infty,x} + yU_{\infty,y} + zU_{\infty,z} + \varphi \tag{3-108}$$

而 φ 是扰动速度势,在流场中应适合以下定解条件:

$$\nabla^2\varphi = 0 \tag{3-109}$$

$$\frac{\partial \varphi}{\partial n} = \boldsymbol{U}_\infty \cdot \boldsymbol{n} \tag{3-110}$$

$$\lim_{R \to \infty} \varphi = 0 \tag{3-111}$$

根据格林定理,在物面 S 和远方 R 上,p 点的速度势为

$$\varphi(p) = \frac{1}{4\pi} \iint_{S+R} \left\{ \frac{1}{r_{pq}} \frac{\partial}{\partial n_q} [\varphi(q)] - \varphi(q) \frac{\partial}{\partial n_q} \left(\frac{1}{r_{pq}} \right) \right\} \mathrm{d}S_q \tag{3-112}$$

式中,r_{pq} 表示点 p 和 q 之间的距离。由于在远方条件下,速度势的积分趋于零,因此格林函数最终转化至物面任意一点 p 上,则有

$$\varphi(p) = \frac{1}{4\pi} \iint_{S} \left\{ \frac{1}{r_{pq}} \frac{\partial}{\partial n_q} [\varphi(q)] - \varphi(q) \frac{\partial}{\partial n_q} \left(\frac{1}{r_{pq}} \right) \right\} \mathrm{d}S_q \tag{3-113}$$

扰动势在物面上的法向导数已由物面条件给出,代入上式(3-113)可得

$$\varphi(p) = -\frac{1}{4\pi} \iint_{S} \varphi(q) \frac{\partial}{\partial n_q} \left(\frac{1}{r_{pq}} \right) \mathrm{d}S_q - \frac{1}{4\pi} \iint_{S} \boldsymbol{U}_\infty \cdot \boldsymbol{n} \left(\frac{1}{r_{pq}} \right) \mathrm{d}S_q \tag{3-114}$$

当 p 沿物面法向趋近于 q 时,式(3-114)可继续转变为

$$4\pi\varphi(q') + \iint_{S-\delta} \varphi(q) \frac{\partial}{\partial n_q} \left(\frac{1}{r_{q'q}} \right) \mathrm{d}S_q = - \iint_{S} \boldsymbol{U}_\infty \cdot \boldsymbol{n} \left(\frac{1}{r_{q'q}} \right) \mathrm{d}S_q \tag{3-115}$$

式中,q' 是物面上的点;δ 是 q' 邻近小曲面。上述方程中既有分布源,又有分布偶极,所以该模型被称为混合分布模型。

同样,也可以用物面 S 上的单一分布(分布源或分布偶极)来表示扰动势。事实上,在物体的内域中构造一个合适的内部解 φ',它在内部适合拉普拉斯方程;在物面上适合某种物面条件,其具体形式将在下面给出。对于上述物体外部的点 p,函数 $1/r_{pq}$ 在物体内域中没有奇点。在物体内域中对函数 $1/r_{pq}$ 和 φ' 用格林第二公式,则有

$$0 = \iint_{S} \left\{ \frac{1}{r_{pq}} \frac{\partial}{\partial n_q} [\varphi'(q)] - \varphi'(q) \frac{\partial}{\partial n_q} \left(\frac{1}{r_{pq}} \right) \right\} \mathrm{d}S_q \tag{3-116}$$

由于 p 在物体表面,即内、外部场的交界面上,当外部和内部场在同一位置无限趋近时,可视为同一个点,将式(3-113)和式(3-116)相减可得

$$4\pi\varphi(p) = \iint_{S} \left\{ \frac{1}{r_{pq}} \left[\frac{\partial}{\partial n_q} \varphi(q) - \frac{\partial}{\partial n_q} \varphi'(q) \right] - [\varphi(q) - \varphi'(q)] \frac{\partial}{\partial n_q} \left(\frac{1}{r_{pq}} \right) \right\} \mathrm{d}S_q \tag{3-117}$$

在物面上,可采用两种方法来构造定解条件。

①假定内、外速度势相等,则其定解条件有

$$\nabla^2 \varphi' = 0 \tag{3-118}$$

$$\varphi' = \varphi \tag{3-119}$$

②假定内、外速度势的法向导数相等,则其定解条件有

$$\nabla^2 \varphi' = 0 \tag{3-120}$$

$$\frac{\partial \varphi'}{\partial n} = \frac{\partial \varphi}{\partial n} \tag{3-121}$$

本节采用第一种解法,即内、外速度势相等的条件。此条件下,速度势的求解属于拉普拉斯方程的第一类边值问题,它的解是存在且唯一的。定义内部解的函数为

$$\varphi(p) = \iint_S \sigma(q)\left(\frac{1}{r_{pq}}\right)\mathrm{d}S_q \tag{3-122}$$

其中,分布源密度 $\sigma(q)$ 为

$$\sigma(q) = -\frac{1}{4\pi}\left[\frac{\partial\varphi(q)}{\partial n} - \frac{\partial\varphi'(q)}{\partial n}\right] \tag{3-123}$$

接着,对分布源密度的求解进行说明。在物体内部解的函数左右两端取法向导数,并令点 p 沿法线方向趋于物面上的点(此处仍用符号 p 表示),故得下面的关系:

$$\frac{\partial\varphi(p)}{\partial n} = 2\pi\sigma(q) + \iint_{S-\delta}\sigma(q)\frac{\partial}{\partial n}\left(\frac{1}{r_{pq}}\right)\mathrm{d}S_q \tag{3-124}$$

其中,式子的右侧主要分为两个部分,第一部分是 p 沿法线方向趋于物面时的影响,即 $2\pi\sigma$;另一部分是物面其余位置 $S-\delta$ 的影响。根据物面条件可得分布源密度 σ 的积分函数为

$$-\boldsymbol{U}_\infty\cdot\boldsymbol{n} = 2\pi\sigma(q) + \iint_{S-\delta}\sigma(q)\frac{\partial}{\partial n}\left(\frac{1}{r_{pq}}\right)\mathrm{d}S_q \tag{3-125}$$

对于分布源密度 σ 的积分函数求解,主要是将其离散并转化为线性代数方程组,即把物面离散分成 N 小块。对于船表面来说,一般是用水线和横剖面线来划分船表面,并采用平面四边形来近似代替小曲面,如图 3-7 所示,所以有

$$S = \sum_{m=0}^{N}\Delta S \tag{3-126}$$

其具体做法为取第 m 小块的四个顶点坐标之算术平均值,得到中心点 p 的坐标。计算对角连线向量的向量积,用 $\boldsymbol{m}_j$ 表示该方向上的单位向量,形成以 $\boldsymbol{m}_j$ 为法线且通过中心点 p 的平面。再把四个顶点向该平面作投影,以四个投影点为顶点组成平面四边形,用 ΔQ 代替原来的小曲面 ΔS。

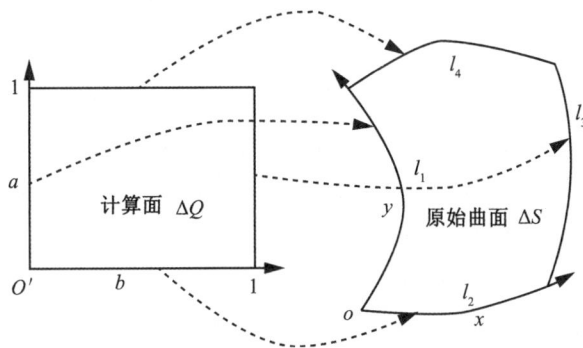

图 3-7　面元离散示意

以上是从几何上做近似替换。下面从物理上的考虑做出简化和近似。通常把小范围内的分布源密度 σ 认定为常数,因此保证在一定的密度下,可以认为 σ 在单元 ΔQ 上为常数,记作 σ_m,从而

$$\iint_S\sigma(q)\frac{\partial}{\partial n}\left(\frac{1}{r_{pq}}\right)\mathrm{d}S_q \approx \sum_{m=1}^{N}\sigma_m\iint_S\frac{\partial}{\partial n}\left(\frac{1}{r_{pq}}\right)\mathrm{d}S_q \tag{3-127}$$

上式左端的未知量 $\sigma(q)$ 是连续型变量,而上式右端的未知量是 N 个离散量 σ_m。

为了求解这 N 个未知数,需要 N 个方程。取积分方程中的动点 p 为 N 个单元 ΔQ 的中心

点 p_m，称之为控制点，即控制物面条件使之成立的点。用近似式代替基于物面条件推导的积分方程，则有：

$$\sum_{m=1}^{N} \sigma_m \iint_{S} \frac{\partial}{\partial n}\left(\frac{1}{r_{pq}}\right) \mathrm{d}S_q = -\boldsymbol{U}_{\infty} \cdot \boldsymbol{n}_{pl} \quad (3\text{-}128)$$

采用简化形式，则为

$$\sum_{m=1}^{N} a_{lm}\sigma_m = b_l \quad (3\text{-}129)$$

式中，$a_{lm} = \begin{cases} \iint\limits_{\Delta Q_m} \dfrac{\partial}{\partial n_{p_l}}\left(\dfrac{1}{r_{p_l q}}\right)\mathrm{d}S_q (m \neq l) \\ 2\pi (m = l) \end{cases}$；

$b_l = -\boldsymbol{U}_{\infty} \cdot \boldsymbol{n}_{pl}$。

求解线性代数方程组得到 σ_m 的值以后，便可以得到速度势在控制点处 p 的值，即

$$\varphi(p_l) = \sum_{m=1}^{N} c_{lm}\sigma_m \quad (3\text{-}130)$$

式中，$c_{lm} = \iint\limits_{\Delta Q_m} \dfrac{1}{r_{p_l q}}\mathrm{d}S_q$。

流场内任意位置的速度也可以计算出来，当点 p 是曲面 S 上的点时，通常用该单元中心点 p_l 处的值代替点 p 处的相应值，即

$$v_m(p) \approx v_m(p_l) \quad (3\text{-}131)$$

$$\nabla\varphi(p) = \sum_{m=1}^{N} \sigma_m v_m \quad (3\text{-}132)$$

在假设分布源密度在单元 ΔQ 上为常数的情况下，切向诱导速度为零，因此在计算时，只计及法向诱导速度，故曲面 S 上的诱导速度为

$$\nabla\varphi(p) \approx 2\pi\sigma_l n_l + \sum_{m=1}^{N} \sigma_m v_m(p_l) \quad (3\text{-}133)$$

本节介绍了赫斯-史密斯数值方法，其基本思路是在浮体的内部和外部分别建立速度场，并通过格林公式（3-117）和物面边界如式（3-120）、式（3-121）等来获得速度势的定解条件，从而最终实现浮体周边流场的模拟。同时，本节给出了常值面元离散下求解分布源密度的详细步骤，有利于读者进一步了解流场数值求解的具体过程。

3.3 船舶运动与波浪诱导载荷

在前两节说明了采用势流理论进行流场模拟的过程后，本节将进一步说明如何将流体和船体运动与载荷联系在一起，从而获得船体在不同流场下的运动和载荷特征。

3.3.1 船体运动微分方程的建立

为了求解船舶的运动和载荷响应，需要在势流理论的基础上建立船体的运动控制方程。根据刚体假设，船舶的运动方程可由牛顿第二定律推导获得

$$\boldsymbol{M}_{ij}\{\ddot{\zeta}_j(t)\} = F_i(t) \tag{3-134}$$

式中，$\zeta_j(t)$ 为船体的运动；$F_i(t)$ 为作用于船舶的流体力 [$i = 1,2,\cdots,6$ 分别对应力 (F_X,F_Y,F_Z) 和力矩 (M_X,M_Y,M_Z)]；$\boldsymbol{M}_{ij}$ 为船体的广义质量矩阵，其定义为

$$\boldsymbol{M}_{ij} = \begin{bmatrix} m_{11} & 0 & 0 & 0 & 0 & 0 \\ 0 & m_{22} & 0 & 0 & 0 & 0 \\ 0 & 0 & m_{33} & 0 & 0 & 0 \\ 0 & 0 & 0 & I_{11} & I_{12} & I_{13} \\ 0 & 0 & 0 & I_{21} & I_{22} & I_{23} \\ 0 & 0 & 0 & I_{31} & I_{32} & I_{33} \end{bmatrix} \tag{3-135}$$

式中，m 为船体的整体质量；I_{ij} 为船体的惯性矩，其具体计算公式为

$$I_{ij} = \rho \iiint_V \left[(x^2 + y^2 + z^2)\delta_{ij} - x_i x_j \right] \mathrm{d}V \ (i,j = 1,2,3) \tag{3-136}$$

对于一般船舶而言，船体关于船体中纵剖面对称，因此可以推导出 $I_{12} = I_{21} = I_{23} = I_{32} = 0$；$I_{13} = I_{31}$。对于线性化的流体力，其可以分解为

$$F(t) = F_j^{FK}(t) + F_j^D(t) + F_{ij}^R(t) + F_{ij}^S(t) \tag{3-137}$$

式中，$F_{ij}^S(t)$ 表示船体随吃水变化引起的静水恢复力；$F_{ij}^R(t)$ 表示流场中辐射速度势引起的辐射力；$F_j^D(t)$ 表示流场中绕射速度势引起的绕射力；而 $F_j^{FK}(t)$ 表示波浪入射波引起的入射波力。

其中，绕射力 $F_j^D(t)$ 和入射波力 $F_j^{FK}(t)$ 共同形成了波浪激励力 $F_j^W(t)$。

$$F_j^W(t) = F_j^{FK}(t) + F_j^D(t) \tag{3-138}$$

由式(3-82)可以获得船舶的辐射力，其计算表达式为

$$F_{ij}^R(t) = -a_{ij}\ddot{\zeta}_j(t) - b_{ij}\dot{\zeta}_j(t) - c_{ij}\zeta_j(t) - \int_0^t K_{ij}(t-\tau)\,\dot{\zeta}_j(\tau)\,\mathrm{d}\tau \tag{3-139}$$

根据船舶的运动状态，其遭受的静水恢复力也可以计算为

$$F_{ij}^S(t) = -\boldsymbol{C}_{ij}\zeta_j \tag{3-140}$$

式中，矩阵 $\boldsymbol{C}_{ij}$ 为静水恢复力系数矩阵，其定义为

$$\boldsymbol{C}_{ij} = \begin{bmatrix} 0 & 0 & 0 & 0 & 0 & 0 \\ 0 & 0 & 0 & 0 & 0 & 0 \\ 0 & 0 & \rho g A_W & 0 & -\rho g S_y & 0 \\ 0 & 0 & 0 & \rho g h_x \nabla & 0 & 0 \\ 0 & 0 & -\rho g S_y & 0 & \rho g h_y \nabla & 0 \\ 0 & 0 & 0 & 0 & 0 & 0 \end{bmatrix} \tag{3-141}$$

式中，∇ 为船体排水体积；A_W 为船体水线面面积；$S_y = \iint\limits_W x\mathrm{d}s$ 为船体水线面对 y 轴的静矩；而 h_x 和 h_y 分别表示船体的横稳心高度和纵稳心高度。

将式(3-138)、式(3-139)和式(3-140)代入式(3-134)，从而得到各运动模态下的船舶线性时域运动方程：

$$(\boldsymbol{M}_{ij} + a_{ij})\,\ddot{\zeta}_j(t) + b_{ij}\dot{\zeta}_j(t) + \int_0^t K_{ij}(t-\tau)\,\dot{\zeta}_j(\tau)\,\mathrm{d}\tau + [\boldsymbol{C}_{ij} + c_{ij}]\,\zeta_j(t) = F_i^W(t) \tag{3-142}$$

3.3.2 瞬时砰击载荷的引入

在原有线性理论的基础上,本节进一步考虑船舶遭受的非线性砰击载荷。故船体遭受的总的非线性流体力 $F(t)$,由入射波力 $F_j^{FK}(t)$ 、绕射力 $F_j^D(t)$ 、辐射力 $F_{ij}^R(t)$ 、静水恢复力 $F_{ij(t)}^S$ 以及船体砰击力 $F_{SLAM}(t)$ 组成,具体表达式为

$$F(t) = F_j^{FK}(t) + F_j^D(t) + F_{ij}^R(t) + F_{ij}^S(t) + F_{SLAM}(t) \tag{3-143}$$

式中,非线性的船体砰击力 $F_{SLAM}(t)$,可根据船体运动的状态与波浪的相对位置获得。

根据动量定理可知,纵向位置 x 处的船体剖面在 t 时刻所受的砰击力为

$$F_{SLAM}^0(x,t) = \begin{cases} \dfrac{\mathrm{d}m_\infty(x,t)}{\mathrm{d}z}\left[\dfrac{\mathrm{d}}{\mathrm{d}t}w_{rel}(x,t)\right]^2 & \dfrac{\mathrm{d}}{\mathrm{d}t}w_{rel}(x,t) < 0 \\ 0 & \dfrac{\mathrm{d}}{\mathrm{d}t}w_{rel}(x,t) \geqslant 0 \end{cases} \tag{3-144}$$

式中, $w_{rel}(x,t)$ 为波浪与船体剖面之间的相对位移; $m_\infty(x,t)$ 为频率趋于无穷大时船体剖面垂荡的附加质量。在迎浪工况下,其相对位移计算公式为

$$w_{rel}(x,t) = \zeta_3(t) - x_b\zeta_5(t) - \eta_I(t) \tag{3-145}$$

式中, ζ_5 为船体纵摇响应; ζ_3 为船体垂荡响应; x_b 为剖面距船体重心的距离; $\eta_I(t)$ 为入射波的波面升高。通过对船体各时刻各剖面砰击力的积分得到船体遭受的砰击力,砰击压力可以求得。

$$F_{SLAM}(t) = \int F_{SLAM}^0(x,t)\,\mathrm{d}x \tag{3-146}$$

3.3.3 船体剖面载荷的预报

在船舶的载荷预报中,往往对于船体的剖面载荷较为关注。船体剖面载荷的计算有助于优化船体初步设计,同时也是船体总纵强度评估的一个重要组成部分。因此,本节对剖面载荷计算的方法进行介绍。

在船体固联坐标系下,船体纵向剖面载荷定义为沿船长方向的纵向剪切力 H_1 ;沿船宽方向的横向剪切力 H_2 ;沿型深方向的垂向剪切力 H_3 ;沿 x 轴旋转的扭矩 M_x ;沿 y 轴旋转的垂向弯矩 M_y ;沿 z 轴旋转的水平弯矩 M_z 。为了书写方便,将式(3-147)中的纵向剖面载荷统一定义为 $F_j(j = 1,2,\cdots,6)$ 。

根据达朗贝尔原理,在任意纵向位置 x_p 处的剖面载荷响应都可以表示为

$$F_j(x_p,t) = \int_{V(x_p)} a_{mj}\mathrm{d}m - \int_{S(x_p)} p_j n_j \mathrm{d}S \tag{3-147}$$

式中, p_j 为船体受到的流体总压力;$\mathrm{d}S$ 为面积分,其积分域由船体的尾部向首部延伸至纵向位置 x_p 处;而 a_{mj} 为质量点 m_j 的加速度,$\mathrm{d}m$ 为体积分。计算式右端的第一项表示广义惯性力 $a_{mj}\mathrm{d}m$,其包含所有位于 x_p 左侧的质量单元。计算式右端第二项表示船体湿表面的压力项,其中 $\boldsymbol{n}_j(j = 1,2,\cdots,6)$ 表示船体湿表面的广义法向量,其具体计算表达式为

$$(n_1,n_2,n_3) = \boldsymbol{n} \tag{3-148}$$
$$(n_4,n_5,n_6) = (\boldsymbol{r} - \boldsymbol{r}_p) \times \boldsymbol{n} \tag{3-149}$$

式中,$(\boldsymbol{r} - \boldsymbol{r}_p)$ 为作用点 $\mathrm{d}S$ 到载荷计算点的位置矢量。

由上式可知,载荷计算中的前3个广义法向量 $\boldsymbol{n}_j(j=1,2,3)$ 与势流理论中预报船体运动的法向量相同。而后3个广义法向量 $\boldsymbol{n}_j(j=4,5,6)$,则表征了流体压力对于剖面载荷计算位置处的矩。

对于船体质量点的广义加速度 a_{mj},其计算式为

$$(a_{m1},a_{m2},a_{m3})=\dot{\boldsymbol{u}}+\dot{\boldsymbol{\omega}}\times\boldsymbol{r}_m-\boldsymbol{g} \tag{3-150}$$

$$(a_{m4},a_{m5},a_{m6})=(\boldsymbol{r}_m-\boldsymbol{r}_p)\times\boldsymbol{a}_m \tag{3-151}$$

式中,$(\boldsymbol{r}_m-\boldsymbol{r}_p)$ 为质量点到载荷计算点的位置矢量;$\boldsymbol{g}=\boldsymbol{T}_X\cdot(0,0,-g)^{\mathrm{T}}$ 代表在船体固定坐标系下的质点重力加速度,$\boldsymbol{T}_X$ 的具体表达见式(3-3)。由此可知,计算的剖面载荷包含静水剪力和静水弯矩。如只关注船体剖面动载荷,在相应的载荷计算结果中减去静水载荷即可。

3.3.4 平滑函数的设置

由于初始时刻船体由静止状态迅速转变为以定常航速在波浪中航行,流动力和船体运动均会出现较大的振荡。虽然运动状态突变造成的影响会随着时间逐渐消失,流动力和船体运动也会趋于稳态,但此种大幅振荡不利于时域计算的稳定性,同时延长了船体运动达到稳态的时间。因此,为了减小船舶运动的初始振荡,在模拟计算开始的一段时间内对计算出的水动压力施加平滑函数,使船体在计算过程中逐步受到外力的作用。

平滑函数的表达式为

$$SM(n)=\frac{1}{2}\left[1-\cos\left(\frac{\pi r}{n_s}\right)\right]\quad(r=1,2,\cdots,n_s) \tag{3-152}$$

式中,r 为当前计算的次数;n_s 为平滑函数应用的总次数。

应用平滑函数能够有效地提高计算的稳定性,在不影响运动稳态计算结果的前提下缩短了船舶运动进入稳态的时间。因此,在采用四阶龙格-库塔法求解船体时域运动微分方程的基础上,应用平滑函数对船体的初始振荡进行处理,从而能够获得船舶在整个计算时间段内由静止逐步进入运动稳态的时历曲线。

3.3.5 船体运动和载荷预报算例

在此,以一艘中型三体船为对象,对船体运动和载荷的数值模拟预报进行说明。该三体船总长141 m,型宽26 m,型深12 m,满载设计吃水5 m,设计排水量3 987 t。由于三体船的湿表面变化较为复杂,在水动力网格划分上采用分区域划分拼接的方法,将三体船水下湿表面分为4个区域,分别为主船体首部区域、主船体中部区域、主船体尾部区域以及片体区域,具体划分如图3-8所示。

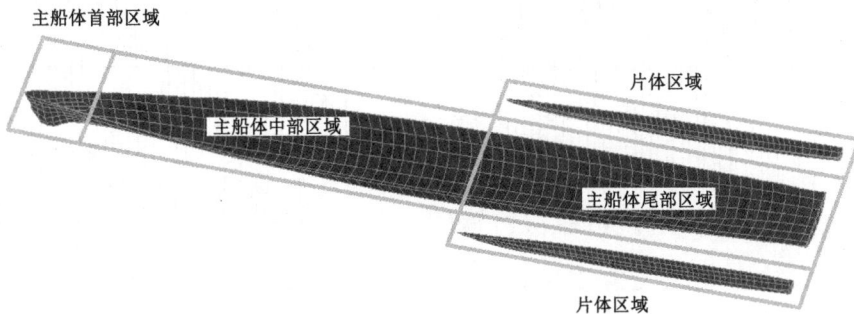

图3-8 三体船水下湿表面划分示意图

①稳定性分析

图 3-9~图 3-11 分别给出了三体船在零航速（$F_n = 0$）、低航速（$F_n = 0.1$）和高航速（$F_n = 0.25$）下的垂荡运动和辐射力时历曲线。通过观察数值模拟中三体船运动和水动力进入稳态所需要的时间以及稳态幅值的误差,分析基于时域匹配法的三体船运动和水动力的稳定性特征。

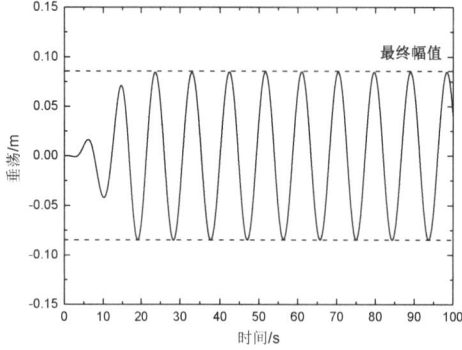

(a)垂荡运动的时历曲线　　　　　　　　(b)辐射力的时历曲线

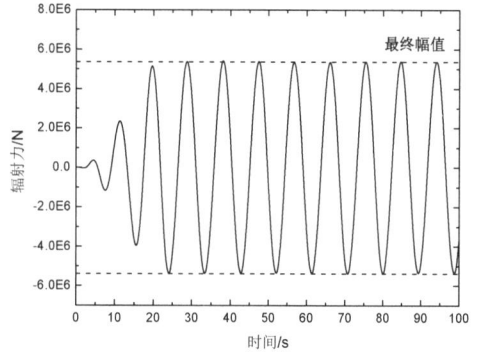

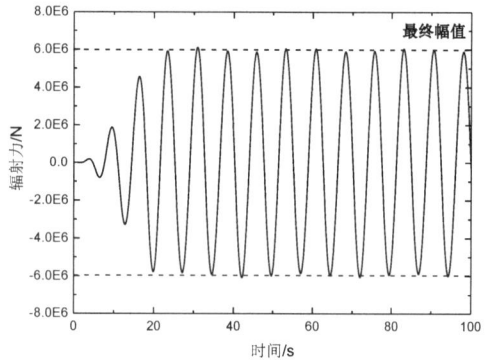

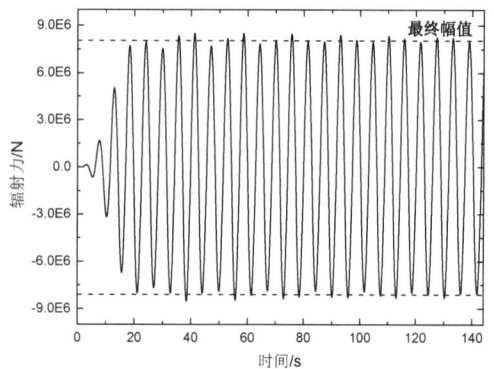

图 3-9　零航速工况下垂荡运动和辐射力时历曲线（$H = 1\,\mathrm{m}$, $F_n = 0.0$, $\lambda/L = 1.0$）

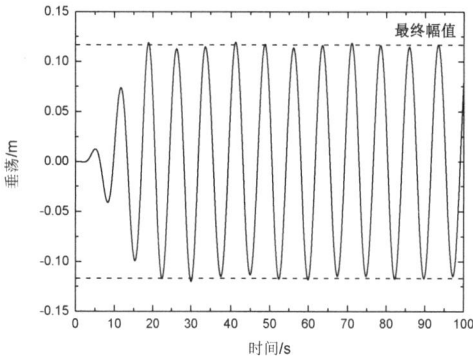

(a)垂荡运动的时历曲线　　　　　　　　(b)辐射力的时历曲线

图 3-10　低航速工况下垂荡运动和辐射力时历曲线（$H = 1\,\mathrm{m}$, $F_n = 0.1$, $\lambda/L = 1.0$）

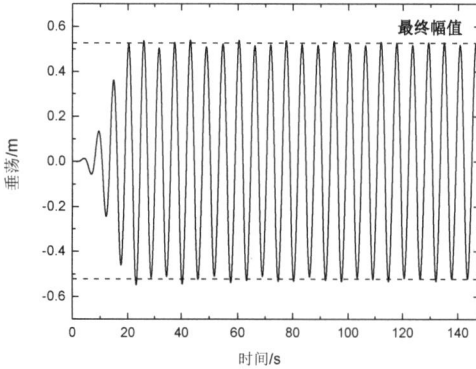

(a)垂荡运动的时历曲线　　　　　　　　(b)辐射力的时历曲线

图 3-11　高航速工况下垂荡运动和辐射力时历曲线（$H = 1\,\mathrm{m}$, $F_n = 0.25$, $\lambda/L = 1.0$）

通过观察 3 种工况下的垂荡波动可知,三体船的垂荡均由小逐步扩大,最终进行稳定状态,但 3 种工况下垂荡运动的过渡时间有所差异。零航速下,垂荡运动的数值模拟仅用了 23.65 s 便进入了稳定状态。而在低航速工况和高航速工况的过渡期时间分别为 89.75 s 和 134.95 s。显然,在基于时域匹配法的三体船运动和载荷的数值模拟过程中,航速越高,运动进入稳定状态需要的时间越长。同时,观察图 3-9 ~ 图 3-11 中不同航速下辐射力垂荡分量的时历曲线可知,其载荷的过渡期分别为 24.05 s、90.60 s 和 136.00 s,其载荷的数值模拟在过渡时间上与运动相类似,随着航速的提升而逐步延迟。同时,对比辐射力与运动进入稳态的时刻可知,垂荡运动往往先进入稳定状态,其后辐射力波动进入稳态。进一步观察有航速的运动和辐射力在过渡期间的幅值变化可以发现,有航速下运动和辐射力在未达到平稳前会在平稳幅值的附近出现上下交替波动,高航速工况下波动现象显著。随着时间的推进,波动逐步减弱,最终趋于稳态。通过统计稳定状态下的运动和载荷幅值可知,在 3 种工况下其运动相对误差均小于 0.04%,而其辐射力的相对误差也小于 0.06%。由此可知,基于时域匹配法的三体船载荷预报方法具有良好的稳定性。

②瞬时冲击的影响

在线性波浪力的基础上,在三体船主体首部、片体首部以及连接桥湿甲板上施加砰击力,并观察其对于三体船运动和载荷的影响。图 3-12 给出了三体船在恶劣工况下基于时域匹配法的砰击力数值计算结果。

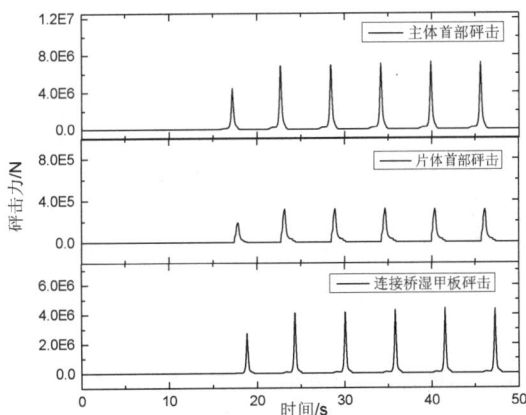

图 3-12 三体船砰击力的计算结果($H = 2.5$ m,$F_n = 0.25$,$\lambda/L = 1.0$)

在数值计算过程中,三体船的三种砰击载荷皆随着船体运动的稳定而进入稳定状态。同样,在砰击发生的初始阶段,各个砰击力随着时间的推进而迅速提高,当到达峰值后砰击力逐步衰减,持续了 0.85 s 左右的时间后砰击力趋于 0。在砰击发生时刻,船首仍然最先发生。对比各个砰击力的峰值可知,主体首部砰击峰值所在比例仍然最大,占整体砰击力峰值的 58.58%。船体连接桥处的砰击响应相对较弱,而片体首部的砰击影响最小。图 3-13 分析了三体船在数值模拟中施加砰击前后三体船运动的影响。显然,在砰击作用的影响下,三体船的运动幅值都有所减小。

观察三体船周边流场的波高发现,在辐射势和绕射势的共同作用下首部和主片体间的隧道中均出现了波面抬高。因此,需要对船体砰击力进行修正。

对比三体船修正前后峰值可知,主体首部砰击较未修正的计算值提高了 14.2%;修正后

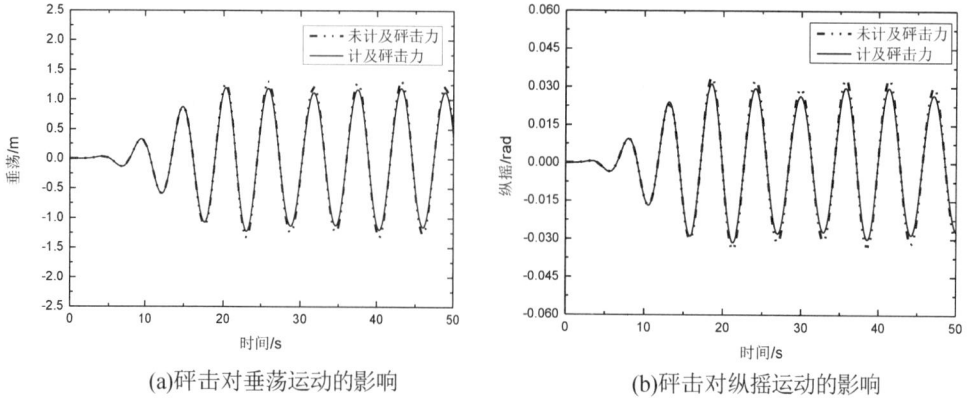

(a)砰击对垂荡运动的影响　　　　　　　　(b)砰击对纵摇运动的影响

图 3-13　砰击对三体船运动的影响（$H = 2.5\,\text{m}$，$F_n = 0.25$，$\lambda/L = 1.0$）

的片体首部砰击力提高了 4.21%；修正后的连接桥砰击力提高了 8.1%。其中,兴波修正对主体首部砰击力的影响,如图 3-14 所示。显然,波面抬高修正对于砰击载荷的峰值和形状均有一定的影响。因此,在恶劣海况下对三体船砰击载荷进行波面抬升修正十分必要。

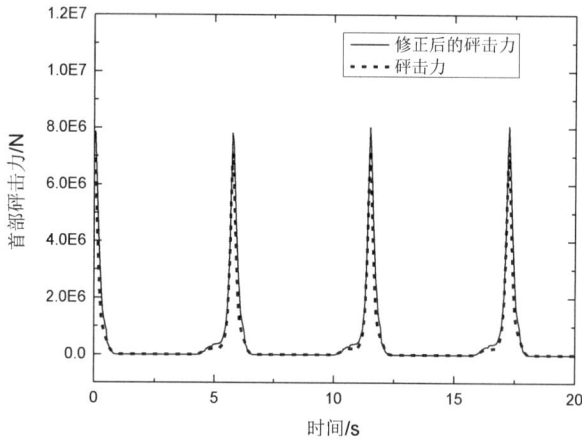

图 3-14　兴波修正对主体首部砰击力的影响（$H = 2.5\,\text{m}$，$F_n = 0.25$，$\lambda/L = 1.0$）

③船体运动和载荷预报分析

结合时域匹配法和船舶运动与载荷预报理论,对三体船在中等波高-高航速工况下的船体运动和载荷进行数值模拟,如图 3-15 所示。观察发现,在运动和载荷时历的波动上砰击载荷能够引起载荷曲线的突变,而对于运动响应曲线形状的影响较弱。

根据不规则波的生成机理,采用时域匹配法同样可以获得三体船在不规则波下的运动和载荷状态。图 3-16 和图 3-17 给出了在不规则波工况下（$H = 1\,\text{m}$，$F_n = 0.25$，$T_1 = 6.7\,\text{s}$）三体船的运动和载荷的数值模拟结果。不规则波生成的总时间为 20 min,时间步长为 0.05 s,图中给出了前 300 s 中三体船运动和载荷的计算结果。

观察图 3-16 和图 3-17 可知,不规则波工况下三体船的运动和载荷也是不规则的,其载荷垂向弯矩在船体运动较为剧烈的时间段（100~140 s 和 200~220 s）也同步出现了大幅的波动。显然,在不规则波海况下船体运动和载荷的高频波动特性是存在关联的。

(a)三体船垂荡运动

(b)三体船纵摇运动

(c)三体船垂向剪力

(d)三体船垂向弯矩

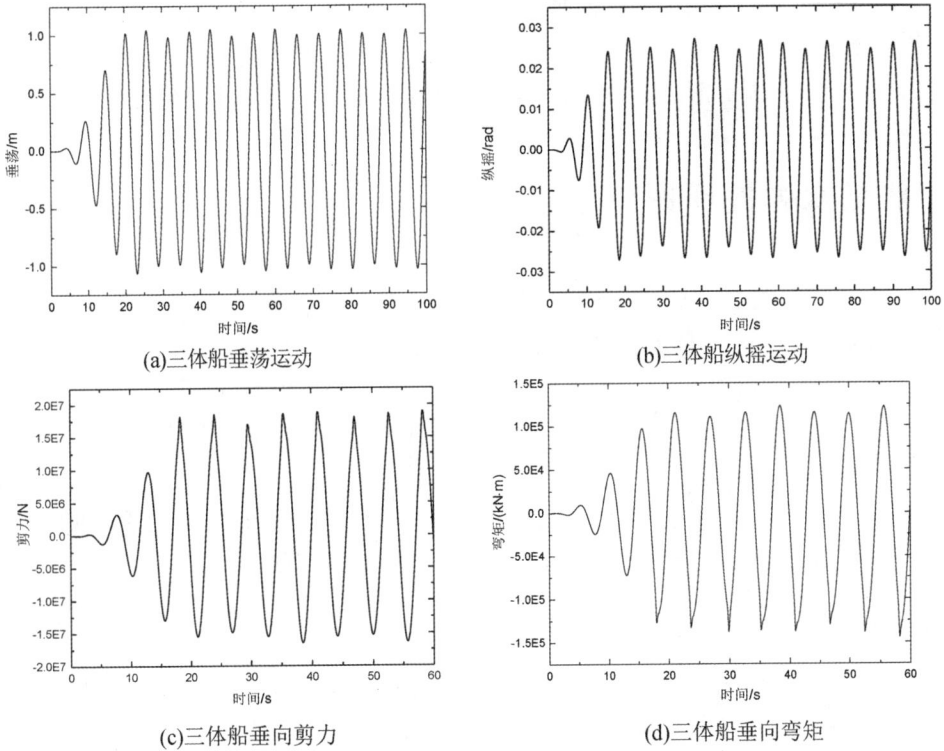

图 3-15　三体船在中等波高-高航速工况下的运动和载荷时历

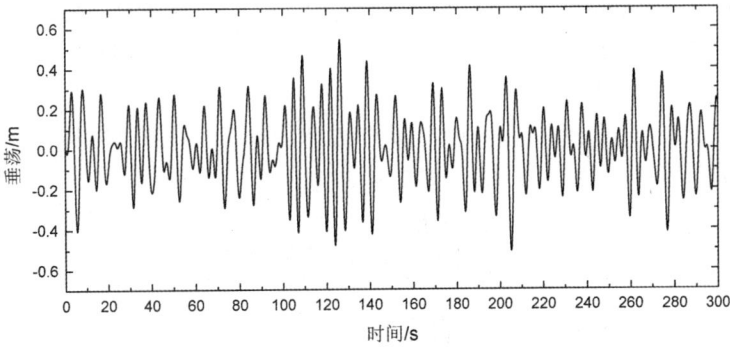

图 3-16　三体船在不规则波中的垂荡时历

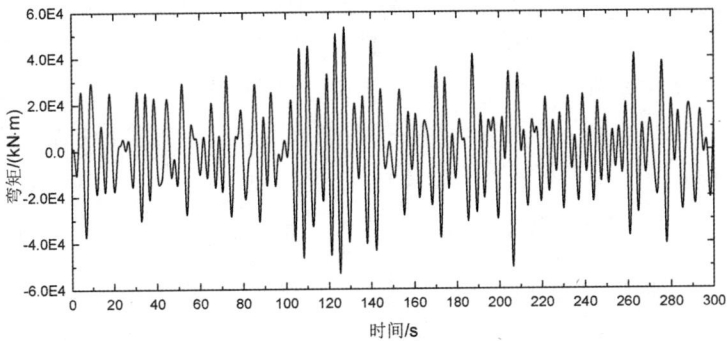

图 3-17　三体船在不规则波中垂向弯矩的时历

上述三体船运动和载荷的算例说明了采用时域匹配法对于规则波和不规则波工况下船体运动和载荷模拟的整个过程,其方法能够反映船舶在复杂海洋环境下的运动和载荷特征,具有通用性,对于其他类型的船舶也可采用此模拟步骤来实现船舶运动和载荷的预报。

3.4　船舶水弹性理论

近些年来,随着船型的大型化,船舶工程上广泛应用高强度钢和新型复合材料,使得船体结构的相对刚度降低,柔性增强,船体结构的弹性变形和流体的耦合作用产生的效果更加显著。因此,在对这类船舶进行船体运动和波浪载荷的预报时,结构的弹性变形效应需要被给予考虑。水弹性的分析方法就是分析当船体发生振动时的动力响应方法,其原理是根据船体在波浪上航行时的强迫振动方程,求解船体的运动和对应产生的载荷响应。

本节基于三维线性频域水弹性的理论,介绍如何利用源汇分布法来求解船体结构的各阶振动位移以及剖面载荷,从而实现大型船舶的载荷响应和结构预报。

3.4.1　船体结构动力学方程的建立

船体结构是线弹性的、连续的,材料是线性的,船体结构相对于平衡位置做微幅变形和运动。基于这些三维结构动力学的假定[25],其船体动力学的基本方程为

$$M\{\ddot{x}\} + C\{\dot{x}\} + K\{x\} = \{P\} + \{F\} + \{G\}\tag{3-153}$$

式中,M 是系统的总质量矩阵、C 是系统的总阻尼矩阵、K 是系统的总刚度矩阵;$\{x\}$ 是系统的总节点位移列阵;$\{F\}$ 是结构所承载的集中力、$\{P\}$ 是结构所承载的分布外力、$\{G\}$ 是结构所承载的体积力的等效节点力列阵。

通过对式(3-153)所示的三维结构的动力学方程进行具体分析,能够得到系统的自有频率 ω_r 与固有振型 D_r($r = 1,2,\cdots,N$,表示振动模态的阶数)。

$$D_r = \{D_{r1}, D_{r2}, \cdots, D_{rN}\}^T\tag{3-154}$$

式中,D_{rj} 为第 r 阶模态中第 j 个节点的位移矢量。

$$D_{rj} = \{u_r, v_r, w_r, \theta_{xr}, \theta_{yr}, \theta_{zr}\}_j^T\tag{3-155}$$

考虑到船体结构自身的特征,在研究受到波浪等外部激励下船体的总体振动时,通常从模态振型向量中截取 m 阶变形模态和低频整体运动。在离散系统中,位移的模态振型可表示为

$$D = [\{D_1\}, \{D_2\}, \cdots, \{D_m\}]\tag{3-156}$$

在不受限制的动力系统下,对于节点位移来说,其是由弹性体的自由振动以及六个自由度的刚体模态组成的。在得到无约束振动结构的自然频率和模态振型函数后,根据模态叠加的方法,在动力学系统下节点位移 $\{U\}$ 的表达式为

$$\{U\} = D\{P\} = \sum_{r=1}^{m}\{D_r\}p_r(t)\tag{3-157}$$

其中,$\{P\}$ 是广义下船体主坐标列阵;$p_r(t)$ 是主坐标分量相对应的第 r 阶模态。

将(3-153)方程两端全都左乘上 D^T,并将式(3-157)代入,就能够求得在结构离散系统下,主坐标运动方程的表达式为

$$a\{\ddot{p}\} + b\{\dot{p}\} + c\{p\} = \{Z\} + \{\Delta\} + \{G\} \tag{3-158}$$

式中，c 是结构的广义刚度矩阵，a 是结构的广义质量矩阵，b 是结构的广义阻尼矩阵；$\{\Delta\}$ 是广义的集中力、$\{Z\}$ 是广义的表面分布力、$\{G\}$ 是广义的体积力列阵。

至此，待定变量为节点位移 $\{U\}$ 的运动方程转化为待定变量是主坐标 $\{P\}$ 的运动方程，从而使得数值计算变得简化。当主坐标和广义力二者之间的关系或者施加在结构上的广义力的数值明确后，通过对运动方程的求解，就可以得到系统各模态对应的主坐标值，从而可以通过物理与几何关系得到其他的变量值。

3.4.2　弹性船体上广义力的表达

从船体结构的主坐标运动方程(3-152)可以看出，若要求解方程，则需要确定作用在弹性船体上的广义重力、广义集中力和广义流体力。

①广义重力

广义重力是指体积力，它是船舶结构系统所承受的。广义重力可表示成以下形式：

$$\{G\} = \{G_1, G_2, \cdots, G_r, G_m\} \tag{3-159}$$

式中，G_r 可写为

$$G_r = \iiint\limits_{V_b} \rho_b g w_r \mathrm{d}V \quad (r = 1, 2, \cdots, m) \tag{3-160}$$

式中，ρ_b 是结构的质量密度；V_b 是结构的体积。

在船体运动的任意时刻随机位置上，可以定义广义重力，其表达式见式(3-160)。当船体做往复运动绕着平衡位置时，相对于船体结构，重力加速度的方向出现了变化，广义重力也会随之而发生变化。将重力加速度相对船体固联坐标系以弹性体结构转角为小量展开，通过保留线性项，进而可以获得广义重力的表达式：

$$\begin{aligned} G_r &= \iiint\limits_{V_b} \rho_b \boldsymbol{u}_r \cdot (\boldsymbol{g}_s \times \boldsymbol{\theta}) \mathrm{d}V \\ &= \sum_{k=1}^{m} \iiint\limits_{V_b} \rho_b \boldsymbol{u}_r \cdot (\boldsymbol{g}_s \times \boldsymbol{\theta}_k) \mathrm{d}V p_{ra} \mathrm{e}^{i\omega t} \\ &= -\sum_{k=1}^{m} G_{rk} p_{ra} \mathrm{e}^{i\omega t} \end{aligned} \tag{3-161}$$

式中，$\boldsymbol{\theta}_k$ 表示第 k 阶船体振型产生的结构转角变形，$\boldsymbol{\theta}_k = \nabla \times \boldsymbol{u}_k/2$；$\boldsymbol{g}_s$ 表示重力加速度矢量，$\boldsymbol{g}_s = (0, 0, -g)$。

Hermundstad[26] 的相关研究表明，当 $r > 6$ 且 $k \leqslant 6$ 时，广义重力为零。这说明了对于弹性体模态受到的广义重力来说，刚体运动模态是没有贡献的；同时，由于弹性体模态对应的弹性运动响应较小，而且其产生的结构转角变形是在船体表面上变化的，故而可以忽略体内形体模态诱导的广义重力，即 $k > 6$ 时广义重力也为零；综上，广义重力仅对刚体运动模态产生影响。

②广义集中力

广义集中力可表达为船体结构作用点上的位移阵型矢量 $\boldsymbol{u}_{ri}$ 与其所受到的全部集中力 f_i 的点乘，具体为

$$\{\Delta\} = \{\Delta_1, \Delta_2, \cdots, \Delta_m\} \tag{3-162}$$

式中, $\Delta_r = \sum f_i \cdot \boldsymbol{u}_{ri}$ 。

③广义流体力

绕射势 φ_d 和辐射势 $\varphi_r(r = 1,2\cdots,m)$ 通过源汇分布法得到后,作用于平均湿表面 S_0 上的流体压力分布可通过伯努利方程得到,可表示为

$$P = -\rho\left(\frac{\partial \boldsymbol{\Phi}_T}{\partial t} - U\frac{\partial \boldsymbol{\Phi}_T}{\partial x} + gz\right) = \mathrm{Re}(pe^{i\omega t}) \tag{3-163}$$

式中, $p = -\rho\left\{\left(i\omega - U\frac{\partial}{\partial x}\right)\left[a(\varphi_0 + \varphi_d) + \sum_{r=1}^{m}\varphi_r p_{ra}\right] + g\left(\sum_{r=0}^{m}w_r p_{ra}\right)\right\}$ 。

因为压力已经得到,所以作用在物体上的第 r 阶广义流体力可表示为

$$Z_r = \iint\limits_{S_0} \boldsymbol{n} \cdot \boldsymbol{u}_r P \mathrm{d}S \quad (r = 1,2,\cdots,m) \tag{3-164}$$

将式(3-163)代入式(3-164)中,可得

$$Z_r = (E_r + F_r + R_r)\,\mathrm{e}^{i\omega t} \tag{3-165}$$

式中, E_r 为广义辐射力; R_r 为广义恢复力; F_r 为广义波浪激励力。

广义辐射力可写为

$$E_r = -\rho\sum_{k=1}^{m}\iint\limits_{S_0}\boldsymbol{n}\cdot\boldsymbol{u}_r\left(i\omega - U\frac{\partial}{\partial x}\right)\varphi_k p_{ka}\mathrm{d}S = \sum_{k=1}^{m}H_{rk}p_{ka} \tag{3-166}$$

式中, H_{rk} 为广义辐射力系数,其具体表示为

$$H_{rk} = -\rho\iint\limits_{S_0}\boldsymbol{n}\cdot\boldsymbol{u}_r\left(i\omega - U\frac{\partial}{\partial x}\right)\varphi_k\mathrm{d}S \tag{3-167}$$

广义波浪激励力可表示为

$$F_r = -\rho\xi_a\iint\limits_{S_0}\boldsymbol{n}\cdot\boldsymbol{u}_r\left(i\omega - U\frac{\partial}{\partial x}\right)(\varphi_0 + \varphi_d)\mathrm{d}S \tag{3-168}$$

把入射波势和绕射势代入式(3-168),就能够求得施加于弹性船体上的广义波浪激励力,即

$$F_r = -\rho\xi_a i\omega_0\iint\limits_{S_0}\boldsymbol{n}\cdot\boldsymbol{u}_r\varphi_0\mathrm{d}S - \rho\zeta_a\iint\limits_{S_0}\boldsymbol{n}\cdot\boldsymbol{u}_r\left(i\omega - U\frac{\partial}{\partial x}\right)\varphi_d\mathrm{d}S \quad (r = 1,2,\cdots,m) \tag{3-169}$$

广义静水恢复力可以表示为

$$R_r = -\rho g\sum_{k=1}^{m}p_{ka}\iint\limits_{S_0}\boldsymbol{n}\cdot\boldsymbol{u}_r w_k\mathrm{d}S = -\sum_{k=1}^{m}R_{rk}p_{ka} \tag{3-170}$$

式中, R_{rk} 是广义静水恢复力系数,它表示的是船体产生的静水动压力在第 k 阶模态的垂向位移下对第 r 阶运动模态产生的贡献。

$$R_{rk} = -\rho g\iint\limits_{S_0}\boldsymbol{n}\cdot\boldsymbol{u}_r w_k\mathrm{d}S \tag{3-171}$$

3.4.3　水弹性力学运动方程的建立和求解

经过之前的计算分析,基于水弹性的统一理论,即可以建立起船舶的波激振动方程,其具体为

$$\left[-\omega^2(\boldsymbol{a}+\boldsymbol{A})+i\omega(\boldsymbol{b}+\boldsymbol{B})+(\boldsymbol{c}+\boldsymbol{C})\right]\{p_a\}=\{F\} \tag{3-172}$$

式中,$\boldsymbol{A}$ 为广义流体附加质量;$\boldsymbol{B}$ 为广义流体附加阻尼;$\boldsymbol{C}$ 为广义流体恢复力系数矩阵。而 $\boldsymbol{a}$ 是船体的广义质量矩阵;$\boldsymbol{b}$ 是船体的广义阻尼矩阵;$\boldsymbol{c}$ 是船体的广义刚度矩阵;$\{F\}$ 为广义波浪激励力。

$$\begin{cases} A_{rk}=\dfrac{\mathrm{Re}(H_{rk})}{\omega^2} \\[3mm] B_{rk}=-\dfrac{\mathrm{Im}(H_{rk})}{\omega} \\[3mm] C_{rk}=\rho g\iint\limits_{S_0}\boldsymbol{n}\cdot\boldsymbol{u}_r w_k\mathrm{d}S-\iiint\limits_{V_b}\rho_b\boldsymbol{u}_r\cdot(\boldsymbol{g}_s\times\boldsymbol{\theta}_k)\mathrm{d}V \end{cases} \tag{3-173}$$

式中,A_{rk}、B_{rk} 是广义流体附加质量与广义流体附加阻尼矩阵中的元素,C_{rk} 是广义流体恢复力系数中的元素。当 $r\leqslant 6$ 时,刚体运动模态的质量矩阵可通过船体的广义质量矩阵 $\boldsymbol{a}$ 退化而得到,具体见式(3-174)。结构阻尼矩阵与广义阻尼矩阵 $\boldsymbol{b}$ 的得到具有一定的关系,但是现在对结构阻尼的研究还缺少更进一步的了解,工程实际应用上通常采用经验公式或者试验的方法来加以确定。

$$\boldsymbol{M}^R=\begin{bmatrix} m_{11} & 0 & 0 & 0 & m_{z_G} & 0 \\ 0 & m_{22} & 0 & -m_{z_G} & 0 & 0 \\ 0 & 0 & m_{33} & 0 & 0 & 0 \\ 0 & -m_{z_G} & 0 & I_{11} & 0 & I_{13} \\ m_{z_G} & 0 & 0 & 0 & I_{22} & 0 \\ 0 & 0 & 0 & I_{31} & 0 & I_{33} \end{bmatrix} \tag{3-174}$$

通过式(3-172)可以计算出主坐标,然后根据模态叠加的原理,就能够获得船体结构的位移 $w(x,t)$、弯矩 $M(x,t)$ 和剪力 $F(x,t)$,如式(3-175)所示。

$$\left.\begin{aligned} w(x,t)&=\mathrm{e}^{-i\omega_e t}\sum_{r=0}^m p_{ra}w_r(x) \\ M(x,t)&=\mathrm{e}^{-i\omega_e t}\sum_{r=0}^m p_{ra}M_r(x) \\ F(x,t)&=\mathrm{e}^{-i\omega_e t}\sum_{r=0}^m p_{ra}F_r(x) \end{aligned}\right\} \tag{3-175}$$

3.4.4　船体水弹性载荷预报算例

为了方便读者对于船体水弹性理论的理解,以一艘中国沿海大型船舶为例,该船总长241 m,型宽32 m,型深17.5 m,满载设计吃水10.8 m,此船水下的湿表面如图3-18所示。对

其在不同海洋环境下的运动和载荷响应进行预报。

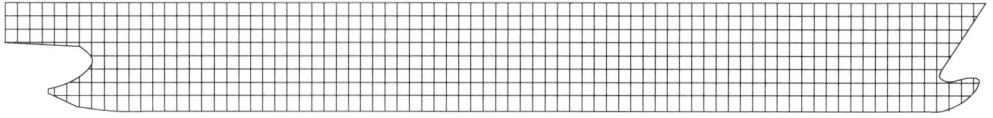

图 3-18　船舶水下的湿表面

　　首先,利用结构迁移矩阵计算法,对船体位移和载荷的振动模态进行分析。需要说明的是,为了能够更好地表达船体不同位置处的振型变化,将此船由尾向首均匀分成 20 站。船体位移、垂向弯矩、剪力的前三阶振动模态,如图 3-19~图 3-21 所示。其中,振动位移模态的表达采用了无因次化的相对位移,其无单位或单位为 1。

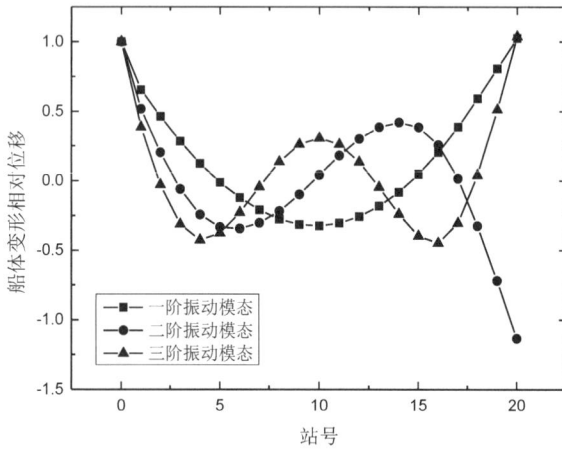

图 3-19　船体位移的前三阶振动模态

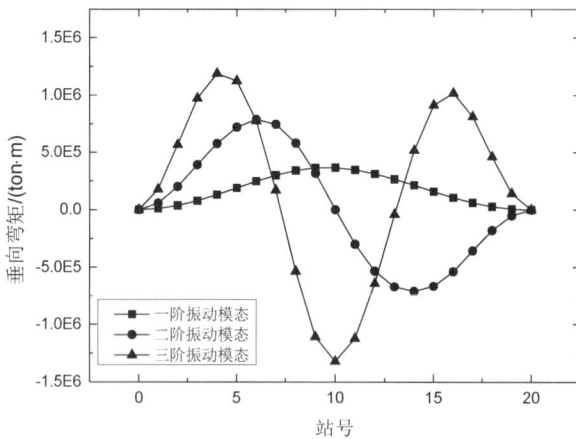

图 3-20　船体垂向弯矩的前三阶振动模态

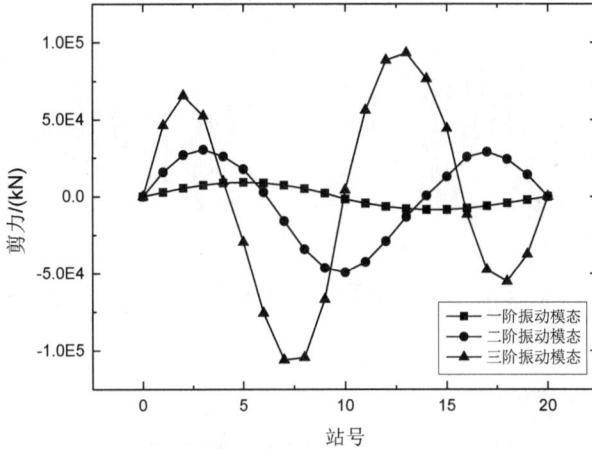

图 3-21　船体剪力的前三阶振动模态

接着,基于时域水弹性理论对船体运动和载荷进行了数值模拟。纵向运动的时域波动如图 3-22(a)所示。由图可知,垂荡和纵摇运动在规则波中基本上仍保持相似的规则波动形式。同时,模拟的剪力和垂向弯矩的时历曲线,如图 3-22(b)所示。剪力的时历在波谷有轻微的突变。垂向弯矩时历曲线也存在高频波动。相关研究认为,载荷的局部波动是船体水弹性效应和瞬时砰击共同作用的结果。

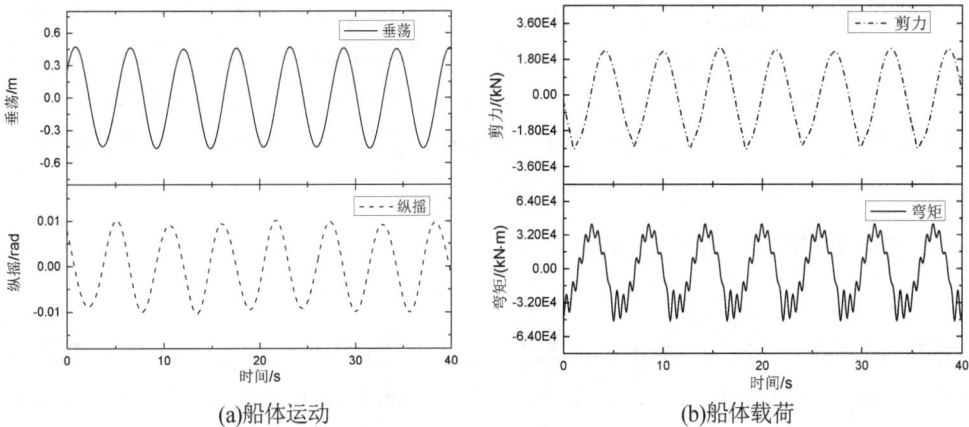

(a)船体运动

(b)船体载荷

图 3-22　船体运动和载荷时历

接着,结合不规则波的组合原理,即可获得船舶在不规则波下的运动和载荷状态。图 3-23 给出了指定不规则波工况下船舶的运动和载荷时历。

由于不规则波的随机性和不规则性,数值模拟下的船体运动和载荷也是不规则的。对比船舶运动和载荷的时历曲线发现,垂向弯矩响应包含了更多的高频振动成分。

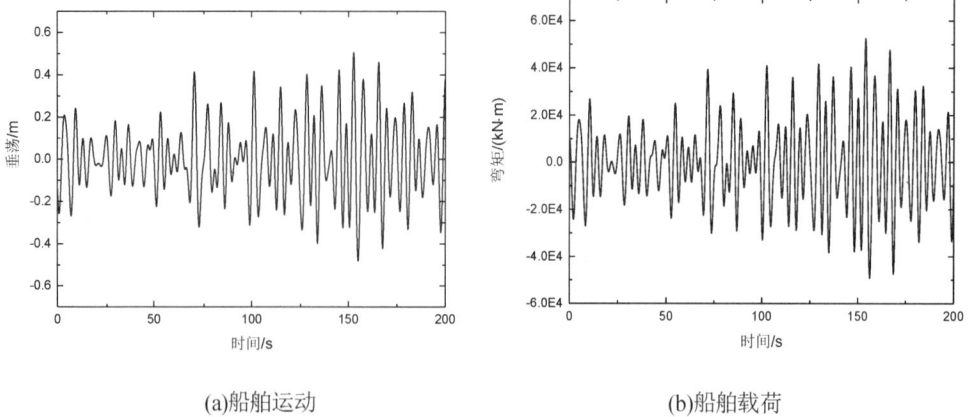

(a)船舶运动 (b)船舶载荷

图 3-23 不规则波下船舶运动和载荷时历

3.5 波浪载荷长、短期预报

波浪载荷预报的目的是,在给定的时间或给定的载荷循环次数下,如何通过理论计算,确定在船舶结构强度校核时所用的波浪载荷设计值。波浪载荷的预报,通常分为短期预报和长期预报两类。短期预报的时间范围为半小时到数小时,在此时间内,船舶的装载状态、航速、航向角以及海况都可认为是固定不变的。长期预报的时间范围是数年或整个寿命期,在此时间内,上述因素均会发生变化。由此可见,长期预报是由许许多多的短期预报组成的。

波浪载荷的预报是在波浪载荷理论计算的基础上应用随机过程理论而实现的。鉴于工程应用的需要,本节还讨论了波浪载荷预报具体的实施步骤。

3.5.1 船体波浪载荷的短期预报

(1)线性理论

短期海浪可视为均值为零的平稳正态随机过程。此时船体对波浪的响应,可看作线性时不变系统。由随机过程理论可知,在海浪的作用下(输入),其波浪载荷(输出)亦将是均值为零的平稳正态随机过程。输入与输出之间通过下式(3-176)联系着。

$$S_w(\omega,H_{1/3},T_z,V,\beta+\theta) = H^2(\omega,V,\beta+\theta) S_\zeta(\omega,H_{1/3},T_z,\theta) \tag{3-176}$$

式中,S_ζ 是海浪谱密度;S_w 是波浪载荷的谱密度;H 是系统传递函数(又称频率响应函数)的模,其值为单位规则波幅下的载荷响应幅值(可由规则波中的理论计算或水池模型试验得到)。ω 为波浪圆频率;V 为航速;θ 为组合波与主浪向的夹角;β 为航向角;$H_{1/3}$ 为有义波高;T_z 为波浪的特征周期。式(3-176)也是船舶与海洋结构物耐波性和波浪载荷预报的理论基础。

数学上可以证明,对于一个均值为零的平稳正态随机过程,在窄谱(谱宽系数小于0.4)假定下,其幅值 X 服从 Rayleigh 分布,对应的概率密度为

$$f_0(x) = \frac{2x}{E}\exp\left(-\frac{x^2}{E}\right) \tag{3-177}$$

式中,E 为两倍的波浪载荷方差 m,即

$$E = 2m(H_{1/3}, T_z, V, \beta) \tag{3-178}$$

由谱密度函数的性质式(3-178),可知方差为

$$m(H_{1/3}, T_z, V, \beta) = \int_{-\frac{\pi}{2}}^{\frac{\pi}{2}} \int_0^{\infty} S_w(\omega, H_{1/3}, T_z, V, \beta + \theta) \mathrm{d}\omega\mathrm{d}\theta \tag{3-179}$$

根据式(3-177),可以进一步得到波浪载荷的各种特征值,如有义值 $x_{1/3} = 2\sqrt{m}$。

(2)弱非线性理论

船舶在波浪起伏的作用下,其船体沿型深方向会出现有规律的垂向变形,其中最为典型的就是中垂变形和中拱变形,如图 3-24 所示。当船中处于波谷时,船中往往会出现凹陷,而首尾会翘起,船体底部受拉,船体上甲板受压,形成中垂变形。而当船中处于波峰时,船中往往会出现凸起,而首尾会下沉,船体底部受压,船体上甲板受拉,形成中拱变形。在线性理论中,主要采用的是忽略砰击、上浪等高频瞬态冲击力下的单位规则波载荷平均幅值,其没有考虑到船体中垂和中拱的差异性。而对于非直舷船而言,当船舶在波浪中大幅运动时,特别是当发生严重的砰击、上浪时,波浪载荷将呈明显的非线性现象,中垂和中拱的波浪载荷分量将不再相同,相关模型试验表明船体中垂下的波浪载荷分量将大于中拱下的波浪载荷分量。

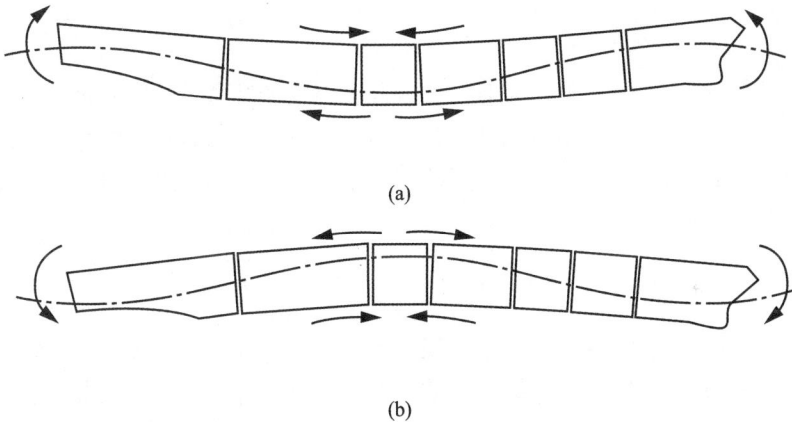

(a)

(b)

图 3-24　船舶中垂、中拱变形示意图

事实上,非线性波浪载荷属于非平稳随机过程,谱分析方法已不再适用。此时的载荷预报,只能采用时域分析和数理统计的方法。在短期情况下,可利用给定的海浪谱,模拟不规则波浪的时域形式。为了提高时域数值模拟的效率,一般将小于谱峰密度百分之一的低频和高频段通过滤波去掉,把海浪谱的有效频段分成若干份(大于 30 份),则相应于该海浪谱的不规则波的波面升高,可视为多个规则波的叠加。

$$\zeta(x_b, t) = \sum_{i=1}^n \zeta_{ai} \cos(K_i x_b + \omega_{ei} t + \delta_i) \tag{3-180}$$

式中,ζ_{ai}、K_i 及 ω_{ei} 分别为成分波的波幅、波数及遭遇频率;x_b 为计算剖面在随船坐标系中的坐标;δ_i 为定义在 $[0, 2\pi]$ 上均匀分布的随机相位。

依据能量关系,成分波的波幅可如下式确定

$$\zeta_{ai} = \sqrt{2\Delta\omega_{ei} S_\zeta(\omega_{ei})} \tag{3-181}$$

式中,$\Delta\omega_{ei}$ 为成分波的频率间距;$S_\zeta(\omega_{ei})$ 为频率 ω_{ei} 对应的海浪谱密度。

数学上可以证明,式(3-180)表示的海浪是均值为零的平稳正态随机过程。根据

式(3-180),可在时域内算得非线性波浪载荷响应。对一个足够长的时间历程取样,可分别按中拱和中垂分量统计整理出相应的直方图,然后采用 Weibull 分布对直方图的峰值进行拟合,并利用矩法对所需的两个分布参数进行点估计。本节中的点估计是指通过时间历程样本统计量来估计海浪总体参数,在波浪统计中一般采用矩法来完成。矩法主要是通过建立时间历程样本和波浪统计总体矩之间的关系,从而利用时间历程样本矩来估计总体的矩。在得到非线性波浪载荷的 Weibull 分布后,其余的处理步骤与线性情况的做法类似,从而可以求出船舶不同类型载荷的特征值。在具体做数值模拟时,以下几点需要特殊说明。

① 由式(3-180)给出的不规则波模拟方法可知,其频率是不断变化的,而剖面附加质量和阻尼系数的计算又与遭遇频率有关,因此极大地增加了数值模拟的难度。对于一般工程而言,往往采用几种简化的处理方法,如采用海浪谱平均周期对应的频率或者利用线性船舶弯矩响应谱峰值对应的频率来计算附加质量和阻尼系数。

② 由于非线性波浪载荷是非平稳随机过程,含有瞬态响应分量,按照 ITTC 耐波委员会的建议,数值模拟的时间长度应大于 60 min。

3.5.2 船体波浪载荷的长期预报

(1)线性谱分析理论

对于船体载荷的长期预报,通常是对一种或几种典型的装载状态分别进行。因此,在给定的装载状态下,此时的输入变量是海况、航向角和航速。由短期预报可知,在特定的海况中,船舶以航向角为 β_j、航速为 V_k 运行时,其波浪载荷幅值 X 小于某个可能值 x 的概率,即 Rayleigh 分布函数

$$F_0(x) = 1 - \exp\left\{\frac{-x^2}{E[(H_{1/3}, T_z)_i, \beta_j, V_k]}\right\} \tag{3-182}$$

假设由各种不同海况、不同航行状态所组成的短期概率彼此相互独立,那么长期概率分布将是各短期概率分布的加权组合,亦即波浪载荷幅值 X 大于某一定值 x 的超越概率为

$$P\{X \geqslant x\} = \sum_i \sum_j \sum_k p_i(H_{1/3}, T_z), p_j(\beta), p_k(V) \exp\left\{\frac{-x^2}{E[(H_{1/3}, T_z)_i, \beta_j, V_k]}\right\} \tag{3-183}$$

因为航速对线性波浪载荷影响不大,故航速可取为定值,即航速出现的概率 $p_k(V) = 1$。海况出现的概率 $p_i(H_{1/3}, T_z)$ 取决于船舶实际运行海域的海浪统计资料,可参见第二章。航向角出现的概率 $p_j(\beta)$,按在 $0° \sim 360°$ 之内均匀分布的原则确定。通常规定船舶一生中遭到的波浪载荷循环数 $n = 10^{-8}$,则计算时可取概率水平为 $Q = 10^{-8}$。一旦船舶运营的海域和概率水平确定之后,即可按式(3-183)求得所对应的波浪载荷特征最大值。此值表示船舶在循环次数为 n 的整个使用期中,平均可能出现一次的最大波浪载荷。这种对线性波浪载荷的预报方法,通常称为谱分析法。

(2)非线性谱分析理论

如线性理论中所描述的,船舶波浪载荷长期预报通常是对一种或几种特定的装载状态分别进行。考虑到航速、航向角和海况的变化,再计及各短期工况中单位时间内载荷循环次数 n_0^* 可能不同,则非线性波浪载荷幅值 X 的长期概率密度 $f(x)$ 和分布函数 $F(x)$,应分别是前面通过时域分析得到的短期概率密度 $f_0(x)$ 和分布函数 $F_0(x)$ 的加权组合。

$$f(x) = \cfrac{\sum\limits_i \sum\limits_j \sum\limits_k n_0^* p_i(H_{1/3}, T_z) p_j(\beta) p_k(V) f_0(x)}{\sum\limits_i \sum\limits_j \sum\limits_k n_0^* p_i(H_{1/3}, T_z) p_j(\beta) p_k(V)}$$

$$F(x) = \cfrac{\sum\limits_i \sum\limits_j \sum\limits_k n_0^* p_i(H_{1/3}, T_z) p_j(\beta) p_k(V) F_0(x)}{\sum\limits_i \sum\limits_j \sum\limits_k n_0^* p_i(H_{1/3}, T_z) p_j(\beta) p_k(V)}$$

$$(3\text{-}184)$$

式中, $p_i(H_{1/3}, T_z)$、$p_j(\beta)$ 及 $p_k(V)$ 的含义与线性理论的含义保持一致。在进行非线性波浪载荷计算时,需要特别注意关于航速的选取。因为此时计算结果对航速较为敏感,其中把所有短期工况都取同一航速的做法并不十分合适。为了简化计算而又趋向安全,各短期分析时所用的航速,建议取为该海况下船舶实际可能达到的最高航速。

3.5.3 载荷长期预报算例

为了进一步说明载荷长期预报的基本方法,以3.4.3节中的大型船舶为例,利用谱分析法对此船在25年内的波浪载荷进行长期预报。利用势流理论,对船舶在复杂海洋环境中的运动和载荷进行数值模拟。假设船舶装载工况为满载出港状态,计算波高取单位波幅,频率范围按每0.1 rad/s递增,从0.1 rad/s至2.0 rad/s,共计20个频率;将船体左右两舷看作对称结构,浪向范围按每30°递增,从0°至180°,共计7个浪向。

图3-25和图3-26给出了在不同浪向和频率下的船舶运动和载荷频域的响应函数。通过对频域响应函数的观察发现,在大多数情况下不同浪向的升沉曲线波动特性基本保持稳定,而垂荡运动在低频域较为剧烈。同时,波浪遭遇频率越高,垂荡响应幅度越小。但对于纵摇响应函数,运动曲线往往在不同的浪向上有较大的波动。随着波浪遭遇频率的增大,其响应函数先增大,在达到最大峰值后幅值又迅速减小,而且在相对高频区能够观察到局部突峰。载荷响应函数的频域特征更为复杂。随着浪向的变化,载荷峰值有偏离的趋势。由于水弹性效应和砰击引起的弹振和颤振的影响,垂向弯矩和剪力在高频情况下的响应函数值较大。值得注意的是,垂向弯矩的响应函数对高频波浪更为敏感。

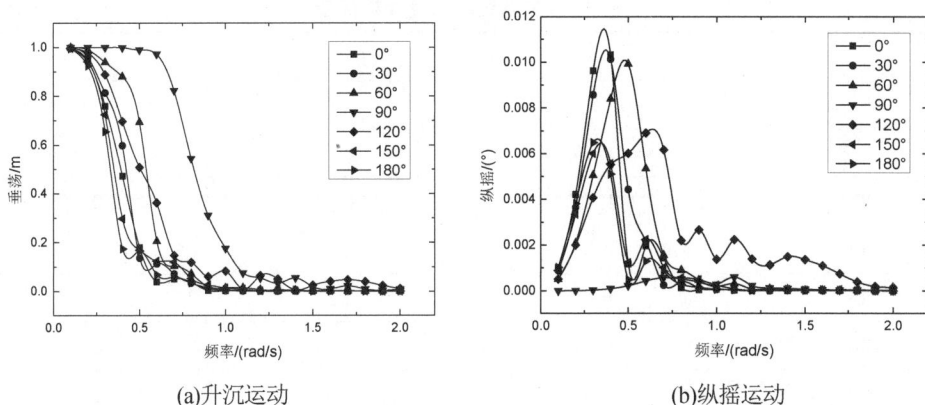

(a)升沉运动 (b)纵摇运动

图3-25 运动频域响应函数分布

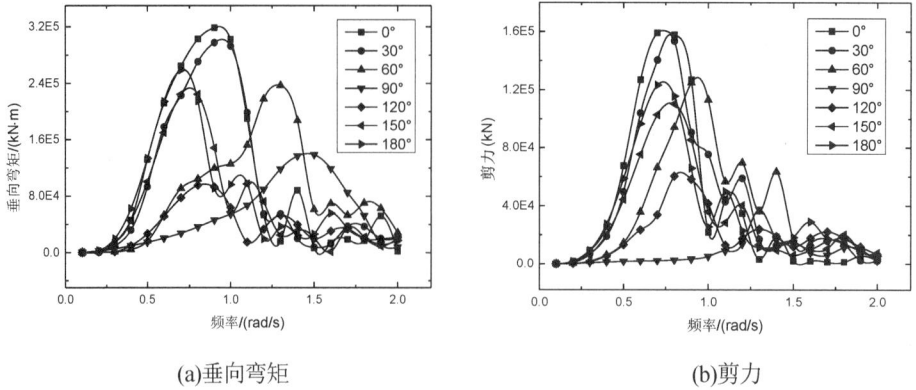

(a)垂向弯矩   (b)剪力

图 3-26　载荷频域响应函数分布

接着,将响应函数与 JONSWAP 谱相结合,即可建立船舶的运动响应谱和载荷响应谱。通过分析响应谱可获得船舶的特征响应值,如表 3-1～表 3-4 所示。

表 3-1　垂荡运动的统计特征值 　　　　　　　　　　　　　　　　　　　单位:m

浪向/°	航速/kn		
	5	10	18
0	2.27	3.04	3.24
30	2.33	3.17	3.31
60	2.50	3.26	3.59
90	2.74	3.52	3.88
120	2.42	3.13	3.45
150	2.23	2.96	3.11
180	2.06	2.74	2.93

表 3-2　纵摇运动的统计特征值 　　　　　　　　　　　　　　　　　　　单位:°

浪向/°	航速/kn		
	5	10	18
0	1.89	2.73	2.85
30	1.72	2.68	2.79
60	1.57	2.49	2.66
90	1.08	2.31	2.42
120	1.31	2.44	2.51
150	1.59	2.49	2.63
180	1.78	2.57	2.75

表 3-3　垂向弯矩的统计特征值　　　　　　　单位：×10⁴ kN·m

浪向/°	航速/kn		
	5	10	18
0	68.3	94.7	112.8
30	52.9	80.5	109.7
60	41.4	74.8	99.5
90	26.9	63.2	80.7
120	38.6	70.8	95.8
150	47.3	77.5	99.8
180	55.8	85.9	110.6

表 3-4　剪力的统计特征值　　　　　　　单位：×10² kN

浪向/°	航速/kn		
	5	10	18
0	46.9	71.8	93.7
30	38.4	65.3	81.6
60	26.5	50.7	69.5
90	19.5	41.1	50.8
120	24.8	48.8	66.9
150	37.4	57.9	78.4
180	40.8	66.4	86.3

最后,利用北大西洋资料作为长期分析的统计资料,取概率水平为 10^{-8} 时,船舶运动和载荷对应值即为船舶运动和载荷的长期值。图 3-27 给出了在长峰波和短峰波下的船舶运动和载荷长期预报值。

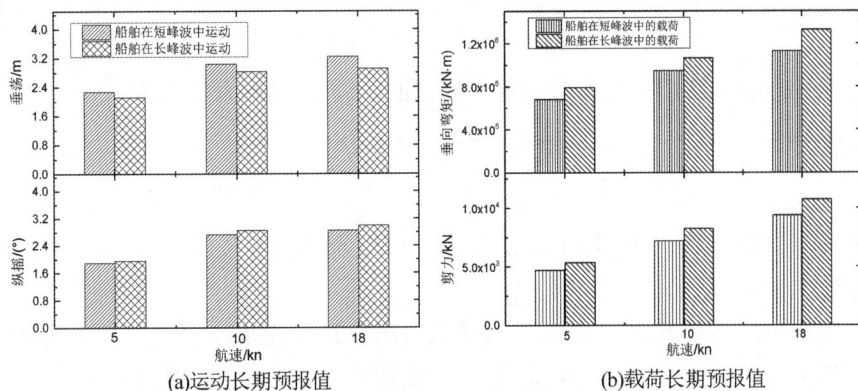

(a)运动长期预报值　　　　　　　　(b)载荷长期预报值

图 3-27　在长峰波和短峰波下的船舶运动和载荷长期预报值

观察船舶运动和载荷长期预报值可知,垂荡运动在长峰波工况下的预报值要低于短峰波预报值,而在纵摇上其长峰波预报值却高于短峰波预报值。因此,在船舶运动的预报上需要考虑短峰波效应的影响。在船体垂向弯矩和剪力的预报上,长峰波预报值均高于短峰波预报值,采用长峰波预报来设计船体纵向结构强度相对较为保守。

3.6 船体载荷模型试验技术

对于船体载荷,除采用数值模拟的方法进行预报以外,船体载荷模型试验也是一种有效预报船体波浪载荷的方式,其也是验证数值模拟方法结果正确与否的关键步骤。下面对船体载荷模型试验技术的原理、设计步骤以及具体实施手段进行介绍。

3.6.1 船体载荷试验的基本原理

（1）相似理论

为了让船体模型能够真实可靠地反映船体的运动和载荷状况,在船体模型的设计之初,需要参照相似理论的各项准则[27-28]。首先,船体模型需要满足船体耐波性试验要求和流体特性相似,其主要参考的方面有:

①根据试验水池的尺寸和造波能力确定船体模型的缩尺比,并依据实船的型值信息设计船体模型外壳,确保船体模型与实船的几何相似;

②依据傅汝德数 $F_r = V/\sqrt{gL}$ 相等,确保船体模型与实船的流体动力相似;

③根据斯特劳哈尔数 $S_r = T_e/T_\theta$ 相等,即波浪遭遇频率 T_e 与船舶的纵摇固有周期 T_θ 的比值相等,从而实现船体模型与实船的运动相似。

当船体模型在迎浪规则波中行驶时,其所遭遇的波浪周期为

$$T_e = \frac{\lambda}{V + C_w} = \frac{\lambda'}{F_r(g)^{1/2} + \left(\frac{g\lambda'}{2\pi}\right)^{1/2}} L^{1/2} = K_1 L^{1/2} \qquad (3\text{-}185)$$

式中, 波长为 $\lambda = \lambda' L$;波速为 $C_w = \sqrt{g\lambda/2\pi}$;航速为 $V = F_r(gL)^{1/2}$; L 为船长; K_1 为有因次的系数。

当给定船舶的纵向转动半径 k 与船长 L 的比值后,其纵摇固有周期为

$$T_\theta = \frac{2\pi k}{\sqrt{g\overline{GM_L}}} = K_2 L^{1/2} \qquad (3\text{-}186)$$

式中, K_2 为有因次的系数; $\overline{GM_L}$ 为纵稳心高度。由式（3-185）和式（3-186）即可确保实船与模型的斯特劳哈尔数 S_r 相等。

在保证船体耐波性要求的同时,对于波浪载荷试验而言,还需要满足结构动力相似。将模型的船体梁视为两端完全自由的变截面梁,对梁的强迫振动微分方程进行无因次化,从而获得相应的相似准则,实现船体模型与实船的结构动力特性相似。在忽略梁的剪切、转动惯量以及阻尼等因素的影响下,考虑垂向弯曲变形的强迫振动方程为

$$EI(x)\frac{\partial^4 y}{\partial x^4} + m(x)\frac{\partial^2 y}{\partial t^2} = P(x,t) \tag{3-187}$$

式中，$P(x,t)$ 为船舶遭受波浪的载荷分布（单位长度的作用力）；$m(x)$ 为单位长度的质量（在湿模态下包含附连水质量）；$I(x)$ 为船体剖面惯性矩；E 为船舶结构材料的弹性模量。

为了保证模型与实船的动力特性相似，实船遭受的波浪外载荷按欧拉数相等进行换算。欧拉数具体表达式为

$$E_u = \frac{P}{\frac{1}{2}\rho V^2} \tag{3-188}$$

用 $x = \xi L$ ，$y = \eta L$ 和 $t = t'T_\theta$ 来代替强迫振动的微分方程（3-187）中的位移和时间变量，并在等式左右两边分别除以 $\rho L^3/T_e^2$ ，从而获得船体梁强迫振动的无因次微分方程为

$$f(\xi)\frac{\partial^4 \eta}{\partial \xi^4} + h(\xi)\frac{\partial^4 \eta}{\partial t'^4} = P'(\xi,t') \tag{3-189}$$

式中，$P'(\xi,t') = \dfrac{K_1^2}{\rho L^2}P(x,t)$ ，由模型和实船的流体动力相似来保证；

$h(\xi) = \dfrac{m(x)}{\rho L^2}\left(\dfrac{K_1}{K_2}\right)^2$ ，即实船与模型的 $\dfrac{m(x)}{L^2}$ 相等；

$f(\xi) = \dfrac{K_1^2 EI(x)}{\rho L^5}$ ，即实船与模型的 $\dfrac{EI(x)}{L^5}$ 相等。

上述结构动力相似特性，虽未考虑剪切、阻尼及转动惯量对振动的影响，但国内外学者的理论计算与多次试验对比显示，其载荷试验的结果仍具有较高的可靠性。

总结上述根据相似理论推导出的船体模型设计相关结果，可知船体模型试验应该满足的主要相似关系有：
①实船与船模航行时的波浪要素相似；
②实船外形与船模外形几何相似；
③实船与船模的弯曲振动频率和振动形式相似；
④实船与船模沿船长和船宽的重量分布以及转动惯量（或转动半径）相似。

3.6.2 船体载荷模型的设计步骤

通过相似理论，可以获得模型设计特征量的目标值以及船体模型设计的初步方案。而具体模型的设计仍是一个相对复杂的工程，需要经过反复考量直至获得最优方案[29]。船体载荷试验模型的设计一般从模型尺寸、结构布置、监测位置选取、重量控制等方面来进行考虑。其四个设计步骤分别为缩尺比设计、分段设计、测量梁设计以及模型布置详细设计。图3-28给出了船体模型的优化设计步骤。

需要注意的是，以上的每个设计部分并非完全的从属关系，即每个设计过程是彼此影响的。当其中一个环节出现设计难度时，可以通过调节其他环节来增加此环节的设计空间和考量参数的宽裕度，通过反复的调整最终得到最优的模型设计方案。

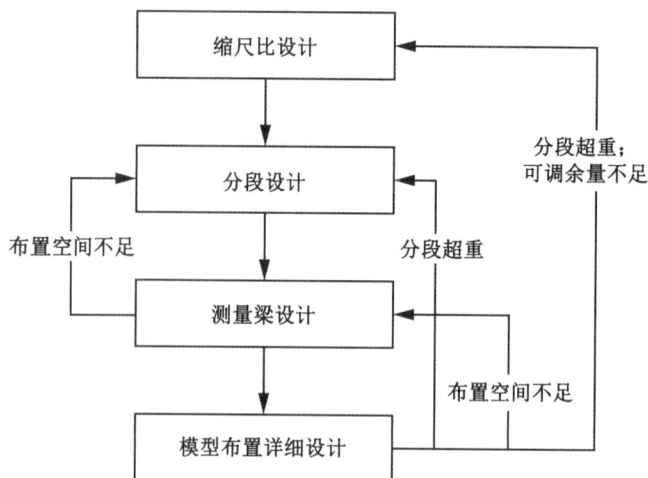

图 3-28　船体模型的优化设计步骤

在这里仍以一艘高速三体船为例,说明整个船体载荷模型的设计过程。该三体船总长 141 m,型宽 26 m,型深 12 m,满载设计吃水 5 m,设计排水量 3 987 t,三体船的三维设计方案如图 3-29 所示。

图 3-29　三体船的三维设计方案

首先,对三体船模型的缩尺比进行确定。然后,对三体船模型进行分段,并对分段的位置以及其监测方法进行设计。接着,根据监测方法和实船相似理论转变的目标值,设计船体测量梁。最后,对三体船的压载、监测设备和推进器进行详细的布置。在设计的初期,往往会出现分段超重和布置空间不足等问题,在无法保持原有设计的条件下,可以对缩尺比和船体分段进行局部调整,从而获得一个符合各项要求的试验模型设计方案。下面对船体模型设计步骤中的 4 个关键环节进行详细的介绍。

3.6.2.1　船模缩尺比设计

船模缩尺比是船体模型至关重要的参数,也是波浪载荷模型试验设计的基础。其直接决定了模型的主尺度、模型的总质量以及模型各分段空间等主要船模设计量,同时也间接影响到后续三体船试验工况的筛选。对于缩尺比的选择,主要考虑以下因素:

(1)水池试验条件

在设计缩尺比之初,首先需要考虑的是试验水池的主尺度以及其设备的造波性能。设计缩尺比不应过小,否则模型试验过程中水池的阻塞效应对试验结果的干扰过大。同样,设计缩尺比也不能过大,各个试验水池的设备造波能力有限,在缩尺比设计时需要兼顾试验工况的波浪参数,避免模型设计过大,使得目标试验设计工况超出实际造波设备的能力。

（2）模型空间

缩尺比的设计直接决定了模型的空间大小,过小的缩尺比会导致模型内部空间狭小,从而造成船模中设备布置拥挤,甚至出现无法安装的问题。因此,在设计缩尺比上应尽量考虑测量梁、压载块、推进装置以及试航仪的空间布置大小是否足够。

（3）模型质量

在缩尺比的设计中,同样也要考虑模型的质量布置是否能够实现。在模型未加压载的情况下,不能使船模的总质量和分段质量过大,需要为后续模型转动惯量和重心位置的调整留有足够的调整空间。在模型质量的初步设计中,可调余量一般取模型总重量的三分之一。若初步设计无法满足此可调余量的要求,则需要论证有足够的可调余量可以用来进行后续的调整。

由于需要考虑的因素较多,其缩尺比对于整个模型设计而言又十分关键,因此,在船模缩尺比设计阶段往往先确定多个模型缩尺比,并随着模型设计步骤进行同步设计。最终通过对比分析不同缩尺比下模型试验方案的优缺点,选取最有利于试验实施的模型缩尺比。

对于三体船而言,其主船体型宽和排水量较同等船长的传统单体船偏小。因此,模型质量超重和布置空间狭小等问题在三体船模型设计中极易发生。所以,在设计三体船试验模型时应对模型质量和布置空间的可调余量特别关注。经过对比模型缩尺比为 $1:16$、$1:25$、$1:36$、$1:49$ 等的三体船设计方案,最终确定采用缩尺比为 $1:25$ 的三体船设计,其布置空间和模型质量的相对可调余量均在20%以上。

3.6.2.2　分段设计

在初步确定缩尺比后,整船模型尺寸就已基本确定。接着,对于船模型进行分段,并对每个分段模型进行详细设计,从而达到三体船载荷测量的目标。

模型分段设计主要考虑试验中载荷的测量、模型中结构的布置以及船体质量分布的控制等多个方面的因素,其设计阶段主要分为两步:

①确定载荷测量方案。船体模型分段的位置即为船体剖面载荷测量的位置,主体梁上的传感器将放置在此横剖面上,以测量船体的变形。为了避免船体分段在受到波浪冲击后相互接触影响载荷测量结果,分段之间需保持足够的距离,并采用硅胶膜对分段间隙进行密封处理。同时,分段位置应便于安放木质基座,基座将用于安装测量元件、连接元件以及推进装置等。

三体船特殊的连接桥结构,使得其在波浪中航行时不仅遭受了垂向弯矩(Vertical Bending Moment, VBM)、水平弯矩(Horizontal Bending Moment, HBM)和纵向扭矩(Longitudinal Torsional Moment, LTM)等纵向载荷,同时也获得了分离弯矩(Splitting Moment, SM)、横向扭矩(Transverse Torsional Moment, TTM)等横向载荷。所以,需要在连接桥处沿船宽方向对三体船进行分段。此外,为了能够监测片体承受的纵向变形,对三体船片体结构也进行分段。

②分段强度设计。模型的分段应具有良好的防水性能和足够的局部强度。在分段表面应涂抹多层防水涂料,以提高分段的防水能力。同时,需要对分段外壳的厚度进行合理设计。为了进一步提高分段整体的强度,往往在分段的内部还需加入肋骨结构。如果采用玻璃钢材料来制作模型分段外壳的话,厚度一般设计为 3~4 mm。对于尺度较大的船模,其外壳可适当增加厚度。通过上述分段设计,可获得三体船模型的分段设计方案,如图 3-30 所示。

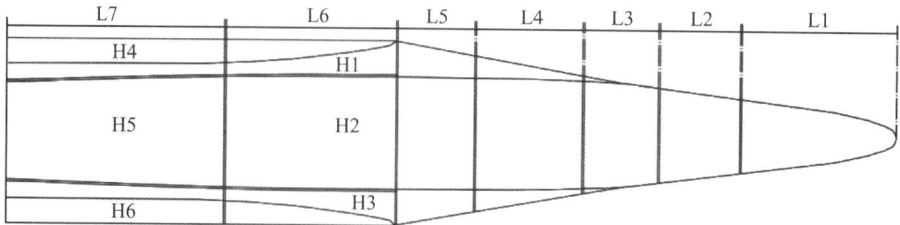

图 3-30　三体船模型的分段设计方案

由图 3-30 可知,三体船模型纵向分为 7 个分段,编号为 L1~L7。由于片体在尾部,片体被分为两段。在尾部 L6 和 L7 纵向分段部位,再进行横向分段。L6 部分被分为 H1、H2 和 H3 三个横向分段,其中 H1 和 H3 为片体首部分段,H2 为主体中后部分段。L7 部分被分为 H4、H5 和 H6 三个横向分段,其中 H4 和 H6 为片体尾部分段,H5 为主体尾部分段。为了能够测量连接桥湿甲板的砰击现象,在船体模型的设计上保留了连接桥结构,从而能够更加准确地模拟三体船在波浪中航行的运动和载荷状态。根据三体船模型的分段设计,采用玻璃钢材料制作了三体船分段模型的船壳,其分段模型如图 3-31 所示。

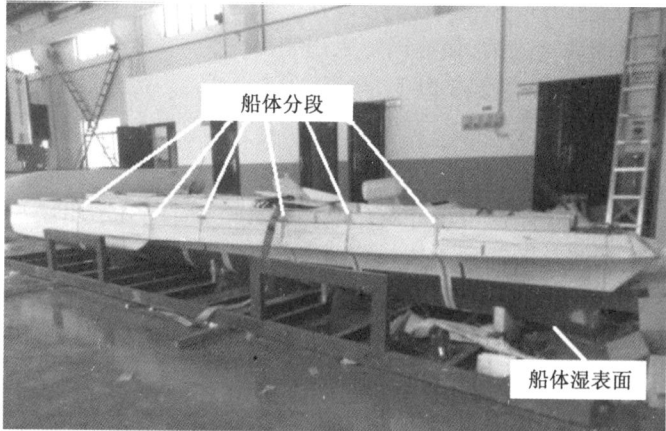

图 3-31　三体船分段模型

3.6.2.3　测量梁设计

测量梁是模拟船体结构动力特性的主要结构,它设计得成功与否,直接决定了船体载荷试验结构响应是否准确。针对三体船的结构以及测量载荷成分的不同,设计了不同的测量梁组。测量梁组主要采用三种类型的测量梁,它们分别为主体纵向梁、横向连接梁以及片体纵向梁。通过不同测量梁的组合,来达到实时测量三体船纵向和横向载荷。

由于三体船主体沿纵向船长方向的各个剖面上结构强度不同,为了能够模拟船体变化的刚度,采用分段变截面梁组来模拟船体纵向的结构强度[30]。在主体纵向,采用 7 个变截面梁进行模拟,通过调节测量梁的截面厚度来控制各个位置的刚度,使其与实船刚度相匹配。梁与梁之间,采用刚性夹具进行连接。夹具与船体木质基座相固定,确保船体梁能够固定在船体模型中。为了能够进一步细致地设计测量梁,采用有限元软件 Patran 进行有限元建模,利用MSC. Nastran 软件对测量梁以及其基座的结构强度和振动特征进行计算,通过有限元计算的结果进一步优化测量梁的设计。在设计船体横向连接梁时也采用类似的方法,确保横向结构刚度分布与实船相匹配。对于三体船的片体结构,由于其长度较短,发生弹性效应的可能性不大,因此采用一根整体梁来模拟片体纵向的平均结构刚度。

3.6.2.4　模型布置详细设计

对测量梁初步设计完成后,对船体内部设备和元件的布置进行详细的设计。详细设计主要考虑船体基座的设计、压载块的布置、夹具的制作以及推进装置的布置安装。船模基座的作用是将测量梁、监测设备和模型外壳连接起来,使船体形成一个整体。

因此,在设计时要保证基座具有足够的强度。特别是船尾处,需要安放复杂的推进装置,因此需要留出足够的空间安装基座,从而固定相应的推进设备。基座主要通过螺栓紧固,方便后续的安装和拆卸。根据船体的质量分布要求,合理地布置压载,使船体的质量分布与实船分布保持一致。为了能够精确地布置船体质量,将船体模型位置由船首到船尾分成20站。通过调节各个站位压载铁块的质量和位置,获得与实船相匹配的质量分布。

船尾的推进装置由螺旋桨以及若干连接元件组成。传动杆穿过船体船尾部外壳,并与螺旋桨相连接,通过电机带动旋转。同时,在螺旋桨的后端安装两个转向舵,控制船模航行的方向。三体船模型的安装形式以及推进装置如图3-32所示。考虑到试验中船体运动的测量,需要将三体船主体分段L4和L6处的纵向测量梁分别一分为二,为监测船体运动的试航仪提供安装位置。通过综合考虑船体设备的安放、结构响应的监测等多方面的因素,并根据测量载荷成分的不同,最终设计了两套组合梁系来满足三体船不同载荷试验的需求。在测量三体船纵向载荷时,将主体和片体分段分别连接起来,从而确保片体载荷能够很好地传递到整船中。而在测量三体船横向分布载荷和片体自身载荷时,则将主体和片体相分离,分别进行单独测量。下面对于两套三体船模型设计方案进行说明。

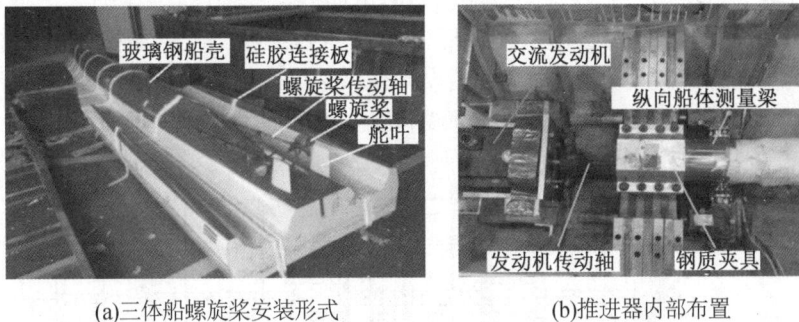

(a)三体船螺旋桨安装形式　　　　　　(b)推进器内部布置

图 3-32　三体船模型的安装形式和推进装置布置图

当载荷试验侧重于测量三体船纵向载荷(垂向弯矩、水平弯矩、纵向扭矩)时,将片体结构看作主体结构的延伸,采用横向连接梁将主船体分段与相应的片体分段部位相连接,从而计及片体载荷对于三体船总体纵向载荷的影响,三体船模型的详细设计如图3-33所示。为方便后续说明,将此种三体船设计模型记为模型A。表3-5给出了三体船模型A剖面载荷的监测位置,其具体的监测位置以艉垂线和中纵剖面为基准进行描述。

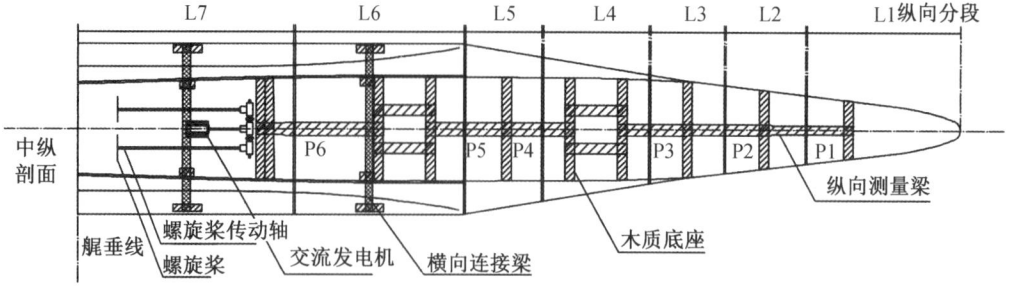

图 3-33　三体船模型 A 的详细设计图

表 3-5　三体船模型 A 剖面载荷监测位置

监测点编号	距艉垂线的距离/m	距中纵剖面的距离/m
P1	4.62	0.00
P2	4.08	0.00
P3	3.60	0.00
P4	2.92	0.00
P5	2.45	0.00
P6	1.36	0.00

　　而当载荷试验关注横向载荷(连接桥分离弯矩、横向扭矩)时,将片体视为独立结构,采用测量梁连接片体的首尾两个分段来测量片体纵向剖面载荷。同时,为了测量连接桥的分离弯矩和横向扭矩,应用三分力传感器来连接三体船主体和片体。三体船模型的详细设计如图3-34 所示。为方便后续说明,将此种三体船设计模型称为三体船模型 B。表 3-6 给出了模型 B剖面载荷的监测位置,其监测位置仍以艉垂线和船中纵剖面为基准进行描述。

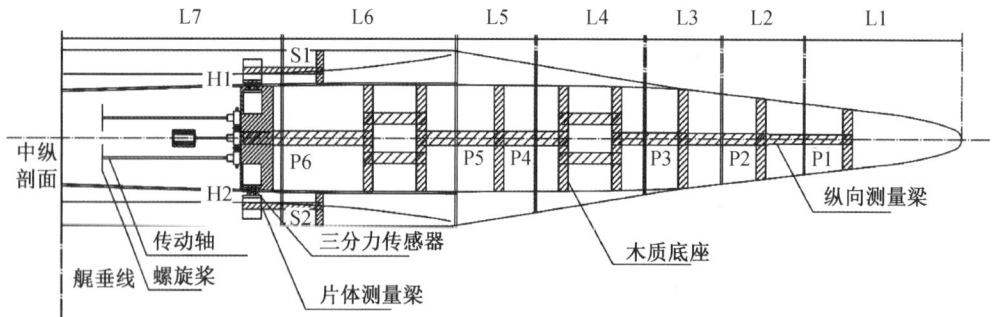

图 3-34　三体船模型 B 的详细设计图

表3-6　三体船模型 B 剖面载荷监测位置

监测点编号	距艉垂线的距离/m	距中纵剖面的距离/m
P1	4.62	0.00
P2	4.08	0.00
P3	3.60	0.00
P4	2.92	0.00
P5	2.45	0.00
P6	1.36	0.00
S1	1.36	0.48
S2	1.36	−0.48
H1	1.18	0.32
H2	1.18	−0.32

为了能够进一步了解两种设计方案之间存在的差异,采用同样的迎浪工况对两种模型设计方案分别进行测试,并对比了载荷测量的结果。通过观察载荷测量值发现,在首部载荷监测位置(P1~P3),两种设计方案的监测结果差距不大。在船尾测量 P6 位置,模型 A 的载荷测量值也与模型 B 主体和片体的测量值之和相近。但在船中后部(P4~P5),模型 A 的测量值往往小于模型 B 的测量值。因此,在纵向载荷的测量上模型 B 尚无法完全替代模型 A。

3.6.2.5　船体梁锤击试验

在模型试验开始前,需要进行锤击试验,进一步验证船体结构动力相似。通过在首部进行猛烈的锤击,获得船体梁的结构响应;通过对时历曲线进行 FFT 变换,获得船体梁在频域下的载荷分布,从而确定船体模型的低阶固有频率。以三体船模型 A 为例,说明试验数据的处理过程。图 3-35 给出了模型 A 的锤击试验的时历曲线和频域分析结果。

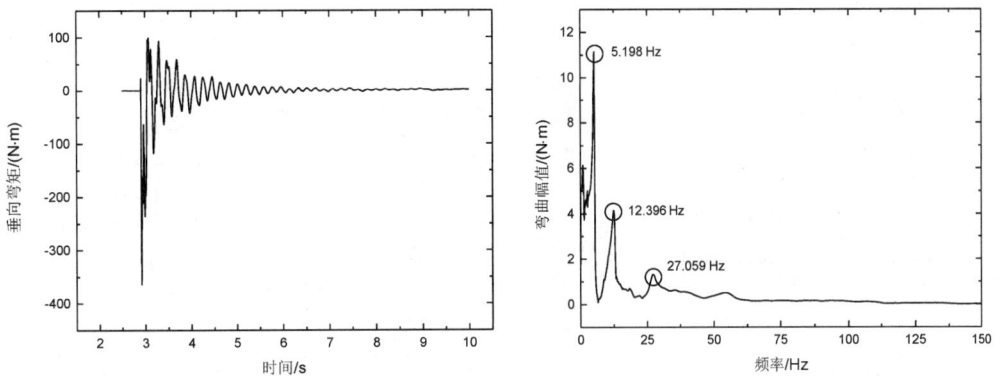

(a)锤击试验的时历曲线　　　　(b)锤击试验在频域上的分析结果

图 3-35　模型 A 的锤击试验的时历曲线和频域分析结果

表 3-7 统计了三体船模型 A 固有频率的试验值和理论值。通过对比可知,船体模型在一阶和二阶固有频率上理论值和试验值的差距不大,虽在三阶固有频率上两者的差距有所扩大,但其误差仍在试验接受的范围内。

表 3-7　三体船模型 A 固有频率的试验值与理论值

固有频率	试验值/Hz	理论值/Hz
一阶	5.198	5.601
二阶	12.396	13.383
三阶	27.059	24.787

3.6.3　载荷测量方法

在模型整体设计基本完成后,则需要对模型的载荷测量方案进行确定。下面以高速三体船载荷试验为例,继续对载荷模型试验中的载荷测量方法进行说明。

3.6.3.1　船体梁剖面载荷的测量

在测量梁变形时,试验采用了惠斯通电桥中全桥测量的方法。这种测量方法能够进行温度补偿且灵敏度较高,是载荷试验中广泛应用的测量方法之一。为了实现对多种载荷成分的同步测量,三体船模型的主体测量梁采用圆形空心梁。图 3-36 给出了在测量梁上应变片的布置形式。通过监测船体梁在航行过程中的形变,根据对应的转换关系,即可获得相应的剖面载荷响应。

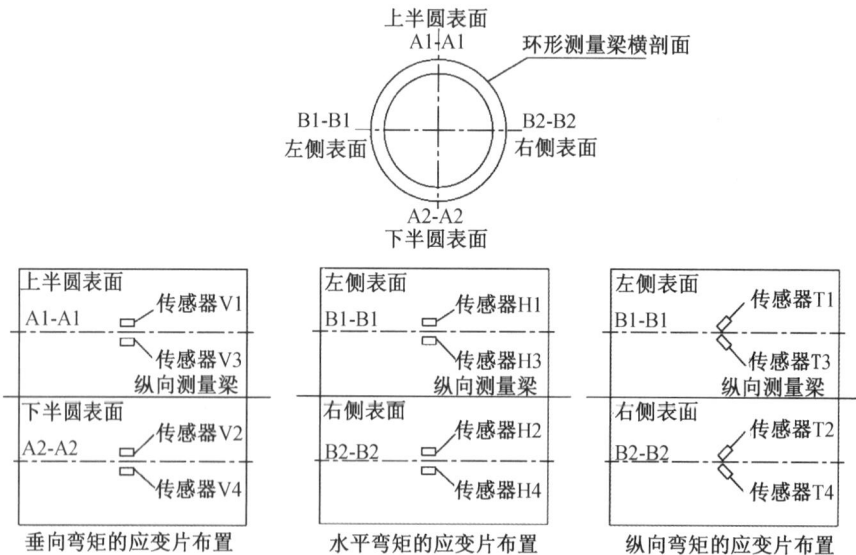

图 3-36　测量梁上应变片的布置形式

3.6.3.2　船体梁剖面载荷的标定试验

为了进一步确定测量梁形变与试验测量目标量(弯矩和扭矩)的关系,在试验之前还需要进行测量梁的标定试验,获得相应剖面载荷的转换系数。测量梁标定试验的过程如图 3-37 (a)所示。将船体测量梁的一端固定在直角基座上,在另一端加载砝码。通过已知砝码的重量结合悬臂梁的基本原理即可获得船体梁监测位置弯矩和扭矩的理论值,同时记录应变片返回的电压变化。通过不断地更换砝码来改变测量梁遭受的弯矩和扭矩,并记录外力和输出电压值。通过统计相关数据变化的趋势,采用最小二乘法进行拟合,获得斜率、截距等相关系数,从而获得测量目标量与输出电压的关系。

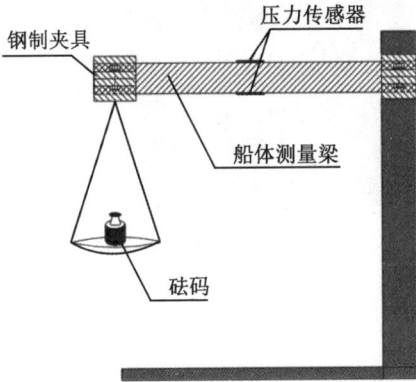

(a)测量梁标定试验   (b)标定试验的结果

图 3-37 船体测量梁标定试验及结果

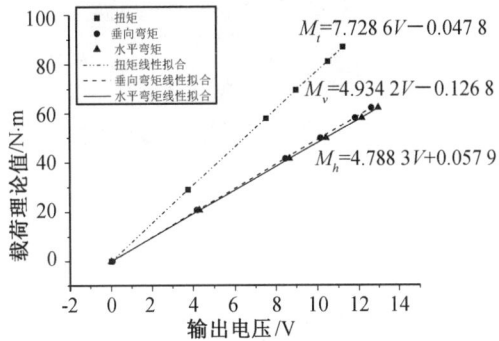

图 3-37(b)显示了船体首部测量梁的标定结果,通过观察标定结果曲线可知,垂向弯矩、水平弯矩和扭矩与应变片输出电压值呈线性关系。因此,通过测量船体梁形变获取船体剖面载荷的方法具有较高的可靠性。

3.6.3.3 瞬时砰击载荷的测量

为了监测三体船的波浪砰击,在三体船模型的首部和尾部布置了若干压力传感器,图 3-38 给出了三体船砰击压力监测点的分布。其中,在首部布置了 10 个砰击监测点,这些监测点分布在首部 4 个横剖面上,分别用于观察主体首部在不同剖面和不同深度下砰击压力的变化,其具体的位置见图 3-38(a)。

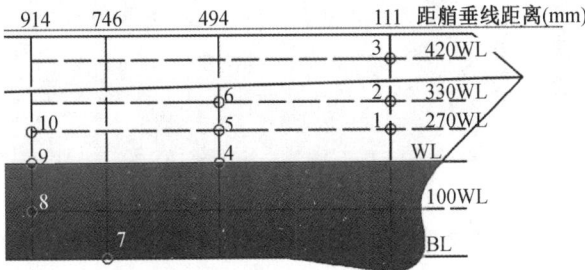

(a)船首砰击压力监测点   (b)船尾砰击压力监测点

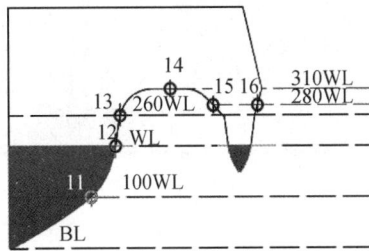

图 3-38 三体船砰击压力监测点的分布图

同时,在尾部布置了 6 个压力监测点,其压力监测点集中在船尾的同一个横剖面上。此剖面距离艉垂线的距离为 3.81 m,监测点的具体位置见图 3-38(b)。在船体砰击载荷的测量上,采用了模型试验专用的微型压力计,其监测端半径为 5 mm,长度为 13 mm,具体形式见图 3-39 (a)。微型压力计通过配套的铜质固定套固定在船体外壳指定的监测点位置,其安装方式见图 3-39(b)。

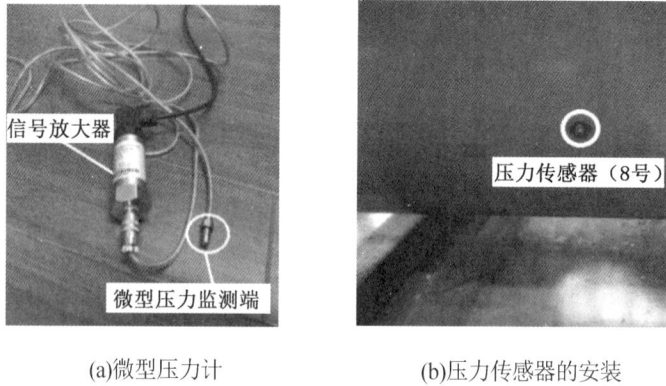

(a)微型压力计   (b)压力传感器的安装

图 3-39　三体船砰击压力的监测

3.6.4　模型载荷试验

船体模型载荷试验往往在各科研院所的拖曳水池、大型海洋工程水池等相关试验场所进行。根据不同的试验环境,对设计的模型分别进行了规则波和不规则波试验,观察了船体在不同海洋环境下的运动和载荷响应。

在试验过程中,拖车按照试验设计的速度和方向匀速移动,而船体模型通过调节推进器的电机转速,使其与拖车保持相对位置不变,从而实现船模型的匀速自航。模型试验监测设备放置在拖车中,试验人员通过在监测系统中观察船模运动和载荷实时曲线来确定稳定段,并记录稳定段的运动和载荷特征量。图 3-40(a) 和图 3-40(b) 分别记录了三体船迎浪规则波和斜浪不规则波的试验形式。

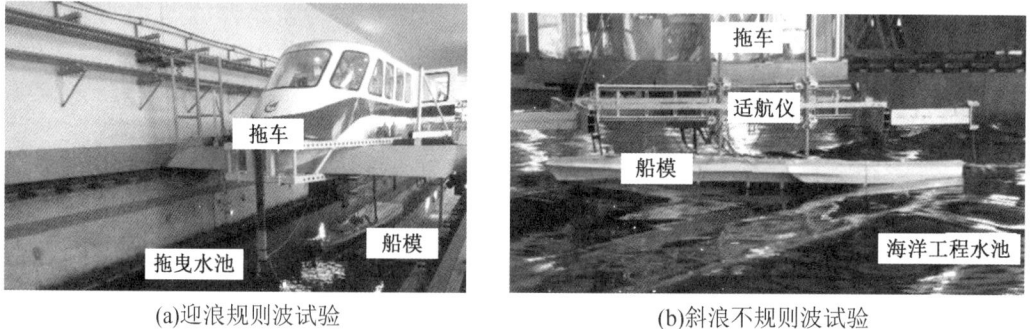

(a)迎浪规则波试验   (b)斜浪不规则波试验

图 3-40　三体船模型试验

3.6.5　试验数据处理与分析

为了能够清楚地了解波浪中三体船的运动和载荷特征,分析波高、航速以及波长等环境参数对于三体船运动和载荷的影响,对三体船模型进行了迎浪规则波自航试验和斜浪不规则波试验。表 3-8 和表 3-9 分别给出了三体船模型试验中规则波和不规则波的典型工况。

表 3-8 规则波试验工况

工况	航速/kn	波高/m	波长船长比
S1	12	4	1.0
S2	12	6	1.0
S3	12	3、4、6、8	1.0
S4	20	4	1.0
S5	12	4	0.7、0.8、0.9、1.0、1.1
S6	0、8、12、20	4	1.0

表 3-9 不规则波试验工况

试验工况	试验设计值		实际测量值		相对误差	
	H_s/m	T_z/s	H_s/m	T_z/s	H_s/%	T_z/%
W1	4.2	6.70	4.18	6.63	0.51	1.04
W2	4.0	6.70	3.98	6.59	0.42	1.64
W3	3.8	6.70	3.79	6.73	0.18	0.45
W4	3.6	6.70	3.58	6.67	0.48	0.45
W5	3.4	6.70	3.38	6.71	0.71	0.15

三体船规则波试验中,实测波浪的波高和周期与目标值的相对误差低于 1.8%,其在试验误差接受的范围内。同样,通过对比不规则波的试验目标值和实际测量值可知,不规则波工况中的实际有义波高要略小于设计值,实际跨零周期在设计值附近上下波动,但其波浪参数整体相对误差小于 2.0%,仍在模型试验的接受范围内。

(1)三体船在迎浪规则波下的运动特征

利用三体船模型试航仪,实时记录了三体船模型在迎浪规则波下的运动响应。通过观察三体船的运动时历曲线,进一步分析三体船在规则波航行中的运动特征。图 3-41 给出了三体船模型在迎浪规则波下高航速航行时产生的垂荡和纵摇。

通过观察图 3-41 中的运动时历曲线可以发现,在高航速下船体的运动幅值仍有少许的波动。其中,垂荡瞬态幅值相对于平均幅值的最大偏差为 9.97%,而纵摇运动的最大偏差百分比为 9.25%。由此可知,在高航速下纵摇运动相对垂荡运动更加平稳。

统计在不同波高和航速下三体船的平均垂荡和纵摇幅值,并通过相似理论将模型测量量转化为实船相对量,进一步观察环境参数的变化对于三体船运动的影响。由图 3-42 可知,随着波高和航速的增加,三体船的垂荡运动越来越剧烈。其中,三体船的垂荡运动随着波高的提升呈线性增长。而垂荡运动与航速的关系相对复杂。随着航速的提高,垂荡运动在低航速下稳步增长。在中等航速时其运动增长的幅度有所减缓,而在高航速下其增长的幅度又进一步提高。

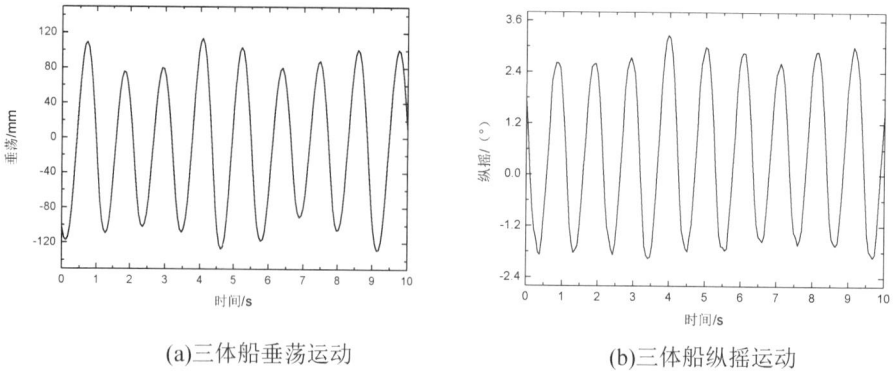

(a)三体船垂荡运动

(b)三体船纵摇运动

图 3-41　三体船迎浪规则波运动(工况:S4)

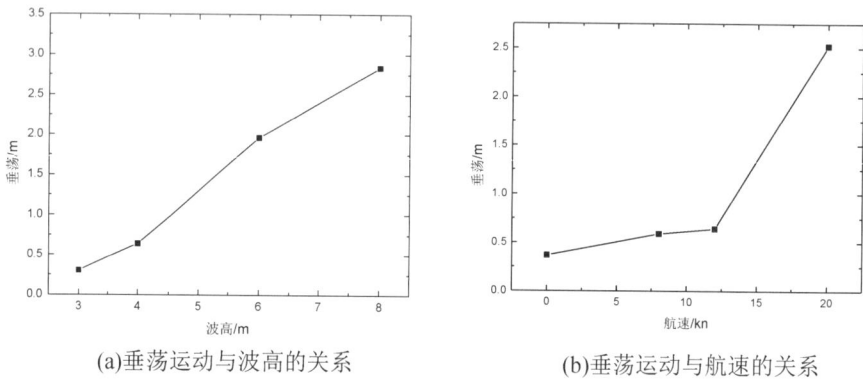

(a)垂荡运动与波高的关系

(b)垂荡运动与航速的关系

图 3-42　三体船垂荡运动与波高和航速的关系(工况:S3、S6)

　　图 3-43 给出了三体船纵摇运动随着波高和航速的变化规律。观察不同波高下三体船纵摇平均幅值的变化可知,在中等波高下,纵摇的增加较为缓慢,而在大波高下纵摇运动增长的幅度有了较为明显的提升。而分析图 3-43(b)可知,在中低航速下其纵摇运动比较敏感,而在高航速下其纵摇运动又逐渐趋于稳定。分析原因认为,在高航速下其首部砰击较为剧烈,使得三体船出现穿浪现象,从而减缓了船体纵摇运动。

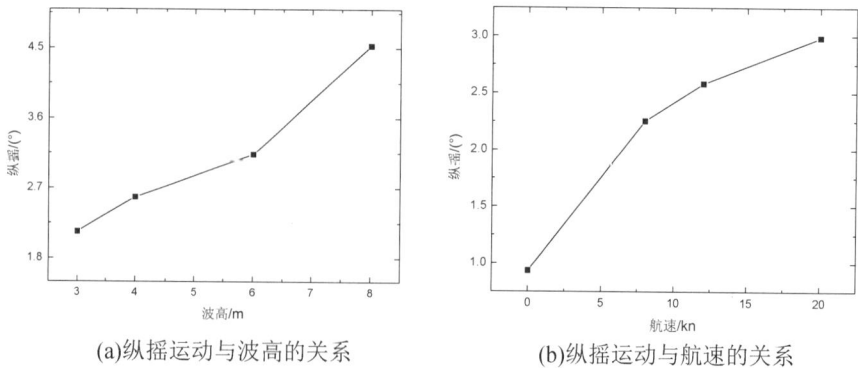

(a)纵摇运动与波高的关系

(b)纵摇运动与航速的关系

图 3-43　三体船纵摇运动与波高和航速的关系(工况:S3、S6)

(2)三体船在迎浪规则波下的载荷特征

通过在三体船主体测量梁上合理地布置传感器,在监测三体船运动的同时,对于三体船的剖面载荷也进行了同步测量。图 3-44(a) 给出了船首、船中和船尾 3 个监测位置处垂向弯矩的时历曲线。

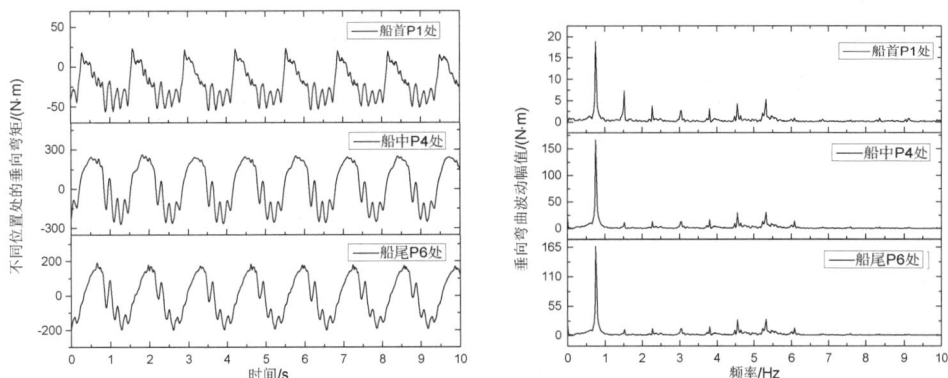

(a)垂向弯矩的时历曲线　　　　　　　　(b)垂向弯矩的频谱分析

图 3-44　三体船垂向弯矩的监测与分析(工况:S1)

在规则波下的三体船垂向弯矩是一个相对平稳的周期载荷,其在三个监测位置处的波峰和波高都出现在同一个时间段内。进一步细致地观察 P1、P4 和 P6 的波形可以发现,船首和船尾的垂向弯矩波形相对于船中更加陡峭,其船首和船尾的垂向弯矩包含了更多的高频载荷分量。对测量载荷进行快速傅里叶变换(FFT),进一步分析船体波浪载荷在频域中的分布特点。对比船首、船中和船尾处的峰值分布发现,船体不同位置处峰值出现的频率基本保持一致,且高频第 7 和第 8 峰值相对显著。进一步观察峰值对应的频率发现,第 7 和第 8 峰值频率与船舶自然频率相接近,因此高频船体弹振被认为是造成这一频域现象的原因之一。

图 3-45 给出了三体船在船首、船中和船尾处高低频载荷的时历曲线。观察 3 个位置处的高频载荷成分可知,高频载荷呈现周期性衰减,船体颤振现象比较明显。同时观察试验过程可知,高频载荷往往在船体发生砰击时刻遭遇极值,且砰击发生后高频成分迅速衰减,由此可以认为高频载荷主要是由三体船在航行过程中波浪砰击引起的。通过对比三体船的测量载荷和其相应的高频成分发现,虽然首部和尾部的载荷都较为陡峭,但首部受到波浪砰击引起的高频载荷造成的波动较大,其高频砰击成分占总测量载荷的 17.74% 左右。观察高频载荷波动可知,高频载荷的峰值时间处于波谷附近,这说明了船体在中垂的状态下遭到波浪砰击。由于船体垂荡和纵摇的影响,砰击的峰值时刻并不与低频波浪载荷的波谷重合,砰击载荷往往提前发生,在船中位置处砰击发生的时刻提前 0.22 s。因此,在理论计算时,需要考虑砰击发生时刻船体运动的变化,不能简单地将砰击载荷和波浪载荷进行叠加。

为了进一步了解三体船载荷在不同海况下的载荷特征,分别统计了三体船在不同波高、航速以及波长下船中垂向弯矩的载荷测量值以及其高低频载荷分量。其中,高频载荷成分统计值为平稳时间段中高频载荷的平均峰值,而低频载荷统计值则为平稳时间段中低频载荷成分的平均幅值。

图 3-46(a) 给出了三体船的船中垂向弯矩随波高的变化规律。显然,低频载荷成分和高频载荷成分都随着波高的增加而增大。其中,低频载荷成分基本符合线性增长的规律,而高频载荷成分表现出非线性。高频载荷成分在大波高工况下趋于平稳,其对于波高参数的敏感度

(a)船首高低频载荷的时历特征　　　　　(b)船中高低频载荷的时历特征

(c)船尾高低频载荷的时历特征

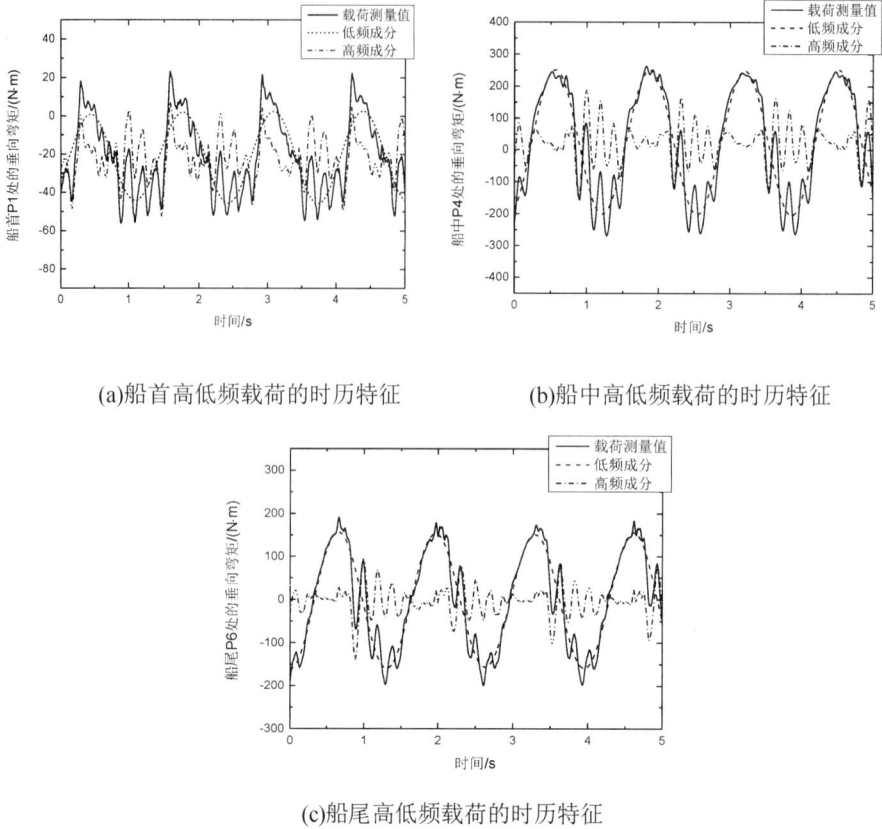

图 3-45　三体船高低频载荷的时历特征(工况:S1)

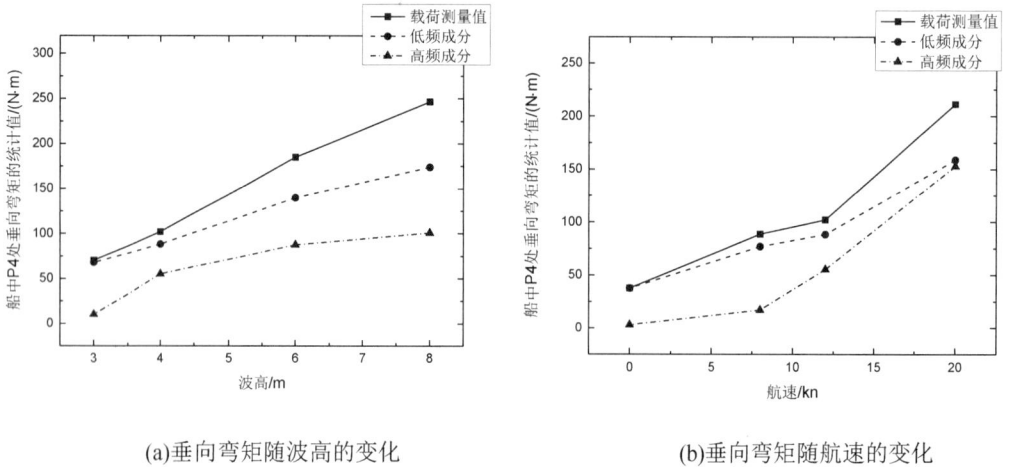

(a)垂向弯矩随波高的变化　　　　　(b)垂向弯矩随航速的变化

图 3-46　三体船船中垂向弯矩随环境参数的变化规律(工况:S3)

随着波高的增加而逐步下降。由此可知,总体垂向弯矩载荷随波高增长的非线性主要来源于其高频砰击载荷。

三体船的船中垂向弯矩随航速的变化如图 3-46(b)所示,随着航速的增大,测量载荷以及高低频载荷成分都逐步增加。在同等增速的条件下,高频载荷增加的幅度更为显著。在高航速下,高频载荷的响应峰值逐步接近低频载荷的平均幅值。

(3)三体船在斜浪不规则波下的运动特征

不规则波作用下的船体运动往往是不规则的、随机的。因此,在三体船的运动和载荷分析中采用统计特征值作为研究参考变量,来分析三体船在不同浪向下的运动和载荷响应。利用自相关函数法对实测数据进行频谱处理,从而得到相应的运动和载荷响应的三一值。图3-47给出了三体船在不同浪向下的运动统计。其中,定义迎浪工况的浪向角为0°;随浪工况的浪向角为180°;艏斜浪工况的浪向角为45°;艉斜浪工况的浪向角为135°。由于船体沿中纵剖面对称,其他斜浪工况(225°、315°)下船体运动和载荷的特征值与其对称浪向的特征值相等。

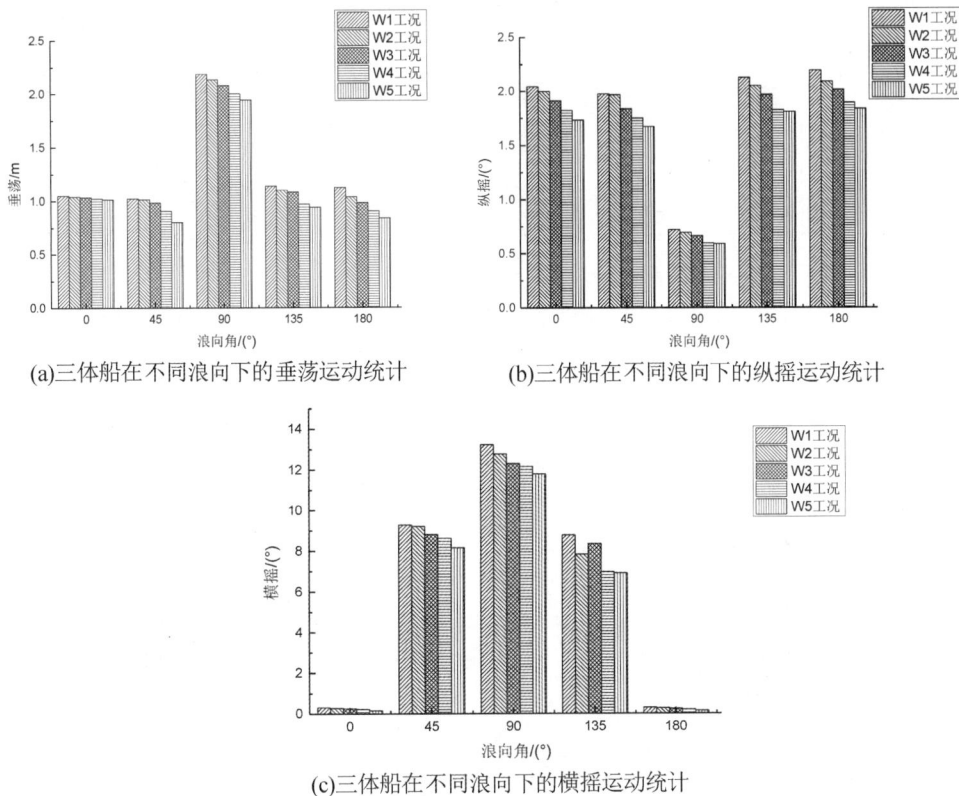

(a)三体船在不同浪向下的垂荡运动统计

(b)三体船在不同浪向下的纵摇运动统计

(c)三体船在不同浪向下的横摇运动统计

图3-47 三体船在不同浪向下的运动统计

对比图3-47中不同浪向下的运动特征统计值可知,在横浪工况下三体船的垂荡和横摇运动最为剧烈,而在船体纵摇运动上迎浪和随浪工况较为剧烈。对于片体布置于中后部的三体船,迎浪下的垂荡统计特征幅值略大于艏斜浪工况,而随浪下的垂荡运动却比艉斜浪要平缓。对于斜浪工况下的纵摇运动而言,其艉斜浪工况相对更为危险。而对于三体船横摇运动,其艏斜浪的运动响应略大于艉斜浪工况。

(4)三体船在斜浪不规则波下的载荷特征

根据三体船斜浪不规则波试验的统计结果,对三体船的纵向载荷和横向载荷特征进行了系统的分析。

图3-48给出了三体船在斜浪工况下的纵向载荷分布。其中,垂向弯矩仍然在迎浪工况下最为严重。相对于艉斜浪工况,船体在艏斜浪工况中遭受了更加严重的垂向弯曲变形。进一

步观察斜浪工况下片体的载荷状态可知,迎浪面的片体 2 总是遭遇更加剧烈的垂向弯曲变形,其高出背浪面片体 1 载荷幅值 9% ~ 45%。在横浪工况下,两者的差距最大。水平弯矩的极大值出现在艏斜浪工况中,艉斜浪工况下的水平弯矩要略大于横浪工况。对于船体纵向扭矩而言,横浪工况是最危险的工况。而艏斜浪工况相对于艉斜浪工况能够激发更加严重的纵向扭转变形。

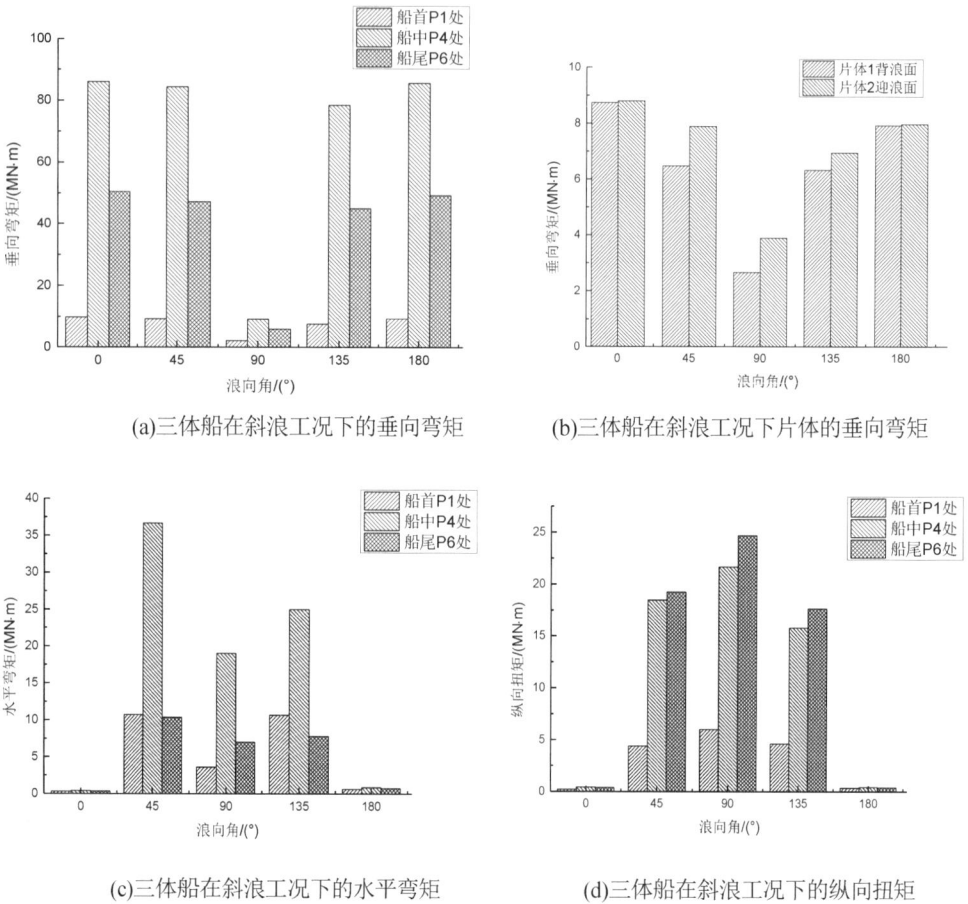

(a)三体船在斜浪工况下的垂向弯矩

(b)三体船在斜浪工况下片体的垂向弯矩

(c)三体船在斜浪工况下的水平弯矩

(d)三体船在斜浪工况下的纵向扭矩

图 3-48 三体船在斜浪工况下的纵向载荷

图 3-49 给出了三体船在斜浪工况下连接桥的横向载荷分布。对于三体船连接桥的分离弯矩而言,横浪工况为其最危险的工况,而艏斜浪工况往往要比艉斜浪工况更为安全。在迎浪和随浪工况下,连接桥的横向扭矩较为严重。而相对于艏斜浪工况,艉斜浪工况往往能够激发更多的横向扭转变形。无论是分离弯矩还是横向扭矩,迎浪面的横向载荷总是大于背浪面的载荷,其中横向扭矩的差距相对较大。

(5)三体船瞬时砰击载荷特征

当船舶在波浪中剧烈运动时,其首部砰击现象不可避免。图 3-50 给出了三体船在规则波中的砰击载荷时历。其中,2 号传感器和 14 号传感器分别位于三体船主体的首部和连接桥湿甲板处,具体位置可见图 3-38。通过观察监测到的砰击压力信号发现,由于位置的不同,三体船遭受的载荷冲击特点也各异。对于三体船主体首部砰击,2 号传感器所监测到的压力与船

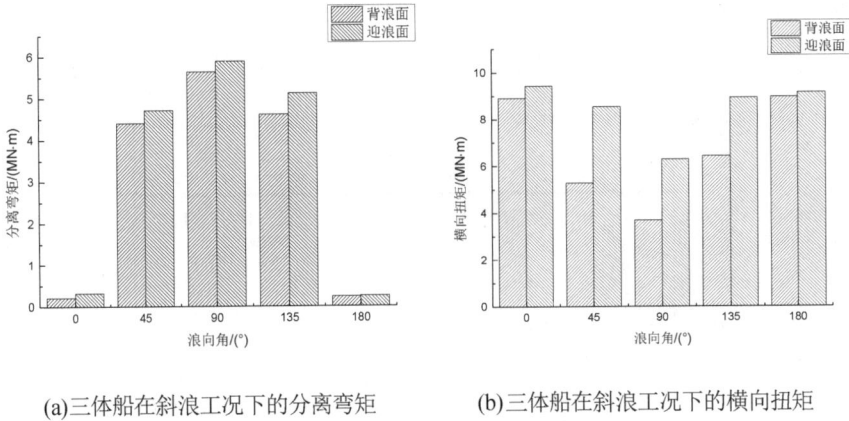

(a)三体船在斜浪工况下的分离弯矩　　　　(b)三体船在斜浪工况下的横向扭矩

图 3-49　三体船在斜浪工况下连接桥的横向载荷

首砰击现象同步发生。观察图 3-50(a)可知,压力在砰击发生时迅速攀升,并在达到峰值后随着船首运动速度方向的改变而出现衰减。当在船舶纵摇运动的影响下首部出水时,其压力监测值最终消失。

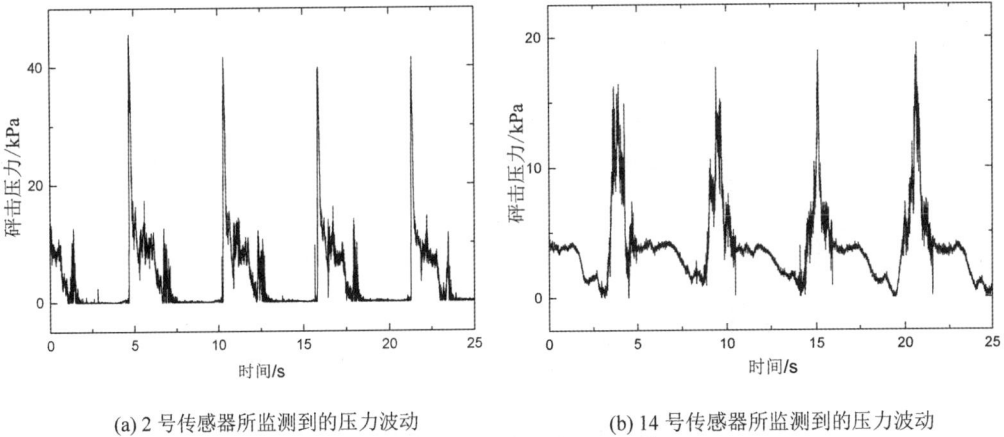

(a) 2 号传感器所监测到的压力波动　　　　(b) 14 号传感器所监测到的压力波动

图 3-50　三体船在规则波中的砰击载荷时历

连接桥湿甲板的砰击却呈现出不同的压力波动特征,如图 3-50(b)所示。连接桥湿甲板的砰击现象往往出现在波峰传播至主船体和片体之间的隧道时。主体与片体对船舶周边流场的干扰,使得其流场中的波浪会出现局部抬升现象,并最终形成了连接桥湿甲板的砰击。14 号传感器监测的压力波动显示,连接桥湿甲板的砰击压力迅速提升至峰值,然后也开始出现回落。但相对于首部的砰击,其压力衰减过程出现了较大波动,且衰减持续时间较长。事实上,除流场中片体干扰效应外,三体船高速航行时隧道内的气流扰动也会对连接桥湿甲板的砰击衰减产生一定的影响。

为了进一步研究船舶位置对砰击载荷的影响,对三体船监测到的砰击压力峰值进行统计。统计发现,虽然船舶在规则波中航行,但每次砰击时的压力峰值存在差异。因此,采用压力峰值的统计平均值来进行船体砰击压力分布的研究。图 3-51 给出了 2 号和 14 号传感器压力平均峰值的统计过程。在 2 号和 14 号压力传感器的统计过程中,三体船发生了 23 次砰击现象。

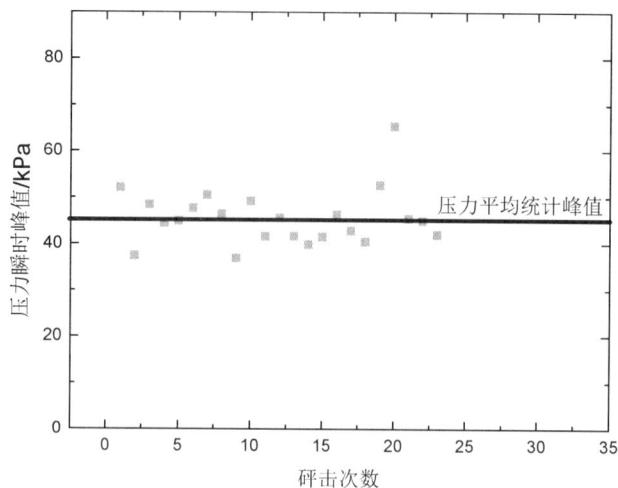

(a)2号传感器压力平均峰值的统计过程

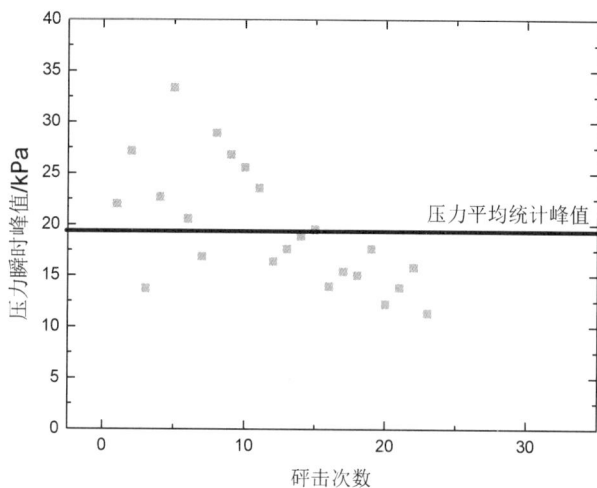

(b)14号传感器压力平均峰值的统计过程

图 3-51 2 号和 14 号传感器压力平均峰值的统计过程

记录每次砰击时的瞬时压力峰值,并计算平均峰值,可以获得船舶该位置处遭受的综合砰击压力指标——压力平均统计峰值。同时,计算统计过程中的标准差和变异系数,对砰击压力的稳定性进行评估。在图 3-50(a)中可以看出,船首砰击时的最大压力偏差为 19.86 kPa。而位于连接桥的 14 号传感器监测到的最大压力偏差为 13.85 kPa,如图 3-50(b)所示。显然,首部砰击出现的压力峰值偏差较大。进一步分析变异系数发现,虽然船首的最大压力偏差值较高,但其砰击变异系数(代表标准偏差与平均值的比率)远小于连接桥的砰击系数。由此可知,2 号传感器所在位置的船头砰击相对连接桥的砰击而言更稳定。图 3-52 总结了规则波下压力传感器所监测到的压力平均统计峰值,从而分析三体船外壳压力的分布规律。此外,相应的误差将以误差棒的形式列入柱状图中。

对处于相同纵向位置的 1 号、2 号和 3 号传感器处的压力平均统计峰值进行比较,发现在

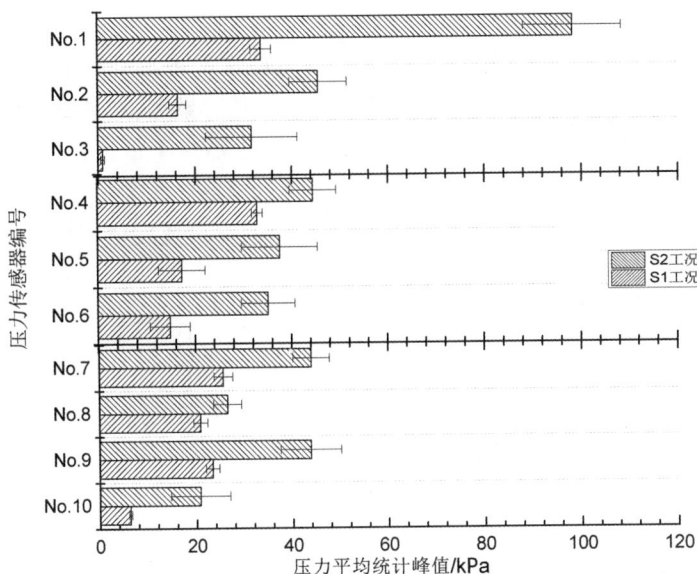

(a)规则波下 1~10 号压力传感器监测到的压力平均统计峰值

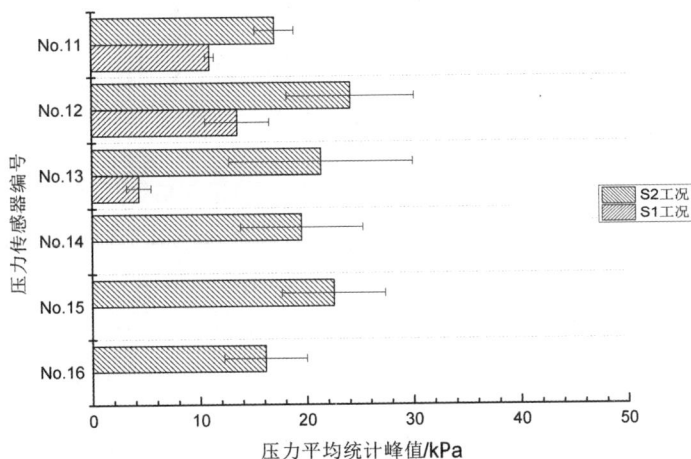

(b)规则波下 11~16 号压力传感器监测到的压力平均统计峰值

图 3-52　规则波下压力传感器所监测到的压力平均统计峰值

遭受砰击压力的剧烈程度上,船体外壳处于水线上方的位置随深度增加而增加,如图 3-52(a)所示。该压力分布规律同样也适用于 4 号、5 号和 6 号传感器所监测到的压力波动。同时,通过对比船首 8 号、9 号和 10 号传感器所监测到的砰击压力平均统计峰值发现,船体外壳位于水线处的砰击压力往往达到最大值,而位于水线以下位置的砰击压力又所有降低。此外,通过分析 1 号、5 号和 10 号传感器的砰击压力平均统计峰值的波动可以看出,在同一型深位置上砰击压力峰值从船首到船中逐渐减弱。而主船体(即 12 号传感器)水线处的压力在船尾达到最大值,如图 3-52(a)所示。由此可知,无论发生在船头还是船尾,波浪在吃水线处对壳体的冲击都是相对严重的。而三体船连接桥砰击往往会在相对恶劣的波浪条件下发生。通过对 15 号和 16 号传感器压力峰值的差异进行分析表明,三体船片体内侧的压力高于外侧压力。这种压力不均的现象仍然可以认为是片体对隧道内流体的干扰而引起的波浪局部抬升的效果。

与规则波工况类似,斜浪不规则波工况下的砰击载荷也呈现出同样的压力分布规律。图 3-53 给出了 1~3 号传感器在不规则波中监测到的砰击信号。显然,不规则波的随机性和不规则性,使得首部遭受的砰击也出现了不规则特征。1 号传感器由于位置接近船舶水线,其监测到更多的砰击载荷信号,而相对较高的 2 号和 3 号传感器所监测到的信号逐步减少。同时,对比同一时刻的砰击压力峰值可知,随着监测位置接近水面,其遭受的砰击压力迅速增加。

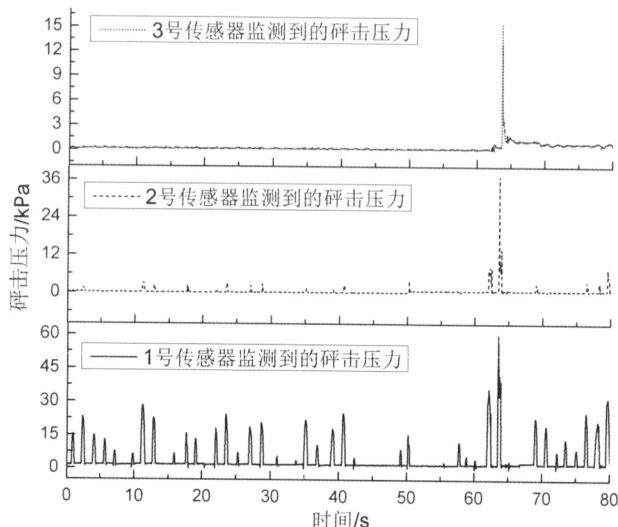

图 3-53   不规则波中传感器监测到的砰击信号

砰击除了造成高频冲击压力,对船体的垂向弯矩、水平弯矩以及扭矩等剖面载荷也将产生影响。以船首监测到的载荷波动为例,当三体船在不规则波中遭遇一个大浪时,其首部将出现砰击现象,而这一砰击也造成了船舶整体载荷的波动,如图 3-54 所示。

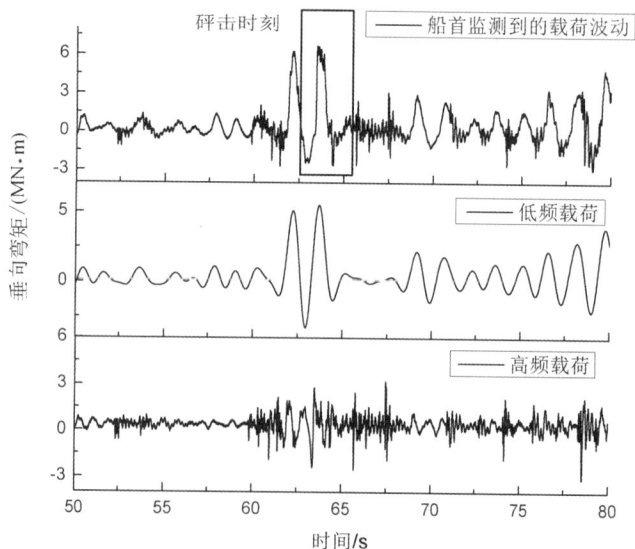

图 3-54   规则波中传感器监测到的砰击信号

　　采用快速傅里叶滤波可将波浪载荷分为高频载荷和低频载荷。低频载荷是由波浪波动引起的,而高频载荷则主要是由砰击所激发出来的。瞬态的砰击将激发出船体载荷的高频振动,但由于船体结构阻尼等因素的影响,高频振动将逐步衰减。这种由瞬态砰击所引起的间歇性高频振动被称为鞭笞效应。对比低频载荷和监测到的载荷幅值的差异发现,砰击所带来的高频载荷将使载荷幅值提升 17.74%,船首遭受砰击而引起的鞭笞现象平均持续 2 s。

　　综上所述,模型试验能够直观地了解到船舶在不同环境下的运动和载荷特征,是新型船舶设计和型线优化阶段中不可缺少的一个环节,其对于船舶运动和载荷预报的研究具有重要意义。

参考文献

[1] 戴仰山,沈进威,宋竞正. 船舶波浪载荷[M]. 北京:国防工业出版社,2007.

[2] 戴遗山,段文洋. 船舶在波浪中运动的势流理论[M]. 北京:国防工业出版社,2008.

[3] INGLIS R, PRICE W. A three dimensional ship motion theory: calculation of wave loading and responses with forward speed [J]. Trans RINA, 1982, 124(1): 183-192.

[4] 孙葳. 船舶大幅运动的三维时域数值方法研究[D]. 哈尔滨:哈尔滨工程大学, 2015.

[5] HASKIND M D. The hydrodynamics theory of ship oscillations in rolling and pitching[J]. Prikladaya Matematikai Mekhanika, 1946, 10(1): 33-36.

[6] LIAPIS S J, BECK R F. Sea keeping computions using time-domain analysis[C]. Proceedings of the 4th International Symposium on Numerical Hydrodynamics, 1985.

[7] BECK R F, LOKEN K. Three dimensional effects in ship relative motion problems[J]. Journal of ship research, 1989, 33(4):261-268.

[8] KRING D C. Time domain ship motions by a three-dimensional Rankine panel method[D]. Cambridge: Massachusetts Institute of Technology, 1994.

[9] HUANG Y. Nonlinear ship motions by a Rankine panel method[D]. Cambridge: Massachusetts Institute of Technology, 1997.

[10] DAI Y, WU G. Time domain computation of large amplitude body motion with the mixed source formulation[C]. Proceedings of the Eighth International Conference on Hydrodynamics, Nantes, 2008.

[11] CAO Y, BECK R F, SCHULTZ W W. An absorbing beach for numerical simulations of nonlinear waves in a wave tank[C]. Proceedings of the Proc 8th Intl Workshop Water Waves and Floating Bodies, 1993.

[12] KIM Y. Artificial damping in water wave problems Ⅱ: application to wave absorption[J]. International Journal of Offshore and Polar Engineering, 2003, 13(2): 94-98.

[13] BÜCHMANN B. Time-domain Modelling of Run-up on Offshore Structures in Waves and Currents [M]. Denmark: Technical University of Denmark, 1999.

[14] ZHANG S, LIN W M, WEEMS K. A hybrid boundary-element method for non-wall-sided bodies with or without forward speed[C]. Proceeding of 13th International Workshop on Water Waves and Floating Bodies, 1998.

［15］LIN W M, ZHANG S, WEEMS K, et al. A mixed source formulation for nonlinear ship-motion and wave-load simulations［C］. Proceeding of the seventh international conference on numerical ship Hydrodynamics, 1999.

［16］唐浩云. 三体船三维时域波浪载荷计算方法研究及其应用［D］. 哈尔滨：哈尔滨工程大学, 2018.

［17］FINKELSTEIN A B. The initial value problem for transient water waves［J］. Communications on Pure and Applied Mathematics, 1957, 10(4)：511-522.

［18］WEHAUSEN J V, LAITON E V. Surface Waves ［M］. Berlin：Springer-Verlag, 1960.

［19］黄德波. 时域 Green 函数及其导数的数值计算［J］. 中国造船, 1992, 4：16-25.

［20］申亮, 朱仁传, 缪国平, 等. 深水时域格林函数的实用数值计算［J］. 水动力研究与进展, 2007, 22(3)：380-386.

［21］CLEMENT A H. An ordinary differential equation for green function of time-domain free-surface hydrodynamics ［J］. Journal of Engineering Mathematics, 1998, 33(2)：201-217.

［22］童晓旺. 船舶与海洋结构物运动的三维时域匹配方法研究［D］. 哈尔滨：哈尔滨工程大学, 2014.

［23］KING B K. Time domain analysis of wave exciting forces on ships and bodies［D］. Ann Arbor：University of Michigan, 1987.

［24］HESS J L, SMITH A M O. Calculation of non-lifting potential flow about arbitrary three-dimensional bodies［J］. Journal of Ship Research, 1964, 8(2)：22-44.

［25］李辉. 船舶波浪载荷的三维水弹性分析方法研究［D］. 哈尔滨：哈尔滨工程大学, 2009.

［26］HERMUNDSTAD O A. Theoretxeal and experimental hydroelastic analysis of high speed vessels［D］. Trondheim：Norwegian Institute of Technology, 1995.

［27］汪雪良, 胡嘉骏. 三体船波浪载荷模型测试技术研究［C］. 船舶力学学术委员会成立三十周年暨学委会第七届全体会议, 2010.

［28］JIAO J L, REN H L, ADENYA C A. Experimental and numerical analysis of hull girder vibrations and bow impact of a large ship sailing in waves［J］. Shock and Vibration, 2015, 2015(3)：1-10.

［29］TANG H Y, REN H L, WAN Q. Investigation of longitudinal vibrations and slamming of a trimaran in regular waves［J］. Journal of Ship Research, 2017, 61(3)：153-166.

［30］TANG H Y, REN H L, LI H, et al. Experimental investigation of wave-induced hydroelastic vibrations of trimaran in oblique irregular waves［J］. Shock and Vibration, 2016, 2016(2)：1-17.

4 船体结构强度评估

在波浪的作用下,船体的结构会发生变形,从而影响船舶航行的安全性。为了了解船舶在长期运营过程中结构是否会出现破损,船体结构强度的概念应运而生。船体结构强度是表征船舶在遭受外来作用后结构能够保持原有材料性能的一种能力,其在船体设计中是一个至关重要的环节。船体结构强度的计算早期采用船体梁理论,将船舶视为一个弹性梁结构进行剖面强度的估算。后来随着有限元理论的发展,船体结构逐步进入了有限元计算阶段,通过建立全船或局部重点位置的有限元模型,并结合上一章计算的波浪载荷,实现结构各个位置处应变的数值模拟。

4.1 有限元理论

在结构响应分析中,最常用的方法便是有限元法(Finite Element Method,FEM),其是一种获得偏微分方程中边值问题近似解的有效数值方法。有限元法的基本思想是在数值仿真的过程中对结构计算区域进行细分,形成多个子区域即有限单元,并通过变分原理来获得稳定解。有限元法的提出,最早可追溯到克劳福(Clough)的平面弹性论文。其后,众多研究学者以此为基础做了大量的应用分析,使得有限元法在结构响应的模拟上逐渐成熟。20世纪60年代初,有限元法作为一种能够有效计算工程结构状态的方法,因计算机技术的突飞猛进而迅速发展起来[1]。尤其是在大型复杂机械的结构状态分析上,由于其方法灵活且精度高等特点,采用有限元进行结构状态模拟,受到了工程界广泛的青睐。

在船舶与海洋工程、交通运输工程等相关领域,有限元法作为一种有效手段,已被广泛应用于大型船舶与海洋工程结构静态和动态的分析研究上。各船级社以及研究机构开展的相关试验结果显示,采用有限元法进行船舶与海洋工程结构状态的模拟,精度较高,可用于分析船舶与海洋结构物真实结构发生逐步破坏的过程。

4.1.1 有限元法的分类

在航海、船舶与海洋工程等领域中应用的有限元法,大致可分为两大类,即线性有限元法(Linear Finite Element Method,LFEM)和非线性有限元法(Nonlinear Finite Element Method,NFEM)。线性有限元法主要依托于结构材料相关的线性假设,将结构状态的求解视为一种类似静态的方式进行处理,其计算方法相对简单快捷,理论体系较为完备,工程应用广泛。而非线性有限元法,则是在有限元理论的基础上,进一步考虑结构状态的非线性特征,如结构刚度随着变形而变化等因素,使得外载荷与结构系统响应之间出现非线性关系[2]。由于非线性方程的复杂性,大多复杂工程问题无法获得严格意义上的解析解,因此需要采用无限逼近的方式来获得最终目标值。目前,国际通用大型有限元软件 NASTRAN、ANSYS、ABAQUS 等,除拥有基础线性有限元计算模块以外,均开发了非线性有限元模块。利用集成化的有限元法软件能够有效地分析船体结构变化的特征。相比线性有限元法,在选取合适的单元类型、网格尺寸、加载方式以及边界条件等基本参数下,非线性有限元法往往可以得到更加真实的结构强度模拟结果。但非线性有限元法对计算机的硬件、内存、存储空间的要求也相对较高,其计算工作量与线性有限元法相比显著增加,消耗时间也会成倍增加。

在船舶相关的实际工程问题上,以位移形变为基础的有限元法应用广泛。基于位移形变的有限元法,在数值仿真上相对简单、稳定性高且适用性广。因此,本节对此方法的基本原理和船舶结构响应模拟进行了详细的说明。

4.1.2 基于位移形变的有限元计算原理

根据虚位移原理,当在物体上作用表面力 f_i、体积力 f_i^b 和集中力 F_i^c 时,物体将产生整体位移 U_i、结构应变 ε_{ij} 和应力 σ_{ij}。其关系式为

$$\int_V \delta\varepsilon_{ij}\sigma_{ij}\mathrm{d}V = \int_V \delta U_i f_i^b \mathrm{d}V + \int_s \delta U_i^s f_i^s \mathrm{d}s + \delta U_i^c F_i^c \tag{4-1}$$

式中,U_i^s 表示表面位移;U_i^c 表示集中力处位移。

将物体划分为多个子单元,其中每一个单元的位移局部坐标为 x_i,并假设单元内任意一点位移包含 N 个节点的函数,则 m 个单元有

$$U^m(x_i) = H^m(x_i)U \tag{4-2}$$

式中,H^m 是位移插值矩阵;U 是所有节点总位移矢量。

同样,相应的单元应变与位移关系为

$$\varepsilon^m = B^m U \tag{4-3}$$

式中,B^m 为应变-位移矩阵,又称几何矩阵。

而对于一般的物体,其单元应力应变与单元初始应力存在一定的关系,其具体为

$$\sigma^m = C^m \varepsilon^m + \sigma^{m0} \tag{4-4}$$

式中,C^m 为子单元 m 的弹性矩阵,又称物理矩阵;σ^{m0} 为单元初始应力。

对于 k 个子单元而言,其物体位移与作用力之间的关系可以根据式(4-1)转化为

$$\sum_m \int_{V^{(m)}} \delta\varepsilon^m \sigma^m \mathrm{d}V^{(m)} = \sum_m \int_{V^{(m)}} \delta U^m f_i^{b(m)}\mathrm{d}V^{(m)} + \sum_m \int_{s^{(m)}} \delta U^{s(m)} f_i^{s(m)}\mathrm{d}s^{(m)} + \sum_m \delta U^c F^c \tag{4-5}$$

将子单元分解关系式(4-2)、应变位移关系式(4-3)、应力应变关系式(4-4)代入式(4-5)可得

$$\delta U\Big[\sum_m \int_{V^{(m)}} (B^{(m)})^{\mathrm{T}} C^{(m)} B^{(m)}\mathrm{d}V^{(m)}\Big]U$$

$$= \delta U\Big[\sum_m \int_{V^{(m)}} (H^{(m)})^{\mathrm{T}} f^{b(m)}\mathrm{d}V^{(m)} + \sum_m \int_{s^{(m)}} (H^{s(m)})^{\mathrm{T}} f^{s(m)}\mathrm{d}s^{(m)} - \Big\{\sum_m \int_{V^{(m)}} (B^{(m)})^{\mathrm{T}}\sigma^{m0}\mathrm{d}V^{(m)}\Big\} + F\Big]$$

$$\tag{4-6}$$

令 $\delta U = I$,I 为单位矩阵;所以,式(4-6)可进一步简化为

$$KU = R \tag{4-7}$$

式中，$\boldsymbol{K}$ 为计算刚度矩阵，具体计算见式(4-8)；

$$\boldsymbol{K} = \sum_m \int_{V^{(m)}} (\boldsymbol{B}^{(m)})^{\mathrm{T}} \boldsymbol{C}^{(m)} \boldsymbol{B}^{(m)} \, \mathrm{d}V^{(m)} \tag{4-8}$$

而 $\boldsymbol{R}$ 为载荷矩阵，其由节点体积等效载荷 R_b、节点表面等效载荷 R_s、节点集中等效载荷 R_c 和节点初始等效载荷 R_{m0} 组成，其具体计算公式为

$$\boldsymbol{R} = R_b + R_s + R_c + R_{m0} \tag{4-9}$$

$$\begin{cases} R_b = \sum_m \int_{V^{(m)}} (\boldsymbol{H}^{(m)})^{\mathrm{T}} f^{b(m)} \, \mathrm{d}V^{(m)} \\[2mm] R_s = \sum_m \int_{V^{(m)}} (\boldsymbol{H}^{(m)})^{\mathrm{T}} f^{s(m)} \, \mathrm{d}s^{(m)} \\[2mm] R_c = F \\[2mm] R_{m0} = -\sum_m \int_{V^{(m)}} (\boldsymbol{B}^{(m)})^{\mathrm{T}} \boldsymbol{\sigma}^{m0} \, \mathrm{d}V^{(m)} \end{cases} \tag{4-10}$$

当物体出现运动时，考虑物体运动引起的惯性力，对子单元的加速度 $\ddot{U}$ 也用上述类似的处理方法，则物体节点等效量可以修正为

$$R_b = \sum_m \int_{V^{(m)}} (\boldsymbol{H}^{(m)})^{\mathrm{T}} [f^{b(m)} - \rho^{(m)} \boldsymbol{H}^{(m)} \ddot{U}] \, \mathrm{d}V^{(m)} \tag{4-11}$$

式中，$\rho^{(m)}$ 为单元质量密度。

因此，物体的受力关系式(4-7)可简化为

$$M\ddot{U} + KU = \boldsymbol{R} \tag{4-12}$$

式中，$\boldsymbol{M}$ 为结构质量矩阵，其具体可表示为

$$\boldsymbol{M} = \sum_m \int_{V^{(m)}} \rho^{(m)} (\boldsymbol{H}^{(m)})^{\mathrm{T}} \boldsymbol{H}^{(m)} \, \mathrm{d}V^{(m)} \tag{4-13}$$

同样，在考虑物体惯性力的基础上，进一步引入结构阻尼力作为另外的物体附加体积力，则有

$$R_b = \sum_m \int_{V^{(m)}} (\boldsymbol{H}^{(m)})^{\mathrm{T}} [f^{b(m)} - \rho^{(m)} \boldsymbol{H}^{(m)} \ddot{U} - \kappa^{(m)} \boldsymbol{H}^{(m)} \dot{U}] \, \mathrm{d}V^{(m)} \tag{4-14}$$

式中，$\kappa^{(m)}$ 为单元 m 的阻尼系数；$\dot{U}$ 为节点速度。

最终，物体的受力关系式(4-12)可转化为

$$M\ddot{U} + D\dot{U} + KU = \boldsymbol{R} \tag{4-15}$$

式中，$\boldsymbol{D}$ 为阻尼矩阵，其具体计算如式(4-16)所示。

$$\boldsymbol{D} = \sum_m \int_{V^{(m)}} \kappa^{(m)} (\boldsymbol{H}^{(m)})^{\mathrm{T}} \boldsymbol{H}^{(m)} \, \mathrm{d}V^{(m)} \tag{4-16}$$

值得注意的是，当对物体结构应用位移有限元法时，其边界条件不需要单独考虑，载荷 R 已经包含了分布载荷和反作用力效应。

当忽略阻尼和位移边界条件时，物体基于有限元法的平衡方程为

$$\begin{bmatrix} M_{ii} & M_{ij} \\ M_{ji} & M_{jj} \end{bmatrix} \begin{bmatrix} \ddot{U}_i \\ \ddot{U}_j \end{bmatrix} + \begin{bmatrix} K_{ii} & K_{ij} \\ K_{ji} & K_{jj} \end{bmatrix} \begin{bmatrix} U_i \\ U_j \end{bmatrix} = \begin{bmatrix} R_i \\ R_j \end{bmatrix} \tag{4-17}$$

式中，U_i 和 U_j 分别是未知和已知的物体位移量；R_i 和 R_j 分别是已知和未知的载荷。

因此，结合已知位移和载荷边界条件，求解位置 U_i 和载荷 R_j 的具体方程为

$$M_{ii}\ddot{U}_i + K_{ii}U_i = R_i - K_{ij}U_j - M_{ij}\ddot{U}_j \tag{4-18}$$

$$R_j = M_{ji}\ddot{U}_i + M_{jj}\ddot{U}_j + K_{ji}U_i + K_{jj}U_j \tag{4-19}$$

4.1.3　结构变形非线性的基本原理

根据船舶静力学平衡条件，线性有限元平衡方程为：

$$KU = R \tag{4-20}$$

式中，未知位移 U 为载荷 R 的线性函数。在线性理论中，当载荷变为 aR 时，其物体位移应变为 aU。其中，a 是一个标量。而满足线性函数的基本条件有：

①线性位移足够小，计算刚度矩阵 K 和载荷 R 可以在原位置上做积分，而几何矩阵 B 是常值，与节点位移无关；

②材料是线性的，弹性矩阵 C 为常值；

③边界条件保持不变。

而在计算结构力学中非线性的来源有以下 3 种：边界非线性、材料非线性和几何非线性。

（1）边界非线性：在有限元仿真过程中，如果边界条件随着计算的进行会发生非线性变化，这种现象将被视为边界非线性。如图 4-1 所示，在梁中部集中力的作用下悬臂梁会产生弯曲变形，其左端前期未有支撑，此时的悬臂梁垂向挠度与载荷呈线性关系。但当悬臂梁左端接触到障碍物时，悬空端的边界条件将发生突变，从而改变梁的挠度变化趋势，因此悬臂梁在整个集中力的施加过程中结构响应将是非线性的。

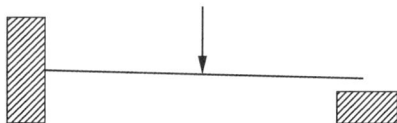

图 4-1　悬臂梁的载荷边界条件

（2）材料非线性：材料在拉伸或压缩过程中，其弹性变形是有限的。当材料拉伸到达一定值（屈服极限）之后，其结构内部将发生变化，从而进入塑性变形状态。塑性变形下的结构响应是非线性且不可逆的。这种结构内部发生变化的现象又被称为结构屈服。而屈服极限所对应的应力被称为初始屈服应力，如图 4-2 所示。在屈服极限后应力-应变（σ-ε）之间存在非线性关系。根据应力-应变关系方程 $\sigma = C\varepsilon$，可知弹性矩阵 C 不再为常数，而是应变 ε 的函数。

（3）几何非线性：几何非线性是当结构突然发生翻转、大挠度或大转动时，引起系统结构非线性响应的情况。其中，屈曲分析是结构变形模拟中几何非线性引起的典型问题。

4.1.4　基于有限元法的建模原则

同基于简支梁模型的简化计算方法相比，基于有限元法的船体结构响应分析能够更加细

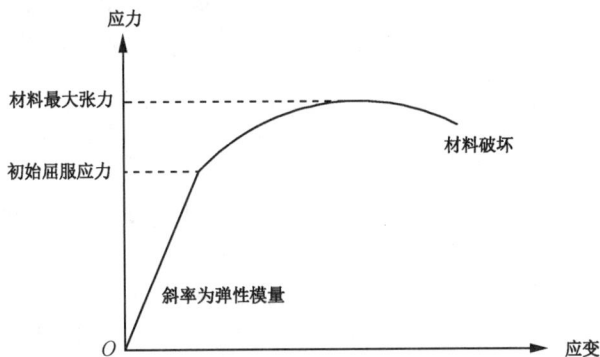

图 4-2　弹塑性材料拉伸 σ-ε 关系

致地反映船体结构状态的波动特性和分布规律。因此,在船体结构设计中一般需要利用有限元法来获得船体局部结构的应力响应。在实际的船舶设计中,以应力响应算子为目标的有限元分析一般采用两类模型,即整船有限元模型和局部舱段模型,如图 4-3、图 4-4 所示。其中,如果需要考虑扭转和水平弯曲响应、复杂耦合变形等因素影响,建议采用整船有限元模型。

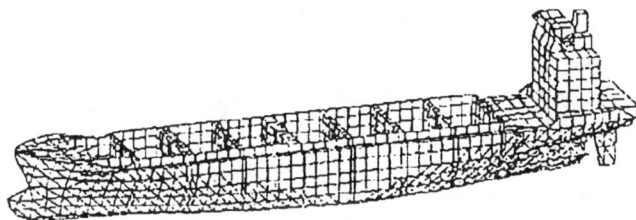

图 4-3　整船有限元模型

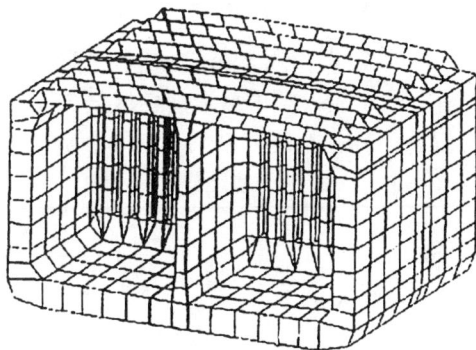

图 4-4　局部舱段模型

在船舶结构的有限元建模过程中,需遵循以下原则[3]:

(1)一般情况下,以一个或多个船体剖面为基准进行模型化,建立与实船等宽的有限元模型。

(2)有限元网格的大小一般根据船体构件的布置来确定。在没有特殊要求的情况下,根据肋距来确定网格沿船长方向的长度,根据纵骨间距来确定网格沿船宽方向的大小。

(3)对于船体结构响应分析而言,主要采用的网格类型有:四边形壳单元、三角形壳单元、二维梁单元以及杆单元。每种单元类型由于其各自的数值计算特性,被分别用于船体甲板、横梁和支柱等结构的有限元模拟。但需要注意的是,在关键构件的有限元建模上,建议尽量采用参与反映应力梯度变化的四节点壳单元,而减少三节点壳单元的应用,从而提高有限元计算的精度。

(4)由于船体主要构件的结构复杂,其往往不能完全通过单一的单元形式进行模拟。因此,在船体结构建模上,需要根据构件的力学特点组合多种单元类型。如在包含加强筋的结构上,往往采用四边形壳单元来模拟主要结构,而对构件上小尺寸的加强筋则采用偏心二维梁单元进行简化。

(5)在船体建模中,要防止单元形状的扭曲,避免虚假的应力和变形。建议在简单位移模式下的单元边长比应小于3∶1。对船体局部构件进行结构响应分析时,应考虑应力梯度的变化特点,使其构建单元的大小与之相匹配。在有限元精细化模拟时,其底部纵桁以及肋板在型深上至少划分三个四边形壳单元。

(6)对于船体建模过程中结构构件的尺寸大小,需要考虑船舶在海洋环境下长期航行后的材料腐蚀的影响,即需要进行材料厚度的腐蚀折减。一般以结构净尺寸进行有限元模型的建立。同时,对于船体厚度变化较大的结构应进行适当的网格细化处理,使单元边界能够处于厚度突变位置,从而有效地模拟船体结构的等效刚度。

(7)考虑到有限元建模和后续计算的效率,在建立过程中根据有限元计算的目标常常做适当的简化。其简化的标准主要是考量简化构件是否对有限元计算目标结构的分析具有较大影响。对于结构分析影响较小的次要构件可在建模过程中适当省略,如过短的加强筋结构和小尺寸的开孔。

4.1.5 有限元分析算例

4.1.5.1 基于规则的船体三舱段有限元分析

为了进一步说明有限元分析的具体过程,本节选取散货船为例,按照中国船级社的《散货船结构强度直接计算分析指南》,从全船模型中截取船中区域3个货舱(1/2+1+1/2)的主要结构构件建立有限元模型[4-5](以下简称三舱段模型),如表4-1所示。

表4-1 模型范围

中间舱	第3舱
两端舱	第2、4舱
纵向范围(肋位)	79～143
评估纵向范围(肋位)	96～126
舱壁所在肋位	93～96,126～129
垂向范围	型深
横向范围	全宽

(1)舱段有限元模型的建立

在船体有限元模型的建立上,采用板壳单元(shell)来模拟船体外板、外底板、甲板、甲板横梁、内底板、底边舱隔板、双层底实肋板、纵桁、底边舱斜板、舷侧肋板、顶边舱斜板、横舱壁、顶边舱隔板、舱口围板、顶凳、底凳以及各构件之间的连接肘板。其板壳的厚度可按照中国船级社《钢质海船入级规范》中直接计算法的要求进行选取。其中,尽量采用四节点的四边形单元,仅在圆弧过渡和构件连接的局部位置采用少量三节点三角形单元。

同时,利用二节点梁单元(beam)来构建船体结构上尺寸相对较大的连续构件,如扶强材、加强筋和纵骨等。在梁单元的截面设置上,根据构件的形状考量偏心的位置。此外,采用二节点杆单元(rod)模拟支撑和小尺寸构件,如立柱、尺寸较小的间断加强筋等。

船体三舱段有限元模型的主要网格大小是以肋骨间距和纵骨间距作为纵向和横向基准构成的。在槽型舱壁建模中,尽量采用了类正方形(长宽比小于3)的四边形单元。而在双层底纵桁和肋板等位置则沿型深布置了3个四边形单元。同时,在槽型舱壁的腹板和翼板上布置了1个四边形单元。在单元的厚度属性上采用了腐蚀折减计算后的等效厚度。其具体模型如图4-5所示。

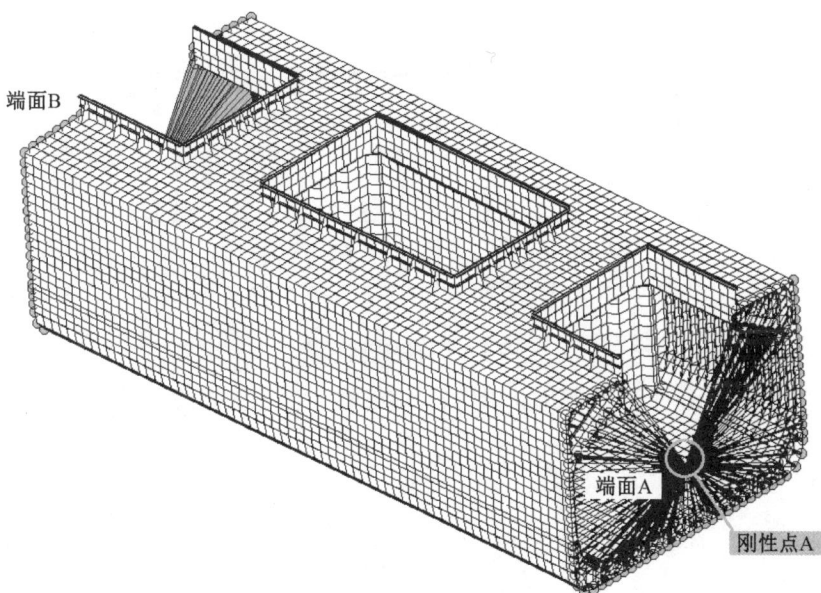

图4-5 1/2+1+1/2舱段(第2、3、4舱)有限元模型

(2)设计载荷的施加

有限元模型建立完成后,需要在模型各节点处施加相应的力和边界约束条件。为了模拟船体的各种装载工况,需要施加的典型载荷有端面弯矩、舷外静水压力、波浪水动压力以及货物压力。

①货物压力

对于一般的货船而言,其货物的压力,可根据估算公式确定,如

$$P_i = 10\rho_c\left(1 + 0.35\frac{a_0}{C_b}\right)k_b h_d \qquad (\text{kN/m}^2) \qquad (4\text{-}21)$$

式中,C_b为方形系数;ρ_c为货物密度;a_0和k_b为货物压力的相关系数,具体计算见式(4-22)和式(4-23)。而h_d为计算点至货物顶面的垂直距离。一般认为船舱内装载的货物沿船长方向均匀分布,因此简化货物堆积形成的横剖面,如图4-6所示。

$$a_0 = \begin{cases} \dfrac{3}{L}\left[10.75 - \left(\dfrac{300-L}{100}\right)^{1.5} + 0.067V\sqrt{L}\right] & (90\ \mathrm{m} \leqslant L < 300\ \mathrm{m}) \\ \dfrac{1}{L}(32.25 + 0.2V\sqrt{L}) & (300\ \mathrm{m} \leqslant L < 500\ \mathrm{m}) \end{cases} \tag{4-22}$$

$$k_b = \sin^2\alpha\tan^2(45° - 0.5\delta) + \cos^2\alpha \tag{4-23}$$

式中,L 为船长;V 为船舶的设计航速;δ 为货物堆积的休止角,其中货物为谷物、盐、石子和黄砂时取 30°,矿石和煤取 35°,而散装水泥则取 25°;α 为水平面与货物围板的夹角,其中内底板取 0°,而舷侧板和舱壁为 90°。

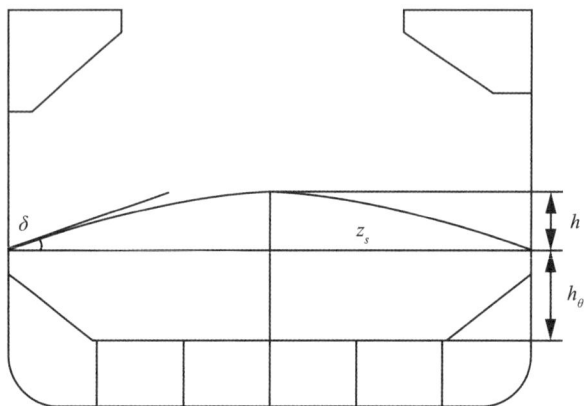

图 4-6 货物顶面形状

假设货物堆积顶面固定,且其形状沿船长均匀分布;而沿船宽方向其形状的抛物线方程为

$$z_s = h \times \left(1 - \frac{y_s^2}{b^2}\right) \tag{4-24}$$

式中,b 为船体半宽;而顶面至连线的最大距离为 $h = \dfrac{b}{2}\tan\delta$,倾斜角度一般为 $\delta = 35°$。从而,抛物线部分的面积为

$$A = (2b^2/3)\tan\delta \tag{4-25}$$

而货物顶面至计算点的距离 h_d 为

$$h_d = z_s + h_{db} + h_0 - z \tag{4-26}$$

式中,z 为以基线为基准,计算点的垂向坐标;z_s 为货物堆积顶面至连线的垂直距离;h_0 为根据货舱内货物密度、载货量以及货物堆积横剖面的形状特点而获得的货物边缘高度,其值应大于底边舱斜板顶点至内底板的距离,h_{db} 为双层底高度。

②静水压力

对于一般船舶而言,其静水压力的估算公式为

$$P_d = 10d_a \quad (\mathrm{kN/m}^2)(基线处) \tag{4-27}$$

$$P_w = 0 \quad (\mathrm{kN/m}^2)(水线处) \tag{4-28}$$

式中,d_a 为对应装载工况下的实际吃水。

③波浪压力

波浪引起的水动压力的估算公式为

a. 水线处的水动压力：

$$P_{WL} = \frac{f}{4}\max(p_1, p_2) \quad (\text{kN/m}^2) \tag{4-29}$$

式中，f 为概率系数；水动压力系数 p_1 和 p_2 为

$$p_1 = p_{11} + 135\frac{|\bar{y}|}{B+75} - 1.2(T_1 - Z_w) \tag{4-30}$$

$$p_2 = \left[\bar{y}\frac{50c}{2(B+75)} + C_B\frac{\bar{y}+k_f}{14}\left(0.7 + 2\frac{Z_w}{T_1}\right)\right] \tag{4-31}$$

在水线处，$|\bar{y}|$ 为船宽 B 的一半，即 $|\bar{y}| = B/2$；Z_w 取设计吃水 T_1；而波浪压力系数为 $p_{11} = 3k_sC_B + k$，其中，k 为船体形状系数，k_s 为船体位置系数。

b. 舷部的水动压力：

$$P_{BS} = \frac{f}{4}\max(p_1, p_2) \quad (\text{kN/m}^2) \tag{4-32}$$

其相关系数 p_1 和 p_2 与水线计算公式一致，但 $|\bar{y}| = B/2$，$Z_w = 0$。

c. 底部的水动压力：

$$P_B = l_f\frac{f}{4}\max(p_1, p_2) \quad (\text{kN/m}^2) \tag{4-33}$$

同样，相关系数 p_1 和 p_2 与水线计算公式一致，但 $|\bar{y}| = B/4$，$Z_w = 0$。l_f 为底部位置系数。

d. 舷侧水线以上的动压力：

$$P_{DK-side} = P_{WL} - \frac{h}{2} \cdot \frac{f}{4} \tag{4-34}$$

式中，h 为静止水线到载荷点的高度。

e. 甲板（舱口盖）上的动压力：

$$P_{dk} = 19.6\sqrt{H} \tag{4-35}$$

而水压高度为

$$H = 0.14A_i\sqrt{(VL/C_B)} - d_f \tag{4-36}$$

式中，d_f 为从夏季载重线到舱口围板顶点的垂向距离；A_i 为与舱口盖中点的纵向位置有关的系数，按表 4-2 选取。

④端面弯矩

除了舷外压力，在船舶模型的两端应施加适当的弯矩，其弯矩主要分为静水弯矩 M_s 和波浪弯矩 M_w。在船体运营环境资料不全时，端面弯矩可通过相关船舶规范中的简化估算法来获得，具体可依照如下方法执行。

a. 根据中国船级社《钢制海船入级规范》中波浪弯矩 M_w 的估算公式，可确定基本的波浪弯曲。其中，中垂为负，中拱为正。

b. 对于船舶的静水弯矩 M_s，可等效为对应工况下有限元模型范围内所计算获得的最大弯矩，中垂为负，中拱为正。如无明确的对应工况，则采用出现最大载荷幅值对应的满载吃水工况来计算船舶在静止水面下的船体弯矩。

表 4-2　纵向关系系数取值表

到艏垂线的距离	A_i
FP	2.70
0.05L	2.16
0.10L	1.70
0.15L	1.43
0.20L	1.22
0.25L	1.00

c. 除传统的波浪弯矩和静水弯矩外,由于船体局部载荷引起的附加变形,需要对船体首尾剖面进行端点修正,其修正弯矩 M_r 的具体公式为

$$M_r = \frac{3}{32}Q_m L_0^2 + \frac{1}{32}Q_e L_0^2 \tag{4-37}$$

如图 4-7 所示,当 $L_1 \approx L_2 \approx 0.5L_m$ 时,中间舱段模型的压力为均匀分布,其等效线性压力值为 Q_m。而船体两端舱段的等效均布压力为 Q_e,两者的计算公式为

$$Q_m = P_b \times b - W_{mcargo}/L_m \tag{4-38}$$

$$Q_e = P_b \times b - W_{ecargo}/L_e \tag{4-39}$$

式中,P_b 为船底遭受的外部水压;b 为有限元模型的宽度;W_{mcargo} 和 W_{ecargo} 分别表示中间货舱和两端货舱的货物重量(值得注意的是,其重力包括舱内压载水的重量),如在模型建立中采用简化半宽模型,舱内总重量应取原有全宽估算值的一半;L_0 为有限元舱段模型沿船长方向的总长度;L_m 为中间货舱沿船长方向的长度;L_e 为船体两端货舱的长度。

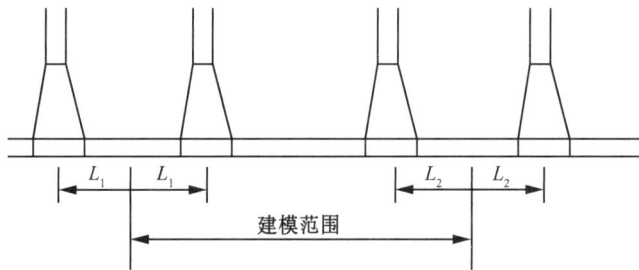

图 4-7　三舱段有限元模型范围

d. 模型所需的端面弯矩,最终由波浪弯矩 M_w、静水弯矩 M_s 和修正弯矩 M_r 组合而成。

$$M = M_w + M_s - M_r \tag{4-40}$$

(3)边界约束条件的设置

根据中国船级社规范中关于"直接计算法"有限元模型边界条件的要求,在船体自由端面上采用平断面假设,并在模型前后端面上各设置一个独立点。独立点为中纵剖面与中和轴的交点,并将端面上所有纵向连续构件的有限元节点自由度属性与独立点关联。此外,对船体前后端面中的独立点进行约束 δ_y(水平位移)、δ_z(垂向位移)、θ_x(绕 x 轴旋转)、θ_z(绕 z 轴旋转)。最终,通过控制独立点来控制整个端面。相关边界约束条件的施加,见表 4-3。

表 4-3　边界约束条件施加表

位置	线位移约束			角位移约束		
	δ_x	δ_y	δ_z	θ_x	θ_y	θ_z
中纵剖面	——	Cons	——	Cons	——	Cons
端面 A	Link	——	Link	——	Link	Link
端面 B	Link	——	Link	——	Link	Link
刚性点 A	Cons	Cons	Cons	Cons	施加弯矩	Cons
刚性点 B	——	Cons	Cons	Cons	施加弯矩	Cons

注:Link 表示模型端面内相关点位移与其所在端面独立点连接;Cons 表示对应的位移刚性约束。

在模型建立、载荷施加以及边界条件约束完成之后,采用大型有限元软件 Nastran 进行有限元计算,从而模拟出船体结构在波浪和静水弯矩等载荷作用下的结构变形和应力状态。为了能够全面直观地观察不同位置处船体结构变形的特征,在有限元分析中常采用结构应力或应变云图来表征船体结构的局部性能。结构应力应变云图的运用能够便捷地获取不同位置处的应力应变信息,方便船体结构最大应力位置的搜寻和提取。图 4-8 给出了船体三舱段结构在载荷作用下的结构应力云图。

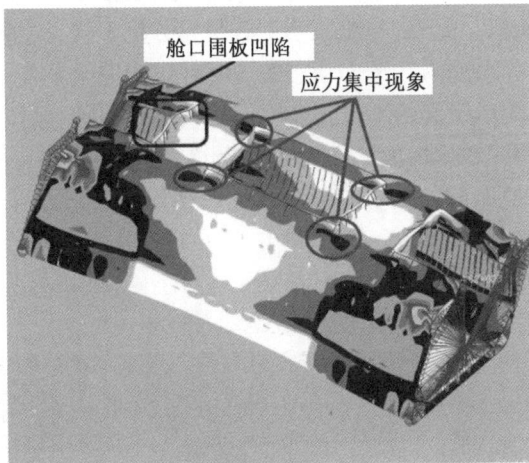

图 4-8　船体三舱段结构在载荷作用下的应力云图

由图 4-8 可知,在货物、静水压力以及波浪弯矩等载荷的作用下,船舶三舱段结构出现中拱变形,船体甲板受到压应力的作用,而船底部受到拉应力的作用。同时,观察局部结构变形可以发现,其货舱开口围板出现的结构变形较大,围板上端沿船中纵剖面出现凹陷。此外,观察船体结构应力分布可知,在货舱开口的直角角隅处出现了应力集中现象,应力在角隅处出现了局部增大。此种现象对于船体结构是不利的,其增加了开口角隅出现结构破坏的可能性。

4.1.5.2　基于势流理论的整船有限元分析

除了三舱段结构有限元分析之外,根据船体的结构图纸和主尺度,建立完整的船体有限元模型来进行结构状态的分析,也是一种有效的评估船体结构强度的手段。与三舱段结构建模原理类似,建立整船有限元模型,如图 4-9 所示。

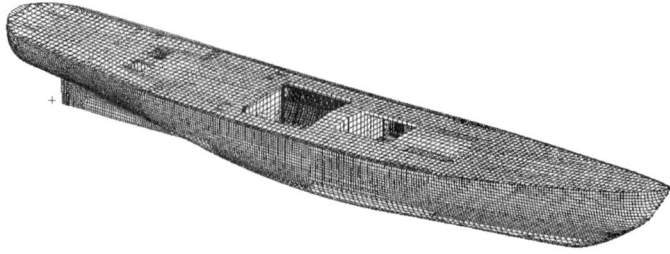

图 4-9　整船有限元模型

在载荷的施加上,与三舱段结构计算弯矩不同,需要基于势流理论来计算船体湿表面上每个网格所对应的波浪压力。因此,需要在势流理论中建立同等数量的边界元。在流场中,生成船体的湿表面网格,如图 4-10 所示。

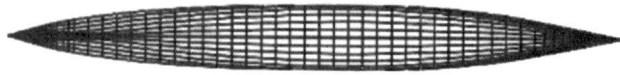

图 4-10　船体湿表面网格示意图

通过将势流理论中的波浪动压力以准静态的形式输入至结构有限元模型中,从而实现船体在波浪中结构变形的模拟。此外,与舱段模型有限元分析不同,在整船有限元分析中原始的船舶重量分布、货物压力和水动力在考虑动态效应时并不能完全平衡。因此,在有限元准静态计算上,需要计入船舶运动所引起的惯性力。根据达朗贝尔原理,船体惯性力定义为船舶运动时物体质量加速度引起的等效作用力。在具体实施时,需要在整船有限元模型上确定一个船舶运动的惯性释放点(一般取船舶重心位置),通过惯性释放点来计算不同位置处运动所带来的惯性力。由于船舶在波浪中自由运动,因此在船舶的首尾均无须设置约束条件,而是通过惯性释放来达到力学的平衡。同样,采用大型有限元软件 Nastran 进行有限元计算,即可获得整船结构变形和结构应力云图,如图 4-11 所示。

图 4-11　整船整体应力云图

图 4-11 给出了整船有限元在波浪作用下船体结构的变形和应力分布情况。观察船体整体变形发现,船舶在载荷作用下出现了轻微的中垂变形。其中,主甲板的压应力变化较为明显。因此,进一步提取船体主甲板的应力分布状态,如图 4-12 所示。显然,基于有限元计算所反映出的主甲板应力分布十分复杂,其应力在船中接近舱口处逐步升高,在船中部大开口角隅位置获得最大值。

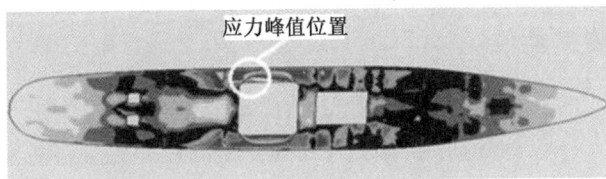

图 4-12　船体甲板应力云图

4.2　船体结构响应的模拟与分析

　　上一节针对有限元方法进行了简要的介绍,并给出了船舶结构有限元计算的具体步骤。通过有限元法实现了船体结构在指定工况下应变和应力分布的模拟。本节将在此基础上,结合波浪统计知识,做进一步的统计分析,形成一套完整的船体结构响应分析体系。

4.2.1　结构动力响应系统

　　波浪作用下的船舶与海洋工程结构状态是一种典型的动力学响应系统。其中,系统的输入 $\eta(t)$ 为船舶航行过程中作用于船体结构上的波浪冲击,而系统的输出响应 $X(t)$ 则是由于波浪冲击所引起的船体结构应力或应变,其关系可由图 4-13 表示。

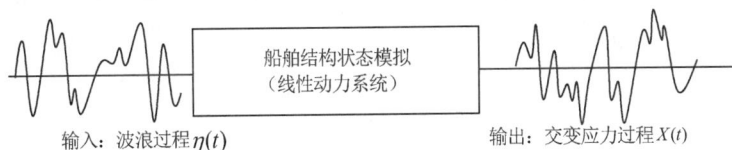

图 4-13　结构动力响应系统

　　在此动力响应系统下,波浪冲击的输入与结构应力的响应输出存在以下关系。

$$X(t) = L[\eta(t)] \tag{4-41}$$

式中, L 为把 $\eta(t)$ 变换成 $X(t)$ 的算子。当 L 为线性算子的时候,系统是线性的。

　　假设波浪对船舶的冲击作用是一个典型的平稳随机过程,那么经过线性变换后的交变应力输出也将呈现出平稳随机过程的特征。因此,由功率谱理论可知,波浪功率谱密度与结构应力响应谱之间可通过式(4-42)进行转化。

$$G_{XX}(\omega) = |H(\omega)|^2 G_{\eta\eta}(\omega) \tag{4-42}$$

式中, G_{XX} 为结构应力响应谱; $|H(\omega)|^2$ 称为响应幅值算子(Response Amplitude Operator, RAO); $G_{\eta\eta}$ 为波浪功率谱;而 $H(\omega)$ 则被称为频率响应函数或结构响应系统的传递函数。传递函数在船体结构响应的模拟与分析中意义重大,其是在线性动力系统做频率为 ω 的简单谐振时,响应输出振幅与输入振幅之比。对于船舶而言,船舶遭受的波浪冲击为输入过程,船体内部结构应力的变化为输出响应过程,因此传递函数即是船舶结构在频率为 ω 的规则波作用下应力幅值与波幅之比。由于经线性系统变换得到的结构内的交变应力过程也是平稳的,因此在得到功率谱密度后其统计特性可以被确定。这种基于波浪谱或响应谱而进行的结构响应分析方法又被称为结构响应频谱分析法。

4.2.2 应力响应传递函数

在谱分析方法中,传递函数的取值是船体结构响应谱精确的关键[6]。因此,众多学者对传递函数的形式展开了一系列的研究。其中,最为主流的处理方法有两种。第一种方法,主要是基于船体梁理论构建的。结合线性叠加原理,根据应力变形的方向和作用载荷的特点将总应力分解为多个子应力分量,并将相应的传递函数也进行分解。计算各个分量的传递函数,并最终叠加组合,即可获得船体结构在复合载荷形式下作用的效果[7]。在此,为更好地考虑时域波动中各载荷分量的影响,采用复数的形式来表达传递函数,并计及相位变化所带来的波动。结构响应传递函数最终的公式为

$$H_\sigma(\omega|\theta) = A_1 H_v(\omega|\theta) + A_2 H_h(\omega|\theta) + A_3 H_t(\omega|\theta)$$
$$+ A_4 H_p(\omega|\theta) + A_5 H_c(\omega|\theta)$$

（4-43）

式中,A_1 为单位垂向弯曲变形引起的应力响应;A_2 为单位水平弯曲变形引起的应力响应;A_3 为单位扭矩变形引起的应力响应;A_4 为单位外部压力引起的应力响应;A_5 为单位内部压力引起的应力响应;而 $H_\sigma(\omega|\theta)$ 为航向角为 θ、波浪圆频率为 ω 时结构合成应力的传递函数;$H_v(\omega|\theta)$ 为垂向弯矩的传递函数;$H_h(\omega|\theta)$ 为水平弯矩的传递函数;$H_t(\omega|\theta)$ 为扭矩的传递函数;$H_p(\omega|\theta)$ 为所考虑板格中心处外部海水压力的传递函数;$H_c(\omega|\theta)$ 为所考虑板格中心处内部装载产生压力的传递函数。

上述应力分量的传递函数可通过模型试验或船体波浪载荷预报换算获得。而系数 A_k 也可利用结构有限元分析得到。需要注意的是,在载荷预报上应采取单位载荷。事实上,此种方法虽然相对简单灵活,但在扭转变形成分占比较高的情况下误差相对较大。其原因主要在于扭矩变形引起的应力如甲板变形应力和翘曲双力矩应力,其模拟仿真结果与船体长度范围内的扭矩分布有关,从而无法建立船体剖面扭矩和结构应力响应之间准确的线性关系。所以,其基于载荷预报计算的系数 A_3 往往为线性等效值。同时,由于局部应力响应分析的过程中利用了人工解耦的方法,认为其规定方向上的载荷仅仅对规定方向上的应力响应有所贡献,这种假设下建立的线性对应关系与实际仍有差距,忽略了规定方向对其他方向的耦合作用,因此估算的系数 A_4 也为近似值。

而第二种方法则是完全建立在整船有限元计算模型和三维势流理论之上的,其直接利用响应系统下传递函数的物理意义和定义来进行求解。通过应用波浪载荷预报理论来获得船舶在波浪中航行时所遭受的水动压力和船体运动。并将船体运动引起的等效惯性力和水动压力施加到船体结构有限元模型的节点上,通过有限元分析来获得具体结构构件的应力响应状态。最终,通过统计有限元计算的应力响应幅值与初始设置的波幅,并将其一一做商,即可得到规定工况下的结构响应传递函数值。在实际操作中,常在仿真软件或程序中直接设置单位波幅,并在此条件下进行规则波的求解,获得船体的动压力和运动响应。而其计算的值即直接为船舶响应系统下的结构响应传递函数值。当然,此种方法也存在一些不足。首先,由于其计算中应用了整船有限元模型和三维势流场的模拟,因此其需要较大的计算量,获得传递函数的时间较长。其次,由于波浪中结构响应的时域波动特征较为复杂,特别是各分量载荷之间相位不同的干扰,无法准确预估结构应力响应最大值发生的时刻。因此,需要对结构应力响应最大值即峰值位置进行搜寻。而现阶段主要采用两种思路来确定响应峰值。第一种思路是直观地观察响应波动特征来找到响应最大值,这种方法被称为时历搜索法,即在单位波浪周期内以规定的

时间步长来进行数值仿真,从而获得一系列随时间波动的结构响应值,通过逐一对比即可获得应力的极大值。而另一种思路则是引入复数振幅的概念,将原有的时域波动转化到频域中,并采用复数的形式来反映时域波动特征。基于这种思路的方法又被称为复数组合法[8],通过对结构响应实部和虚部分别进行计算,得到响应峰值的实部值和虚部值,并最终合成结构响应峰值。在船体线性响应系统假设下,第二种方法效率较高。因此,对复数组合法做简要的说明。

在忽略船体自身结构阻尼的情况下,船舶运动方程可以转变为以下复数形式。

$$M\{\ddot{\eta}(t)\} = \{F(t)\} = Fe^{i\omega_e t} \tag{4-44}$$

$$\{\ddot{\eta}(t)\} = -\omega_e^2 \eta e^{i\omega_e t} \tag{4-45}$$

式中,M 为质量矩阵;ω_e 为波浪的遭遇频率;F 为复数形式下船舶遭受外力的幅值列向量;η 为复数形式下船舶在外力作用下发生强迫运动的幅值列向量。值得注意的是,此时的外力是指船舶在波浪中航行时其船壳表面遭受到的水动压力的总和,即

$$-\omega_e^2 M\eta = \{F(t)\} = \iint_S p(x,y,z) \{n\} ds \tag{4-46}$$

式中,右端为波浪中船体遭受的水动压力沿船体湿表面的积分,而左端则是船舶在波浪中运动引起的质量惯性力。将水动压力 $p(x,y,z)$、运动分量 $\{\eta\}$ 均拆分成复数的实部和虚部形式,则有

$$p(x,y,z) = p_C(x,y,z) + ip_S(x,y,z) \tag{4-47}$$

$$\{\eta\} = \{\eta_C\} + i\{\eta_S\} \tag{4-48}$$

按复数的性质,可以得到两个方程

$$-\omega_e^2 M\{\eta_C\} = \iint_S p_C(x,y,z) \{n\} ds \tag{4-49}$$

$$-\omega_e^2 M\{\eta_S\} = \iint_S p_S(x,y,z) \{n\} ds \tag{4-50}$$

在船舶与波浪相互作用的线性系统下,其引起的应力响应也应满足线性特性,即合成应力可以写为 $\sigma = \sigma_C + i\sigma_S$,这样合成应力的幅值就可以写为

$$\sigma_A = \sqrt{\sigma_C^2 + \sigma_S^2} \tag{4-51}$$

在实际计算时,往往按实部和虚部两个部分对频率不同的规则波下进行模拟,求解出其在单位波幅下的响应 σ_C、σ_S。再利用式(4-51)来获得合应力 $\sigma_A(\omega_e)$。由传递函数的定义可知,其应力传递函数为

$$H_\sigma(\omega_e) = \sigma_A(\omega_e) \tag{4-52}$$

在采用全船有限元分析时,其施加的外力应完整且全面。其外力包括船体自身重力、静水压力、所载货物的重力、波浪中航行时的水动压力以及船体运动引起的质量惯性力等,最终通过力的施加来构建船舶运动过程中的准静态平衡。

值得注意的是,对于复数组合法,计算船舶应力传递函数时需要求解实部和虚部各自的平衡方程。其中,由静水压力、所载货物重力以及船体自身重力等已构成的静态平衡力系所产生的结构应力,被视为是与交变应力无关的平均应力。而在计算交变应力时,仅仅只需考虑船舶在波浪中的动态载荷,如水动压力、船舶运动而产生的惯性力等,从而构成船舶在波浪中的力学平衡。最终,船体结构的实际应力响应将是平均应力与交变应力的叠加,如图4-14所示。

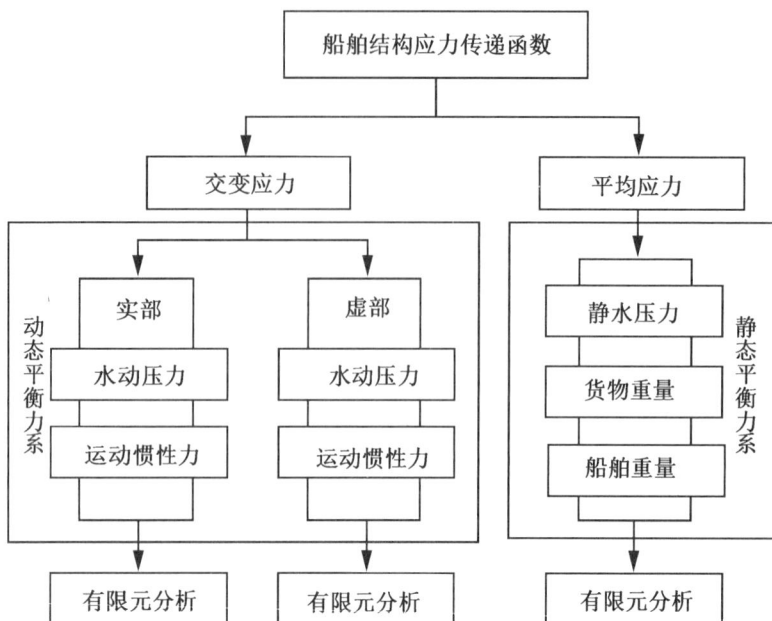

图 4-14　船舶结构应力传递函数的计算框架图

除此之外,在进行有限元分析时,还需要定义相应的边界条件。对于全船有限元模型而言,也需要施加少量的约束来消除不符合实际的位移。其中,约束点通常取在首部和尾部。通过读取约束反力,即可判断模型上所加的载荷是否平衡。当约束反力合力的绝对值较大时,认为船体载荷未到达平衡状态,需要利用惯性力来进行调整。而当约束反力的绝对值接近零时,说明船体所遭受的载荷基本平衡。

对于采用舱段模型进行结构有限元分析,除了船体外壳的水动压力外,还要在模型两端进一步施加弯矩、扭矩以及剪力等剖面载荷。同时,也需要通过施加约束条件进行平衡条件的判断,其做法与整船有限元分析过程类似。

4.3　结构屈服强度评估

船舶结构出现破坏的形式多种多样,其中最显著的结构失效即为结构屈服。结构屈服是指船体结构所在的材料在内力的作用下超过某一特定值(屈服极限)后无法恢复原始的线性弯曲伸缩,从而造成的不可逆变形。这种变形将削弱船舶整体的抗弯曲能力,最终造成船体结构的整体失效。

4.3.1　船用钢材

根据船体结构钢的化学成分和机械性能[9],船用钢材可分为一般强度结构钢和高强度结构钢。

一般强度结构钢是根据《钢质海船入级规范》的规定,按船体结构要求专门生产的碳素钢。其含碳量在 0.23% 以下,抗拉强度为 402~490 MPa,屈服应力低于 235 MPa。由于韧性好,其容易冷加工和焊接组装,且不易产生脆性破坏。碳素钢在受力时,其结构裂纹不易扩大,因此船体结构中大部分构件都采用一般强度结构钢。

高强度结构钢是一种低合金钢,主要用于高速特种船和军用船舶上。此种钢材在保持一定厚度的同时,提高了船舶的结构强度。其钢材中含碳量较少,并加入一定量的 Mn、Cr、Ni、Mo、W 等合金元素。一般认为屈服应力大于或等于 260 MPa 的钢材属于高强度结构钢。高强度结构钢焊接工艺复杂且造价较高,考虑船体结构对于结构稳定性和耐腐蚀的要求,采用高强度结构钢的构件一般不能过薄。

在船舶上使用高强度结构钢的原则为:

①船舶局部构件设计上要求采用高强度结构钢来保障结构强度时。

②在经济效益上使用一般强度结构钢要低于采用高强度结构钢的位置;当船舶构件的设计厚度大于 40 mm 时,如利用一般强度结构钢须采用双重钢板,可采用高强度结构钢。

③而在船舶上使用高强度结构钢的优点有材料轻、钢材用量少、提高船舶载重量。

4.3.2 船体结构的许用应力

船体结构的许用应力主要与其构成的钢材有关,同时考虑焊接等加工工艺对于结构的影响。以 4.1 节中散货船的三舱段模型为例,其结构主要采用高强度钢(H32、H36)和部分低碳钢(Mild)。Mild 表示材料为普通钢的部分,H32 表示材料为 H32 高强钢的部分。根据中国船级社指南的规定,板结构和梁结构的许用应力如表 4-4 和表 4-5 所示,单位为 MPa。

表 4-4 板结构的许用应力 单位:MPa

部位	合成应力 $[\sigma_{eq}]$	船长方向正应力 $[\sigma_1]$	船宽方向正应力 $[\sigma_2]$	剪切应力 $[\tau]$
甲板 H32	282	269	–	–
外底 H32	282	269	186	–
内底 H32	282	269	186	–
顶边舱斜板 H32	282	269	186	147
底边舱斜板 H32	282	269	186	147
舷侧板 H32	282	269	186	147

表 4-5 梁结构的许用应力 单位:MPa

部位	横向梁 Mild	横向梁 H32	纵向梁 Mild	纵向梁 H32
轴向应力 $[\sigma_b]$	176	226	206	264

4.3.3 结构屈服强度评估

(1)板结构的屈服强度评估

由材料力学和船体结构强度理论[10]可知,钢制船体的结构破坏通常需要满足第四强度理论,即形状改变比能是引起屈服破坏的主要因素,其相应的强度条件为

$$\sigma_{eq} = \sqrt{\frac{1}{2}\left[(\sigma_1 - \sigma_2)^2 + (\sigma_2 - \sigma_3)^2 + (\sigma_3 - \sigma_1)^2\right]} \leqslant [\sigma_{eq}] \qquad (4\text{-}53)$$

$$\sigma_1 \leqslant [\sigma_1] \qquad (4\text{-}54)$$

$$\sigma_2 \leqslant [\sigma_2] \qquad (4\text{-}55)$$

$$\sigma_3 \leqslant [\sigma_3] \qquad (4\text{-}56)$$

式中, σ_{eq} 为合成应力(又称密赛斯应力), σ_1、σ_2、σ_3 为 3 个方向的主应力, $[\sigma_1]$、$[\sigma_2]$、$[\sigma_3]$ 则为 3 个方向的许用应力。船体结构大多为板梁结构,即结构受力通常为平面应力($\sigma_3 = 0$),因此可简化为

$$\sigma_{eq} = \sqrt{\sigma_1^2 + \sigma_2^2 - \sigma_1\sigma_2} \leqslant [\sigma_{eq}] \qquad (4\text{-}57)$$

(2)梁结构的屈服强度评估

对于船体梁结构,主要考察其轴向应力 σ_b 与结构轴向许用应力 $[\sigma_b]$ 的大小,其具体公式为

$$\sigma_b \leqslant [\sigma_b] \qquad (4\text{-}58)$$

在实际的船体结构屈服评估上,主要采用比值的形式作为参考量,应力值可由三舱段模型和全船模型有限元计算获得。当应力水平超出许用应力值的 85% 时,其结构存在屈服破坏的风险。表 4-6 给出了部分结构屈服破坏高风险的位置,其中纵向位置由肋位号(FR)表示,横向位置由纵骨编号(BL)表示。图 4-15 给出了船体中骨材的危险位置。

表 4-6　结构屈服破坏高风险位置

结构部位	应力种类	应力比值	高应力区域所在位置
内底(H32)	相当应力	106.3%	FR111~FR112 肋位在纵骨 BL1~BL2 区域
	纵向正应力	128.5%	FR111~FR112 肋位在纵骨 BL1~BL2 区域
	横向正应力	93.6%	FR111~FR112 肋位在纵骨 BL2~BL3 区域
舷侧外板(H32)	相当应力	131.5%	FR95~FR127 肋位在纵骨以上与甲板交界处
	纵向正应力	138.2%	FR95~FR127 肋位在纵骨以上与甲板交界处
底纵桁(H32)	相当应力	119.7%	FR123~FR124 肋位在中纵桁中间部位
	纵向正应力	87.8%	FR120~FR121 肋位在中纵桁中间部位

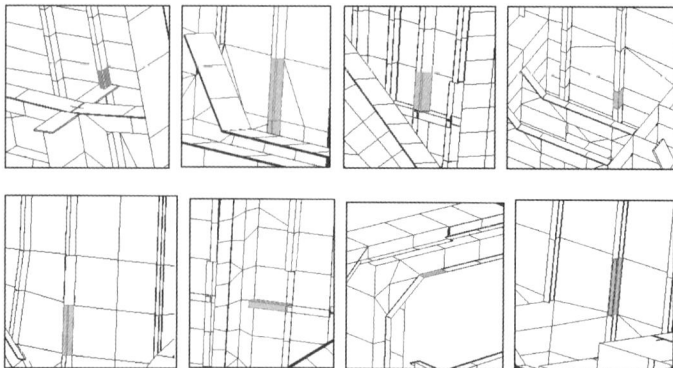

图 4-15　船体中骨材的危险位置

4.4 结构屈曲强度评估

除了结构屈服破坏以外,结构屈曲也是船体结构强度评估中重点关注的一个问题。因此,本节对结构屈曲强度的评估方法进行介绍。

4.4.1 结构屈曲现象

结构屈曲是指一个构件在没有达到屈服极限时出现过大的变形而丧失承载力的现象[11]。在结构发生屈曲时,其结构杆件突然侧向形变并导致结构失稳。对于受压杆件,屈曲是最常见的失稳原因。

结构的屈曲分为以下几类:

①线性屈曲:以相对较小位移和相对较小应变假设下的线弹性理论为基础,分析中不考虑结构在受载变形过程中结构剖面构形的变化,也就是在外力施加的各个阶段,总是在结构初始构形上建立平衡方程,如图 4-16 所示。当载荷达到某一临界值时,结构剖面构形将突然跳到另一个随遇平衡状态,称之为屈曲。临界点之前称为前屈曲,临界点之后称为后屈曲。

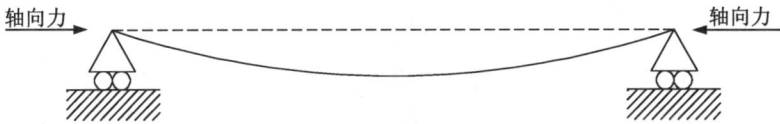

图 4-16 线性屈曲示意图

②侧扭屈曲:梁的截面一般都做成窄而高的形式,对截面两主轴惯性矩相差很大。如梁跨度中部无侧向支承或侧向支承距离较大,在最大刚度主平面内承受横向荷载或弯矩作用时,荷载达一定数值,梁截面可能产生侧向位移和扭转,导致丧失承载能力,这种现象叫作梁的侧向弯扭屈曲,简称侧扭屈曲,如图 4-17 所示。

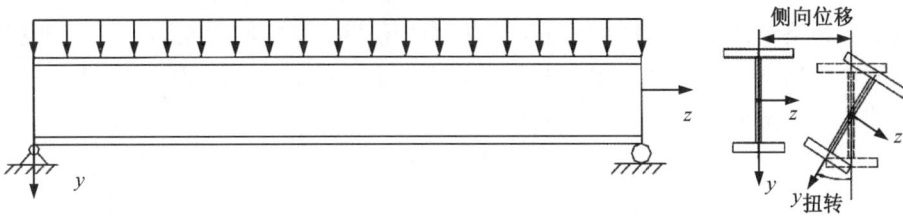

图 4-17 侧扭屈曲示意图

③理想轴向受压直杆的弹性弯曲屈曲:假定压杆屈曲时不发生扭转,只是沿主轴弯曲。但是对开口薄壁截面构件,在压力作用下有可能在扭转变形或弯扭变形的情况下丧失稳定,这种现象称为弯曲屈曲或扭转屈曲,如图 4-18 所示。

4.4.2 结构屈曲强度评估

对于船体结构而言,其屈曲评估主要是针对板格进行的。板格的划分主要依据甲板及其连

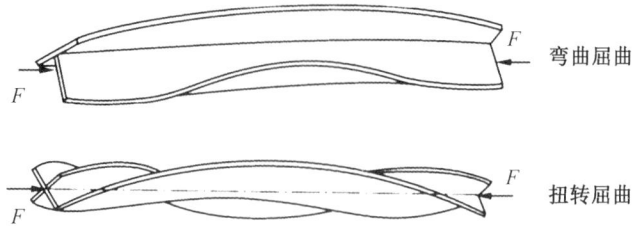

图 4-18　弯曲屈曲和扭转屈曲示意图

接的纵骨和横梁组合,如图 4-19 所示。对于一般船舶,往往在进行完屈服强度分析之后开展结构的屈曲强度评估,其旨在对该船结构强度做进一步分析,以确定构件是否满足屈曲强度要求。

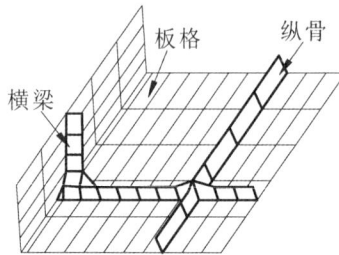

图 4-19　船体板格示意图

　　结构屈曲强度的评估方法,现阶段主要根据中国船级社关于船体结构强度直接计算分析指南的相关内容,采用简化的板格屈曲强度求解方法进行[12]。在屈曲评估中,首先进行全船或舱段有限元分析,将有限元计算获得的板格应力和其对应的力学模型作为屈曲评估的输入。对于一般船舶而言,其屈曲强度主要以屈曲应力比作为判定依据。根据编写的船体结构屈曲分析程序进行计算即可实现船舶结构的屈曲强度评估,其屈曲应力比的计算公式为

$$\lambda = \frac{复合临界屈曲应力}{计算的实际压缩应力} \tag{4-59}$$

　　当屈曲应力比 $\lambda \geqslant 1$ 时,其船体板格结构满足屈曲强度衡准;而当屈曲应力比 $\lambda < 1$ 时,其对于的船体板格结构不满足屈曲强度衡准,极有可能发生结构屈曲变形。因此,在船舶设计上可采用缩小板格宽长比、增加板格厚度以及在板格上加设中间扶强材等改善措施。式中,复合临界屈曲应力定义为

$$\sigma_{xcr\_e} = k_x C_1 \frac{\pi^2 E}{12(1 - \nu^2)} \left(\frac{TH}{s}\right)^2 （短边受压） \tag{4-60}$$

$$\sigma_{ycr\_e} = k_y C_2 \frac{\pi^2 E}{12(1 - \nu^2)} \left(\frac{TH}{s}\right)^2 （长边受压） \tag{4-61}$$

$$\tau_{cr\_e} = k_t C_3 \frac{\pi^2 E}{12(1 - \nu^2)} \left(\frac{TH}{s}\right)^2 （剪切） \tag{4-62}$$

式中, s 为板格短边的长度; TH 为板格的厚度; E 为材料的弹性模量; ν 为材料的泊松比; k_x 、 k_y 和 k_t 分别为板格短边受压、长边受压和剪切情况下的弯曲屈曲系数; C_1 、 C_2 和 C_3 分别为板格短边受压、长边受压和剪切情况下的约束系数,相关系数可以通过《集装箱船结构强度直接计算指南》《双舷侧散质船结构强度直接计算指南》《矿砂船船体结构强度直接计算指南》等相

关资料获得。

同时,对于船体结构的板格结构还需要根据平均应力 σ_s 和平均剪力 τ_s 进行弹塑性修正,其具体修正公式如下

$$
\sigma_{\substack{xcr \\ (ycr)}} = \begin{cases} \sigma_{\substack{xcr\_e \\ (ycr\_e)}} & \sigma_{\substack{xcr\_e \\ (ycr\_e)}} \leqslant \dfrac{\sigma_s}{2} \\[3mm] \sigma_s\left(1 - \dfrac{\sigma_s}{4\sigma_{\substack{xcr\_e \\ (ycr\_e)}}}\right) & \sigma_{\substack{xcr\_e \\ (ycr\_e)}} > \dfrac{\sigma_s}{2} \end{cases} \tag{4-63}
$$

$$
\tau_{cr} = \begin{cases} \tau_{cr\_e} & \tau_{cr\_e} \leqslant \dfrac{\tau_s}{2} \\[3mm] \tau_s\left(1 - \dfrac{\tau_s}{4\tau_{cr\_e}}\right) & \tau_{cr\_e} > \dfrac{\tau_s}{2} \end{cases} \tag{4-64}
$$

以 4.1 节中船体三舱段模型为例,对船体结构进行屈曲强度评估,其结果如表 4-7 所示。其中纵向位置由肋位号(FR)表示,横向位置由纵骨编号(BL)表示。图 4-20 给出了船体舱壁结构屈曲强度不合格区域,其是船中槽形舱壁处最有可能出现屈服破坏的位置。

表 4-7 屈曲强度评估结果

部位	屈曲应力比 λ	不合格结构所在部位
外底板	0.64	FR117~119 肋位在纵骨 BL1~BL2 处
外底板	0.62	FR108~110 肋位在纵骨 BL4~BL5 处
内底板	0.55	FR112~124 肋位在纵骨 BL3~BL4 处
顶边舱斜板	0.73	FR102~106 肋位在顶边舱斜板中间部位
舱壁	0.89	FR109~111 肋位在横梁与槽形舱壁相交位置
纵桁	0.77	FR112~120 肋位在中纵桁中间部分
纵桁	0.83	FR121~123 肋位在中纵桁中间部分
舭部	0.99	FR119~121 肋位在纵骨 BL13~BL14 处

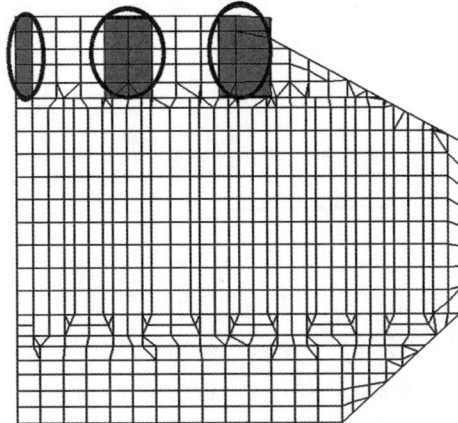

图 4-20 船体舱壁结构屈曲强度不合格区域

4.5 结构疲劳强度评估

在结构的破损上,常常能够提到疲劳和断裂两个概念。结构疲劳一般是指在交变载荷作用下结构表面裂纹的形成过程,而断裂则是指裂纹产生后的扩散过程[13]。因此,对结构疲劳的评估能够有效地发现潜在的结构破损,从而避免结构断裂的发生。事实上,早在 19 世纪五六十年代,德国学者沃勒就开展了刚体结构的疲劳研究,提出疲劳极限的概念,并最早得到表征疲劳性能的 S-N 曲线。20 世纪 50 年代,英国发生多起客机坠落的事故,而其结构疲劳和裂纹的产生被认为是一个重要的原因。在船舶制造和维护上,结构疲劳破损也被逐步重视,通过一系列的疲劳试验和理论研究,最终形成了一套船体结构疲劳评估的频谱分析方法。

4.5.1 船体结构的应力响应谱

在船体结构疲劳强度评估的谱分析过程中[14],常采用国际船舶结构会议推荐使用的双参数谱(Pierson-Moskowitz,P-M 谱)作为波浪功率谱,从而通过线性响应系统来获得船体结构的应力响应谱。由于采用的参数各异,其波浪双参谱的形式也有所不同。其中,最为常用的是以波浪统计特征量平均跨零周期 T_z 和有义波高 H_s 为参变量的表达形式,其具体为

$$G_{\eta\eta}(\omega) = \frac{H_s^2}{4\pi}\left(\frac{2\pi}{T_z}\right)^4 \omega^{-5} \exp\left[-\frac{1}{\pi}\left(\frac{2\pi}{T_z}\right)^4 \omega^{-4}\right] \tag{4-65}$$

在结构强度疲劳中,需要以船舶自身为研究对象进行结构响应的分析,因此对船体结构响应的频率进行确定,即船体的遭遇频率 ω_e。事实上,船体遭受的响应频率不仅仅与波浪频率 ω 有关,其与船舶航行的速度 U_0 和航向角 θ 也存在联系,如式(4-66)所示。

$$\omega_e = \omega\left(1 + \frac{2\omega U}{g}\cos\theta\right) \tag{4-66}$$

同时,根据频率微元能量不变的原理,对原始的波浪谱 $G_{\eta\eta}(\omega)$ 进行转化,如式(4-67)所示。

$$G_{\eta\eta}(\omega)\mathrm{d}\omega = G_{\eta\eta}(\omega_e)\mathrm{d}\omega_e \tag{4-67}$$

最终,获得基于遭遇频率 ω_e 的波能谱表达式为

$$G_{\eta\eta}(\omega_e) = G_{\eta\eta}(\omega) \Big/ \left(1 + \frac{2\omega U}{g}\cos\theta\right) \tag{4-68}$$

从而,应力的响应谱可表示为

$$G_{XX}(\omega_e) = |H_\sigma(\omega_e)|^2 \cdot G_{\eta\eta}(\omega_e) \tag{4-69}$$

式中,$H_\sigma(\omega_e)$ 为基于遭遇频率 ω_e 的应力响应传递函数。

值得注意的是,上述应力响应谱和波浪谱的关系仅适用于二维长峰波下的船体结构响应分析。由于在实际海洋环境下波浪是三维的,其具有多方向的扩散性,因此在实际船舶的响应谱分析上还需进一步进行短峰波修正。假设船体的结构响应是来自各个方向波浪作用下叠加的成果,引入具有波浪扩展性的传递函数 $H(\omega_e, \theta_w - \beta)$ 来计及不同方向的波浪干扰效应。最终,三维短峰波下的船体结构应力响应谱为

$$G_{XX}(\omega_e) = \int_{-\frac{\pi}{2}}^{\frac{\pi}{2}} f(\beta) \left[H(\omega_e, \theta_w - \beta) \right]^2 \cdot G_{\eta\eta}(\omega_e) \, \mathrm{d}\beta \tag{4-70}$$

式中，θ_w 为三维波主浪向与船舶航向之间的夹角；β 为三维波主浪向与其组成子波的夹角；而 $f(\beta)$ 为考虑不同子波干扰的三维波浪扩散函数，其可通过式(4-71)计算获得。

$$f(\beta) = k\cos^n(\beta) \tag{4-71}$$

此外，关联参数 k 和 n 需满足扩散函数的基本属性，即 $\int_{-\frac{\pi}{2}}^{\frac{\pi}{2}} f(\beta) \mathrm{d}\beta = 1$。

依照国际船舶结构会议在结构响应谱分析中的相关规定，一般推荐取 $k = 2/\pi$, $n = 2$，则扩散函数具体表达式为

$$f(\beta) = \frac{2}{\pi}\cos^2(\beta) \tag{4-72}$$

4.5.2　应力波动的短期分布

由上节应力响应谱的推导和实测资料可知，船舶在相对较短的时间（短期海况）下其应力响应波动的统计符合瑞利分布。因此，短期海况下结构响应的概率密度函数为

$$f_\sigma(\sigma) = \frac{\sigma}{m_0}\exp\left(-\frac{\sigma^2}{2m_0}\right) \quad (0 \leqslant \sigma < +\infty) \tag{4-73}$$

式中，m_0 为结构响应谱的零阶矩；σ 为结构应力平均峰值。

因此，在应力范围 S 下的船体结构应力响应波动的分布函数和概率密度函数分别为

$$F_S(S) = 1 - \exp\left(-\frac{S^2}{8m_0}\right) \quad (0 \leqslant S < +\infty) \tag{4-74}$$

$$f_s(S) = \frac{S}{4m_0}\exp\left(-\frac{S^2}{8m_0}\right) \quad (0 \leqslant S < +\infty) \tag{4-75}$$

此外，考虑到三维短峰波的扩散性，引入波浪扩展性的传递函数 $H(\omega_e, \theta_w - \beta)$，则应力响应谱的零阶矩和二阶矩分别为

$$\begin{aligned} m_n &= \int_0^{+\infty} \omega_e^n \cdot G_{XX}(\omega_e) \, \mathrm{d}\omega_e \\ &= \int_0^{+\infty} \omega_e^n \cdot \int_{-\frac{\pi}{2}}^{\frac{\pi}{2}} f(\beta) \left[H(\omega_e, \theta - \beta) \right]^2 \cdot G_{\eta\eta}(\omega_e) \, \mathrm{d}\beta \mathrm{d}\omega_e \end{aligned} \quad (n = 0,2) \tag{4-76}$$

为了进一步统计船体结构响应在短期的应力波动循环次数，定义了一种统计参量，即结构应力响应的平均跨零率 ν。平均跨零率为船舶结构应力在单位时间内以正向穿过零值的平均次数，其具体计算如式(4-77)所示。

$$\nu = \frac{1}{2\pi}\sqrt{\frac{m_2}{m_0}} \tag{4-77}$$

4.5.3　应力波动的长期分布

上节介绍完结构应力波动的短期分布后，下面对船体结构响应的长期分布进行系统的说明。应力波动的长期分布，顾名思义就是船舶在长时间（几个月、几年等）航行时船体结构应力响应的统计谱分布。在线性能量谱理论中，应力波动的长期分布往往可采用船舶不同时期

航行时计算的短期分布叠加而成[15]。在船舶的结构设计上,一般采用全球海况和北大西洋海况这两个海况资料来进行船体结构强度校核。全球海况分布资料涵盖了全球所有航区的海洋情况,其适用于在全球范围广泛运营的船舶。而北大西洋海况分布资料则重点描述了全球较为危险且航线复杂的北大西洋海洋资料,其适合于长期在北大西洋或其他恶劣海洋环境中运营的民用船舶。

在船舶结构应力的长期分布分析中,常以跨零周期 T_z 和有义波高 H_s 作为环境控制变量,并将船舶全生命周期(从开始运营到进坞维修)下的航行划分为 n_H 个航向,并统计其在长期运营下每个航向角的概率分布。由于航向的任意性,在理论预报上常认为其符合均匀分布,即假定各个航向出现的概率相等。而船舶长期运营下的应力响应分布最终可由各个应力响应的短期分布加权组合获得,其具体计算如式(4-78)所示。

$$F_S(S) = \frac{\sum_{i=1}^{n_S} \sum_{j=1}^{n_H} \nu_{ij} \cdot p_i \cdot p_j \cdot F_{S\theta ij}(S)}{\sum_{i=1}^{n_S} \sum_{j=1}^{n_H} \nu_{ij} \cdot p_i \cdot p_j} \tag{4-78}$$

$$= \sum_{i=1}^{n_S} \sum_{j=1}^{n_H} r_{ij} \cdot p_i \cdot p_j \cdot F_{S\theta ij}(S)$$

式中, n_S 为船舶长期运营下遭受海况的个数; p_i 为第 i 个海况出现的概率; p_j 为第 j 个航向出现的频率; ν_{ij} 为在航向 j 且海况 i 下船体结构应力响应的平均过零率; ν_0 为考虑所有海况和航向的船体结构应力响应总平均过零率,具体计算如式(4-79)所示;而 r_{ij} 则为在航向 j 且海况 i 下船体结构应力响应平均过零率在总平均响应过零率中所占的比例。

$$\nu_0 = \sum_{i=1}^{n_S} \sum_{j=1}^{n_H} \nu_{ij} \cdot p_i \cdot p_j \tag{4-79}$$

由相关波浪长期统计资料可知,船体结构应力响应在船舶长期运营时符合韦布尔分布,因此对所模拟的船舶结构应力响应进行韦布尔分布拟合。其中,韦布尔分布函数为

$$F_S(S) = 1 - \exp\left[-\left(\frac{S}{q}\right)^h\right] \tag{4-80}$$

式中,韦布尔分布的形状参数 h 和尺度参数 q 可通过对一系列时域交变应力过程进行傅里叶变换,并以形状和尺度参数为控制量采用最小二乘法拟合获得。

4.5.4 疲劳累积损伤度计算

在获得船舶结构应力响应长期分布特征之后,即可开展船体结构疲劳强度的评估工作。为了更好地表征船体结构疲劳的发展过程,本节引入了船体结构疲劳累积损伤度的概念,从而通过计算船体关键位置处的疲劳累积损伤度来实现船体结构疲劳破坏的评估。在船体结构线性响应系统中,类似船体结构应力响应短期分布与长期分布的关系,认为船舶全生命周期下的结构疲劳损伤可以由不同装载状态、不同海洋环境以及不同航速下短期的疲劳损伤累积而成[16]。因此,在船舶全生命周期下船舶的疲劳累积损伤度 D 可计算为

$$D = \frac{T_d}{\bar{a}} \Gamma\left(1 + \frac{m}{2}\right) \sum_{n=1}^{N_{load}} p_n \cdot \sum_{i=1}^{n_S} \sum_{j=1}^{n_H} p_i p_j \nu_{ijn} \left(2\sqrt{2m_{0ij}}\right)^m$$
$$= \frac{\nu_0 T_d}{\bar{a}} \Gamma\left(1 + \frac{m}{2}\right) \sum_{n=1}^{N_{load}} p_n \cdot \sum_{i=1}^{n_S} \sum_{j=1}^{n_H} p_i p_j r_{ijn} \left(2\sqrt{2m_{0ij}}\right)^m \leqslant \eta \tag{4-81}$$

式中，N_{load} 为船舶全生命周期下的装载状态个数；n_H 为船舶全生命周期下的航向个数；n_S 为海况分布资料中所计及的海况个数；T_d 为船舶全生命周期下的疲劳寿命；$\bar{a}$、m 为船体结构材料 S-N 曲线的控制参数；Γ 为伽马函数；η 为利用系数，一般船舶取 1；p_n 为第 n 个装载状态所占船舶全生命周期的比例，满足 $0.85 \leqslant \sum p_n \leqslant 1$；$p_i$ 为船舶全生命周期下第 i 个海况出现的概率；p_j 为船舶全生命周期下第 j 个航向出现的频率；ν_{ijn} 为船舶全生命周期下第 n 个装载状态、航向 j 且遭遇海况 i 下结构应力响应的平均过零率；ν_0 为船舶全生命周期下考虑所有装载状态、航向及海况的结构应力响应总平均过零率，具体如式（4-82）所示；而 r_{ijn} 为船舶全生命周期下第 n 个装载状态、航向 j 且遭遇海况 i 下响应平均过零率所占总平均响应过零率的比例。

$$\nu_0 = \sum_{n=1}^{N_{load}} \sum_{i=1}^{n_S} \sum_{j=1}^{n_H} \nu_{ijn} \cdot p_n \cdot p_i \cdot p_j \tag{4-82}$$

最终，船体结构在全生命周期下关键部位的疲劳寿命 T_f 可以表示为

$$T_f = T_d / D \tag{4-83}$$

4.5.5　平均应力的影响分析

在船体结构线性累积损伤理论中，其假设的结构响应波动是围绕零点对称的，而实际船舶在航行时其结构响应却呈现出非对称特性。因此，在疲劳强度的评估过程中引入平均应力的概念来考虑这种非对称波动所带来的干扰。通过构建计及平均应力的折减因子 f_m 来进一步修正疲劳累积损伤的结果。

根据 Goodman 提出的等效应力关系修正方法[17]，利用参变量实际应力 S 和平均应力 S_m 来实现等效应力 S_{eq} 的转化，具体公式见式（4-84）。对于船舶在波浪作用下的结构响应而言，平均应力 S_m 可认为是船舶在静止水面上所引起的结构响应，其可通过在有限元模型中施加静水载荷获得。

$$S_{eq} = \frac{S}{1 - \dfrac{S_m - S/2}{\sigma_b}} = \frac{S}{1 - \dfrac{\sigma_{\min}}{\sigma_b}} \tag{4-84}$$

式中，$\sigma_{\min}$ 为船体结构应力波动循环中的最小应力值；σ_b 则为船体结构材料的抗拉极限值。在获得等效应力之后，通过在 $NS^m = \bar{a}$ 中使用等效应力 S_{eq} 来替代原有应力幅值，从而计入平均应力的干扰。

因此，对于某一短期海况，累积疲劳损伤度可以写为

$$D_{ij} = \int_0^\infty \frac{N_{Tij}}{N} f(s_r) \mathrm{d}s_r = \frac{N_{Tij}}{A} \int_0^\infty S_{eq}^m f_S(S) \mathrm{d}S \tag{4-85}$$

式中，N_{Tij} 则为船体结构在短期海况期间内结构应力响应的循环次数，其具体为

$$N_{Tij} = T_d \cdot p_n \cdot p_i \cdot p_j \cdot \nu_{ijn} \tag{4-86}$$

式中，T_d 为船舶全生命周期下的设计疲劳寿命；p_i 为船舶全生命周期下第 i 个海况出现的概

率；p_n 为船舶全生命周期下第 n 种装载状态出现的概率；p_j 为船舶全生命周期下第 j 个航向出现的概率；ν_{ijn} 为船舶全生命周期下第 n 个装载状态、航向 j 且海况 i 下船体结构应力响应的平均过零率。

最终，经过平均应力修正后，船体结构设计寿命期的累积疲劳损伤度为

$$D = \frac{\nu_0 T_d}{\bar{a}} \sum_{n=1}^{N_{load}} p_n \cdot \sum_{i=1}^{n_S} \sum_{j=1}^{n_H} r_{ijn} \cdot p_i \cdot p_j \cdot \int_0^\infty S_{eq}^m f_S(S)\,\mathrm{d}S \tag{4-87}$$

式中，$\bar{a}$、m 为 S-N 曲线理论中的控制参变量；$f_S(S)$ 为应力范围短期分布的概率密度函数。

4.5.6 疲劳强度评估算例

在对结构疲劳强度评估原理进行了简要描述后，本节通过对一艘散货船进行疲劳强度评估，展示具体的实施步骤。

（1）有限元模型的建立和典型节点细化

与屈服、屈曲结构强度评估相同，结构疲劳强度的评估仍需要根据建模原则建立船体有限元模型。但不同是，疲劳损伤对于结构应变的变化更为敏感。因此，在可能出现结构疲劳的位置，需要进行典型节点细化[18]，如图 4-21 所示。所谓的细化就是对此处的有限元网格进行加密，从而使得此位置能够更加准确地反映结构应力的分布。

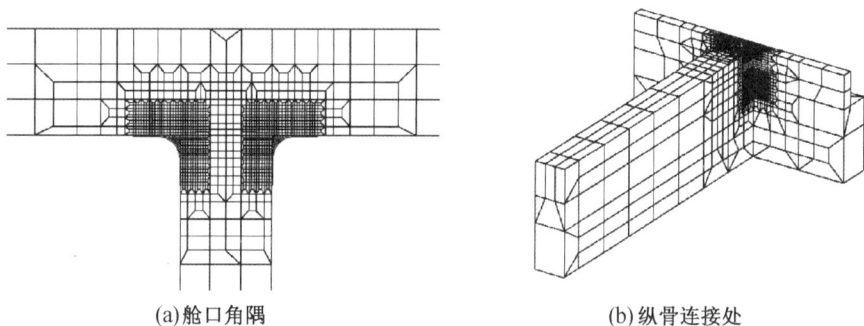

(a)舱口角隅　　　　　　　　　(b)纵骨连接处

图 4-21　局部结构模型

其模型细化按照以下原则：

①对于易发生疲劳破坏的高应力位置，须进行有限元网格的细化。为了能够不影响结构内部力的传递，常将细化网格通过过渡网格与原始有限元模型连接，从而提高结构应力响应预报的效率。

②对于船体结构细化区域的网格而言，其网格尺寸的大小主要取决于所在位置的厚度 TH，一般网格划分为 $TH \times TH$。

③为了准确反映应力的变化梯度，建议在关键位置处的细化网格沿所有方向布置数量均要大于 10。

④在疲劳强度评估中，须采用壳单元进行船体结构中板材和骨材的细化。细化区域的网格尺寸尽量保持一致，网格长宽比接近于 1，避免采用无法反映应力梯度变化的三角形单元。同时，避免使用角度大于 120°或小于 60°的四边形畸形单元。

⑤在细化与原始网格之前的过渡上要保持平顺，网格尺寸应逐步扩大。过渡区域中的板材结构也需要采用壳单元进行有限元化。过渡区的网格常终止于船体各板材的连接处或强框

架的相交处。

（2）船体载荷的计算

在船体载荷响应的预报上，其船舶速度常取船舶长期运营航速的 2/3。而航向角则以 30°为间隔，取为 0°~330°内的 12 个浪向，且认为浪向角符合均匀分布的规律。波浪的频率范围为 0.1~2.0 rad/s，每 0.1 rad/s 计算一次。最终，波浪载荷的响应参数可见表 4-8。

表 4-8　波浪载荷响应参数

项目	单位	具体数据
计算航速 U	kn	13.3
计算航向角 $\theta(n_H = 12)$	°	0°、30°、60°、90°、120°、150°、180°、210°、240°、270°、300°、330°
各航向出现的概率 p_j	—	1/12
计算波浪圆频率 ω	rad/s	0.1、0.2、0.3、0.4、0.5、0.6、0.7、0.8、0.9、1.0、1.1、1.2、1.3、1.4、1.5、1.6、1.7、1.8、1.9、2.0

通过分析船舶基本的航行情况确定载荷响应参数之后，基于 3.3 或 3.4 的船体运动和载荷预报方法即可获得船舶在不同海况下的运动和载荷响应。

（3）疲劳应力响应的模拟

在得到不同浪向不同频率下的船体外表面水动压力分布后，把此压力场加载到有限元模型中。根据相关装载工况规定，计算液体舱室重心点的加速度，并以液体压力的形式加载到液体舱壁处。但值得注意的是，由于疲劳是交变载荷产出的结果，因此在计算疲劳响应的应力波动时，不需要施加静力载荷，如重力、静水浮力。同时，在选用整船有限元模型分析时，需要通过边界条件来选取惯性释放，而不是直接加载整船惯性力。

（4）疲劳热点应力的插值

在疲劳强度的评估上，采用一般的应力模拟是远远不够的。其需要考虑焊接等因素后计算出细微处的结构应力，即热点应力[33-35]。热点应力的计算除利用常规的结构有限元法外，还需应用线性插值来实现结构焊缝端点应力的模拟。在计算船体某一位置处的热点应力 σ_h 时，需要利用有限元计算出的单元应力进行插值和合成来获得垂直或平行焊缝的主应力，并最终通过垂直焊缝主应力、平行焊缝主应力以及剪力的合成来获得结构表面 45° 范围内的主应力。

如图 4-22 所示，对热点附近的 4 个有限元单元结果进行插值处理。利用单元 1 和单元 3 中心点的有限元应力计算值进行向下插值即可获得 0.5TH 处的结构应力 $\sigma_{0.5TH}$；同法，利用单元 2 和单元 4 中心点的应力进行插值也可推算出 1.5TH 处的应力 $\sigma_{1.5TH}$；最后，再通过 1.5TH 处的应力 $\sigma_{1.5TH}$ 和 0.5TH 处的应力 $\sigma_{0.5TH}$，沿焊缝进行插值即可获得所需的结构热点应力 σ。由此可知，热点应力的计算公式为

$$\sigma = \frac{3(3\sigma_1 - \sigma_3) - 3\sigma_2 + \sigma_4}{4} \tag{4-88}$$

式中，σ_i 为第 i 个单元中心点处的应力。按照传递函数和热点应力的计算方法，对热点不同焊缝和不同板元的热点应力传递函数进行计算。

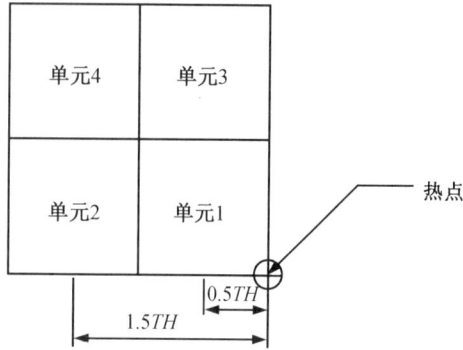

图 4-22　热点应力插值图

（5）疲劳强度校核结果

在获得船体结构热点应力的传递函数后，通过对响应谱长期分布的分析即可获得船舶相应位置的疲劳累积损伤度。在累积损伤的计算中，S-N 曲线的选择十分关键。对于一般船舶而言，常采用中国船级社在《船体结构疲劳强度指南》中推荐的 D 型曲线[19]。其 S-N 曲线的公式具体为

$$\lg N_i = 18.1594 - 6.1586\lg\sigma_i \tag{4-89}$$

在设计海况上选择全球海况资料，则最终细化节点的疲劳损伤计算结果如表4-9所示。

表 4-9　疲劳寿命较小的位置表

节点位置	板元类型	疲劳寿命/年
FR149 右舷飞行甲板 与横舱壁、舷侧、上建折角处	甲板	32.67
FR149 右舷飞行甲板 与横舱壁、舷侧、上建折角处	外板	48.24
FR149 右舷飞行甲板 与横舱壁、舷侧、上建折角处	上建	73.36
FR157（横舱壁）右舷连接桥 向主船体圆弧过渡处	外底板	48.94
FR112 左舷横梁与飞行甲板、舱口围板相交处	T 形材	27.49
FR105 左舷内底板与双层底纵桁、 肋板、肋骨趾端相交处	内底板	18.93
FR105 左舷内底板与双层底纵桁、 肋板、肋骨趾端相交处	内底板	32.81
FR105 左舷内底板与双层底纵桁、 肋板、肋骨趾端相交处	双层底纵桁	38.24
FR27 右舷底舱甲板、舷侧外板相交处	横框架肋骨	26.55
FR27 右舷底舱甲板、舷侧外板相交处	舷侧外板	37.28

考虑到船舶的使用年限一般为 25～30 年，因此需要对船体结构疲劳寿命小于 30 年的结构位置进行优化设计，加强局部结构的抗损能力。

4.6　结构总纵强度评估

在船舶结构强度评估中,由于船体属于细长体结构,所以可将船体进一步简化为一根空心变截面的梁,俗称船体梁。船体梁在风浪等外力作用下往往会产生纵向变形,即船舶整体沿铅锤面内发生的弯曲变形,称为总纵弯曲变形。而校核船体结构的整体变形、考察船舶抵抗总纵弯曲变形的能力是结构总纵强度评估的主要内容。事实上,在船舶结构强度评估中总纵强度的校核一直以来都是重中之重。本节详细介绍了船舶总纵强度评估的理论和计算的方法。船舶总纵强度相关知识的介绍,将有助于船舶优化设计的开展。

4.6.1　基于规范的船舶结构总纵强度评估

4.6.1.1　船舶静水总纵弯曲变形的原因

船舶在运营过程中,作用在船体上的外力众多。其中,有重力、浮力、船舶运动时产生的惯性力、波浪冲击力,螺旋桨和机器等引起的振动力、碰撞力、搁浅以及进坞时礁石与墩木的反作用力等。而在这些外力的作用下,船体结构往往会发生各种变形和破坏,这些变形和破坏有的是整体性的,有的仅仅作用在局部上。其中,对船体最危险的且较为典型的变形就是由船舶的重力和浮力引起的、沿着整个船长方向上发生的总纵弯曲变形和破坏。

由船舶浮性相关原理可知,船舶重量是由船体自身重量、机器设备重量和装载的货物、旅客、燃料、淡水、备品等重量组成的。这些重量的合力,称为船舶重力 W。其方向垂直向下,作用于船舶重心 G 上。而舷外水对船体的压力在垂直方向上的分力的合力,称为船舶浮力 Δ。当船舶静浮于水上时,重力 W 和浮力 Δ 大小相等、方向相反,并作用于同一条直线上。但是,对于沿着船长方向上的某一小区段来讲,作用于上面的重力和浮力并不一定相等。若将船体沿着船长方向分隔成若干个可活动的小分段(见图 4-23),则在各个分段上,对于重力大于浮力的分段,重力和浮力的差值是一个向下的力,该分段会向下沉。而在重力小于浮力的分段上,其重力和浮力的差值是一个向上的力,该分段会向上浮。实际上,船体是一个弹性的整体结构,相当于一个弹性梁,不允许各个分段有上下相对的移动,而只能沿着船长方向发生纵向的弯曲变形。因此,在静水中船体发生总纵弯曲的原因,主要是沿着船长方向每一点上的重力和浮力分布不均匀。

4.6.1.2　船舶静水总纵弯曲力矩和剪力的计算

计算作用在船舶上的总纵弯曲力矩和剪力分布的目的是找出船舶在运营过程中最大总纵弯曲力矩和剪力的值以及在船上的位置。当船体结构能够抵抗最大的总纵弯曲力矩和剪力时,认为船体结构是满足于总纵弯曲强度要求的。因此,在此之前,我们必须了解影响作用在船体上的总纵弯曲力矩和剪力的大小及分布的因素。事实上,总纵弯曲力矩和剪力的大小及沿船长的分布规律与船舶的大小、船舶重量和浮力沿着船长方向的分布有关,其可通过绘制船舶重力分布曲线、船舶浮力曲线计算获得。

(a)船舶整体的受力

(b)船舶沿船长方向的受力

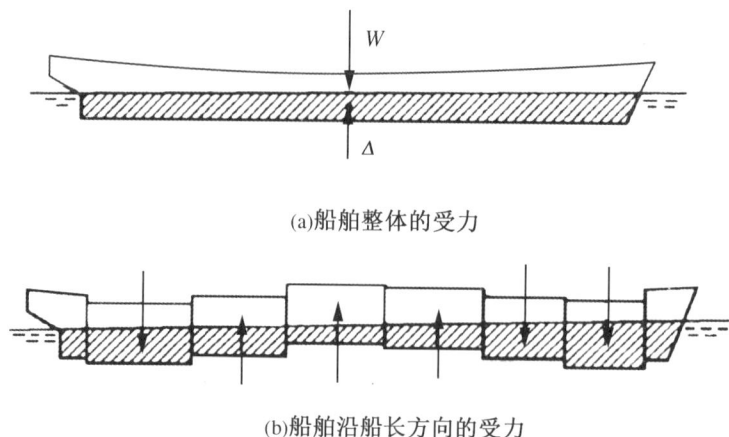

图 4-23　船舶纵向分段示意图

（1）重力分布曲线

船舶浮于静水中时，可以相当于一根两端自由的空心变断面梁，受不均匀分布的重力和浮力的作用。将坐标轴 X 取在船上并沿着纵向基线，向船首为正方向，坐标原点取在艉垂线处。力的方向向下为正值。设沿着船长方向 x 处，单位船长上的重力为 $w_x(\text{t/m})$，重力沿着船长方向的分布称为重力分布曲线。

对运营船舶来讲，船体几何形状、大小和总布置是一定的，所以船舶重力的大小与沿着船长方向的分布，主要取决于船舶的装载状态，即取决于货物、旅客、燃油、淡水等载重的大小和布置。研究表明，在载重分布合理的情况下，船舶在满载出港、满载到港、压载出港和压载到港的装载状态，船舶重力的分布对船体总纵弯曲力矩和剪力相对不利。若船舶在上述的装载状态下，遇到了标准波浪，则作用在船体上的弯曲力矩和剪力可能达到最大值。

（2）浮力分布曲线

在船舶 x 剖面处，水线下的横剖面面积为 $A_x(\text{m}^2)$，舷外水的密度为 $\rho(\text{t/m}^3)$，则在 x 剖面处单位船长上的浮力为 $b_x=\rho A_x(\text{t/m})$。浮力沿着船长方向的分布称为浮力分布曲线。

浮力的大小以及沿着船长方向的分布与船体水线下的几何形状和大小有关。当船体的几何形状和大小固定时，其与船舶吃水、波浪以及船与波的相对位置有关。船浮在平静的水面上，浮力沿着船长方向的分布是按水线下船体横剖面沿着船长方向变化而分布的。而船在实际航行中，波浪下的浮力沿着船长方向的分布是在不断地变化的。研究表明，使船体可能产生最大的弯曲力矩和剪力的浮力分布，是当船在海上遇到波浪时，波长 λ 等于船长 L，船与波的相对位置是波峰位于船中或波谷位于船中时。这时船舶的浮力分布对船体总纵弯曲力矩和剪力最不利。

（3）载荷分布曲线

在船舶 x 剖面处，单位船长上重力和浮力的差值 $q_x=(w_x-b_x)$，称为作用在 x 剖面处的载荷。载荷沿着船长方向的分布称为载荷曲线，如图 4-24（a）所示。由于作用在船舶上的重力和浮力在总体上是平衡的，所以船舶的载荷曲线与纵向 X 轴所围成的面积代数和为 0。这里需要指出的是，在 X 轴上方的面积为正；在 X 轴下方的面积为负。同时，总面积对纵向 X 轴上任意一点的静力矩为 0。

（4）弯矩和剪力分布曲线

根据船体梁的弯曲理论，船体梁在载荷 q_x 的作用下，产生的弯曲力矩和剪力分别为

$$N_x = \int_0^x q_x \mathrm{d}x = \int_0^x (w_x - b_x)\ \mathrm{d}x \tag{4-90}$$

$$M_x = \int_0^x \int_0^x q_x \mathrm{d}x \mathrm{d}x = \int_0^x \int_0^x (w_x - b_x)\ \mathrm{d}x \mathrm{d}x \tag{4-91}$$

式中，N_x 为作用于船体 x 剖面处的剪力；M_x 为作用于船体 x 剖面处的总纵弯矩。总纵弯矩和剪力沿着船长方向的分布如图 4-24(b) 所示。

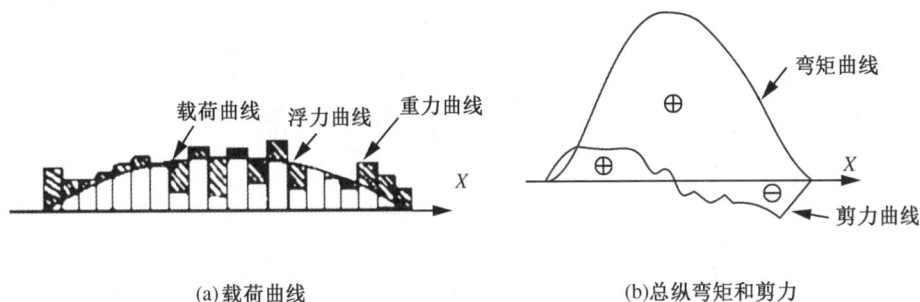

（a）载荷曲线　　　　　　　　　　　　（b）总纵弯矩和剪力

图 4-24　船体受力曲线图

对于一般的船舶而言，其总纵弯曲力矩和剪力沿着船长方向的分布特征有：

①由于船舶首尾两端无支持，所以在船首尾两端的弯矩和剪力均为零。

②总纵弯曲力矩值从船舶首尾两端向船中逐渐增大，最大的弯曲力矩出现在船中附近。

③最大的剪力位于距船舶首尾两端 1/4 船长左右。

④根据梁的弯曲理论，最大弯曲力矩处的剪力值等于零。

⑤对于运营的船舶来讲，船体的几何形状和大小是一定的。船舶可能遇到的最不均匀的重力分布的装载状态和可能遇到的最不均匀的浮力分布的波浪也是可以确定的。因此，每一条船舶都有明确的最大弯曲力矩值和剪力值。

4.6.1.3　船体总纵强度衡准的规范校核

船体总纵强度衡准是船舶设计中为避免船体材料发生永久性塑性变形，保障船舶在变形后仍具有弹性恢复力的一项结构强度检查标准。总纵强度衡准校核，可以提高船舶抵抗一定程度的自身和波浪载荷，为船舶的航行提供安全保障。在船舶总纵强度的校核上，主要分为两方面的计算。

4.6.1.3.1　许用应力

（1）强度校核衡准的建立

船舶许用应力的校核，是直接关注船舶参与总纵强度的局部结构或船体梁关键横剖面上所产生的应力状态，观察其是否超过材料本身的破坏极限。船舶遭受的应力应小于材料破坏或结构受损时对应的极限应力值，以保证船舶在复杂海洋环境中具有足够的结构强度。其中，满足船体总纵弯曲强度的衡准为

$$\sigma \leqslant [\sigma] \tag{4-92}$$

而满足船体总纵剪切强度的衡准为

$$\tau \leqslant [\tau] \tag{4-93}$$

式中,$[\sigma]$ 和 $[\tau]$ 分别是船舶的许用弯曲应力和许用剪切应力,其值与船体结构材料有关,一般取材料屈服强度的 70%。当船体的几何形状、大小和布置、载重量、结构材料等确定时,结构材料的许用应力和剪力应力为一个确定的值。

（2）船体应力计算

由梁的弯曲理论可知,船舶总纵弯曲应力为

$$\sigma = \frac{M}{W} \tag{4-94}$$

式中,M 为船舶遭受的纵向弯矩;W 为船舶关键剖面的剖面模数。对于船舶的纵向弯矩而言,由于船中处的弯矩往往最大,因此船舶的关键剖面一般为船中剖面。

由材料力学的弯曲理论可知,船舶总纵强度的剪切应力为

$$\tau = \frac{N \cdot S}{I \cdot \delta} \tag{4-95}$$

式中,N 为船舶关键剖面的剪切力;I 为船舶中和轴处的面积惯性矩;δ 为船舶关键剖面处承担剪切力的相对厚度;S 为船舶关键剖面从剖面边缘到计算点的水平线之间的构件面积对水平中和轴的静矩。

在船体应力校核中,有几个重要的参数对应力的计算至关重要,因此需要进一步介绍。

（3）中和轴

为了计算船舶不同剖面的刚度,引入了中和轴的概念。中和轴是指船舶在弯矩过程中各个剖面转动的轴线。而船舶的应力分布也依赖于中和轴的位置,如图 4-25 所示。船舶剖面的拉应力和压应力在中和轴处为 0,而随着结构位置远离中和轴,拉应力和压应力逐渐增大。

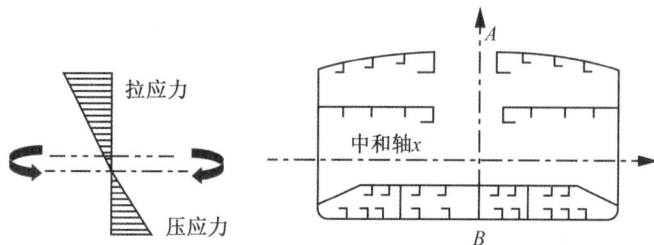

图 4-25 中和轴的位置和应力分布

（4）剖面模数

在船体结构强度中,采用剖面模数来表示船舶自身的刚度,即船舶结构抵抗破坏的能力。剖面模数与船舶遭受的载荷等船舶外界因素无关,仅仅与船体自身结构设计和厚度有关。

船中剖面最小剖面模数的求法为:首先,计算参与总纵弯曲力矩的构件对船体横剖面中和轴的惯性矩 I;再分别除以中和轴至强力甲板边线的垂直距离 Z_d 和至船底平板龙骨上缘的垂直距离 Z_b,从而获得甲板剖面模数 W_d 和船底剖面模数 W_b。具体计算公式为

$$W_d = \frac{I}{Z_d} \tag{4-96}$$

$$W_b = \frac{I}{Z_b} \qquad (4\text{-}97)$$

而甲板剖面模数 W_d 和船底剖面模数 W_b 中较小者就是校核需要的最小剖面模数。当船体的几何形状、大小和布置、载重量、结构材料确定时,最小剖面模数也是一个确定的值。由此可见,船体结构要满足总纵弯曲强度的要求,则船体中实际的船中剖面模数 W 必须大于可能造成船体破坏的临界剖面模数。在《钢质海船入级规范》中,新造的船舶在设计上要求实际的船中剖面模数 W 必须大于中国船级社(CCS)规范所规定的 W_0 值,从而使船体的总纵弯曲强度满足要求。船中剖面模数 W 应满足

$$W \geqslant W_0 \qquad (4\text{-}98)$$

其中,CCS 规范要求的船中剖面模数 W_0 值为

$$W_0 = KL^2B(C_B + 0.7) \ \text{cm}^3 \qquad (4\text{-}99)$$

式中,K 为材料系数;L 为船长;B 为船宽;C_B 为方形系数。计入船中最小剖面模数 W_0 的纵向连续构件尺寸应在船中 $0.4L$ 区域内保持不变。但在特殊情况下考虑到船舶种类、船型和装载条件,且不降低船舶的装载适应性,纵向连续构件尺寸可向船中 $0.4L$ 区域的两端逐渐减小。若船舶甲板或底部区域有部分纵向强力材料作为货油舱或压载水舱的边界,且这些液舱具有有效的防腐蚀系统,则允许这些边界的尺寸有一些折减,但任何情况下最小船体梁剖面模数的折减都不能超过 5%。其中,船中剖面对水平中和轴的惯性矩 I 应满足

$$I = 3W_0L \qquad (4\text{-}100)$$

而船舶总纵弯曲应力和剪切应力可以由式(4-101)和式(4-102)计算得到。

$$\sigma = \frac{|\bar{M}_s + M_W|}{W_0} \times 10^3 \qquad (4\text{-}101)$$

$$\tau = \frac{|\bar{N}_s + N_W|S}{I\delta_i} \times 10^2 \qquad (4\text{-}102)$$

式中,$\bar{M}_s$ 和 $\bar{N}_s$ 为规范计算中的许用静水弯矩和剪切力;M_W 和 N_W 为规范计算中的波浪弯矩和剪切力。δ_i 与舷侧外板和纵舱壁板有关。

4.6.1.3.2　许用静水弯矩和与剪力

除了应力校核之外,船舶一般还需要对弯矩和剪力这些宏观参量进行校核。根据《钢质海船入级规范》,在各种装载状态下船体梁各剖面处的设计静水弯矩和静水剪切力应满足以下条件。

$$\begin{cases} M_s(+) \leqslant \bar{M}_s(+) \\ M_s(-) \leqslant |\bar{M}_s(-)| \end{cases} \qquad (4\text{-}103)$$

$$\begin{cases} N_s(+) \leqslant \bar{N}_s(+) \\ N_s(-) \leqslant |\bar{N}_s(-)| \end{cases} \qquad (4\text{-}104)$$

式中,M_s 和 N_s 为规范计算中的设计静水弯矩和剪切力;$\bar{M}_s$ 和 $\bar{N}_s$ 为规范计算中的许用静水弯矩和剪切力;(+)和(-)分别代表中拱和中垂工况。根据船舶相关理论推导和大量的实船测

试分析,对满足 CCS 规范要求的标准船舶,给出了相应的载荷计算公式,从而简化了船舶结构强度的校核工作。

(1)波浪载荷

根据《钢质海船入级规范》,船体梁各剖面的中拱波浪弯矩和中垂波浪弯矩的估算公式为

$$\begin{cases} M_W(+) = +190MCL^2BC_b \times 10^{-3} \\ M_W(-) = -110MCL^2B(C_b+0.7) \times 10^{-3} \end{cases} \quad (4\text{-}105)$$

式中,L 为船长;B 为船宽;C_B 为方形系数;M 为弯矩分布系数。而根据不同船长,系数 C 可以写成

$$C = \begin{cases} 0.041\ 2L+4, & L < 90\ \text{m} \\ 10.75-[(300-L)/100]^{3/2}, & 90 \leqslant L < 300\ \text{m} \\ 10.75, & 300 \leqslant L < 350\ \text{m} \\ 10.75-[(L-350)/150]^{3/2}, & 350 \leqslant L \leqslant 500\ \text{m} \end{cases} \quad (4\text{-}106)$$

同时,根据《钢质海船入级规范》,船体梁各剖面的中拱波浪剪切力和中垂波浪剪切力的计算式为

$$\begin{cases} N_W(+) = +30F_1CLB(C_b+0.7) \times 10^{-2} \\ N_W(-) = -30F_2CLB(C_b+0.7) \times 10^{-2} \end{cases} \quad (4\text{-}107)$$

式中,F_1 和 F_2 为切力分布系数。

(2)许用静水弯矩

根据船舶静水弯矩、波浪弯矩和合成弯矩的关系,最终可以得到船舶在中拱和中垂下的许用静水弯矩值,具体计算式为

$$\begin{cases} \bar{M}_s(+) = \bar{M} - M_W(+) \\ \bar{M}_s(-) = -\bar{M} - M_W(-) \end{cases} \quad (4\text{-}108)$$

其中,合成弯矩 $\bar{M}$ 可以通过对比式(4-109)中的计算结果,取较小者。

$$\bar{M} = \min\{F_dW_d[\sigma] \times 10^3, F_bW_b[\sigma] \times 10^3\} \quad (4\text{-}109)$$

式中,W_d 为甲板处剖面模数;W_b 为船底龙骨处剖面模数;F_d 和 F_b 为甲板和船底龙骨处的折减系数。当甲板处和龙骨处的最大总纵弯曲应力小于许用弯曲应力 $[\sigma]$ 时,可取适宜的折减系数 F_d 和 F_b 以减小局部构件的尺寸,但应符合以下条件。

$$\begin{cases} F_d \geqslant \dfrac{\sigma_d}{[\sigma]} \\ F_b \geqslant \dfrac{\sigma_b}{[\sigma]} \end{cases} \quad (4\text{-}110)$$

式中,σ_d 为甲板处剖面模数;σ_b 为船底龙骨处剖面模数;$[\sigma]$ 为许用弯曲应力。对于外板和甲板,折减系数 F_d 和 F_b 应不小于 0.7。对于骨材,折减系数 F_d 和 F_b 应不小于 0.8。对于船长小于 65 m 的船舶,F_d 和 F_b 均取为 1。而许用弯曲应力 $[\sigma]$ 可按照下述规定确定:船中 0.4L

处时，$[\sigma] = 175/K$；船端 0.1L 处时，$[\sigma] = 125/K$；其他区域时，$[\sigma]$ 为线性插值。其中，K 为材料系数。

（3）许用剪切力

根据《钢质海船入级规范》，船舶中拱和中垂下许用剪切力的计算式为

$$\begin{cases} \bar{N}_s(+)_{\max} = [\tau]\dfrac{I\delta}{S} \times 10^2 - N_W(+) \\ \bar{N}_s(-)_{\min} = -[\tau]\dfrac{I\delta}{S} \times 10^2 - N_W(-) \end{cases} \tag{4-111}$$

式中，N_W 为波浪剪切力；I 为计算横剖面对水平中和轴的惯性矩；S 为计算横剖面上，水平中和轴以上有效纵向构件对水平中和轴的静矩；δ 为船舶关键剖面处承担剪切力的相对厚度，其值为舷侧外板和纵舱壁板上相对厚度的较小者。而许用剪切应力 $[\tau] = 110/K$，与材料系数 K 有关。

4.6.1.3.3　船舶总纵强度规范校核的一般性步骤

船舶总纵强度是船舶结构设计中重要的环节，因此所有船级社和船舶检验部门都对船舶的总纵强度有所要求。事实上，不同船舶检验部门往往会根据自身的需要，给出不同的规范校核方法。参照各船级社的相关规范，船舶总纵强度校核步骤大致如下：

①计算沿船长分布的各横剖面的剖面要素（模数、惯性矩），判断能否满足规范的基本剖面要素要求。

②根据规范要求，计算关键横剖面的许用静水弯矩和静水切力。

③计算出船舶每个典型装载概况下的静水弯矩和静水切力，判断是否超出各横剖面的许用值。如果超出许用值，应设法增加剖面要素（板厚、替换高强度钢）或调整船舶装载布置。

④根据规范规定的重点结构范围，计算各横剖面处结构的拉应力、压应力和剪切应力，判断是否发生结构屈曲或屈服破坏。

图 4-26 给出了大连海事大学教学实习船"育鹏"的装载图。根据"育鹏"的相关重量分布数据进行了船舶总纵强度校核，如表 4-10 所示。计算剖面弯矩与许用弯矩的比值、计算剪力与许用剪力的比值发现，船体在不同肋位下的比值的绝对值均小于 1，因此"育鹏"在总纵强度上是满足规范要求的。

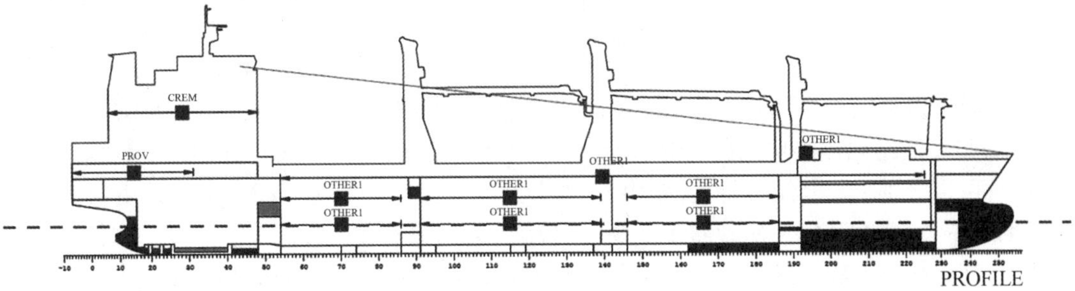

图 4-26　"育鹏"装载图

表 4-10　船舶总纵强度校核表

肋位	计算剖面弯矩/许用弯矩	计算剪力/许用剪力
26	2.0%	12.3%
54	9.1%	21.1%
70	13.3%	17.0%
91	16.9%	9.0%
115	18.3%	−1.2%
139	16.3%	−10.3%
162	12.0%	−18.1%
186	6.5%	−15.9%
209	2.3%	−10.9%
228	0.5%	−4.0%

4.6.2　基于概率的船舶结构总纵强度评估

除了以规范为基础的确定性方法外,基于可靠性理论的概率方法也十分常见。该方法能够考虑船舶在复杂海洋环境下的具体影响,是一种较为先进的方法。下面对基于概率的船舶结构总纵强度评估进行说明。

4.6.2.1　船体结构失效模型的构建

假设用 $X_1, X_2, \cdots, X_n$ 表示船舶结构评估相关的基本变量,用 $Z = g(X_1, X_2, \cdots, X_n)$ 表示结构功能函数,则船舶结构工作状态为

$$Z = g(X_1, X_2, \cdots, X_n) = \begin{cases} < 0; 失效状态 \\ = 0; 极限状态 \\ > 0; 安全状态 \end{cases} \tag{4-112}$$

式中, $X_1, X_2, \cdots, X_n$ 对应的概率密度函数为 $f_X(x_1, x_2, \cdots, x_n)$,则结构失效概率为

$$p_f = P(Z < 0) = \iint_{Z<0} \cdots \int f_X(x_1, x_2, \cdots, x_n) \, \mathrm{d}x_1 \mathrm{d}x_2 \cdots \mathrm{d}x_n \tag{4-113}$$

根据统计特征,与船体结构评估相关的基本变量 X_i 可以分成两类:一类是对船体结构的作用 D ;另一类是船体结构抵御变形的能力 C 。 D 和 C 量纲相同。 D 和 C 分别为所属基本变量的函数,可以分别求得其统计特性,如均值、方差及密度函数等。对于同一坐标系中绘出的 D 和 C 的概率密度曲线,定义两者曲线重叠区域为干涉区,只有在干涉区才能使 C 的取值小于 D 的取值,即结构出现失效状态。若 $Z = C - D \leq 0$ 表示结构失效,则失效概率为

$$p_f = P[(C - D \leq 0)] \tag{4-114}$$

假设 D 和 C 相对应的概率密度函数为 $f_D(x)$ 和 $f_C(x)$,概率分布函数为 $F_D(x)$ 和 $F_C(x)$ 。若 D 和 C 相互独立,则结构失效概率为

$$p_f = P[(C - D \leq 0)] = \int_0^\infty F_C(x) f_D(x) \, \mathrm{d}x \tag{4-115}$$

或

$$p_f = P[(C - D \leq 0)] = \int_0^\infty [1 - F_D(x)] f_C(x) \, \mathrm{d}x \tag{4-116}$$

由于结构的失效与结构抵抗能力互不相容,故船舶结构的可靠概率为

$$p_s = 1 - p_f = 1 - \int_0^\infty F_C(x) f_D(x) \, \mathrm{d}x \tag{4-117}$$

或

$$p_s = 1 - p_f = 1 - \int_0^\infty [1 - F_D(x)] f_C(x) \, \mathrm{d}x \tag{4-118}$$

一般情况下,认为波浪弯矩幅值服从 Weibull 分布,即

$$\left. \begin{array}{l} f(x) = \dfrac{r}{k} \left(\dfrac{x}{k} \right)^{r-1} \exp\left[-\left(\dfrac{x}{k} \right)^r \right] \\[4mm] F(x) = 1 - \exp\left[-\left(\dfrac{x}{k} \right)^r \right] \end{array} \right\} \tag{4-119}$$

式中,r 和 k 为分布参数。当 $r = 2$ 时,式(4-119)可转化 Rayleigh 分布,即

$$\left. \begin{array}{l} f(x) = \dfrac{2x}{k^2} \exp\left(-\dfrac{x^2}{k^2} \right) \\[4mm] F(x) = 1 - \exp\left(-\dfrac{x^2}{k^2} \right) \end{array} \right\} \tag{4-120}$$

当 $r = 1$ 时,式(4-120)变为指数分布,即

$$\left. \begin{array}{l} f(x) = \dfrac{1}{k} \exp\left(-\dfrac{x}{k} \right) \\[4mm] F(x) = 1 - \exp\left(-\dfrac{x}{k} \right) \end{array} \right\} \tag{4-121}$$

根据序列统计原理,以 Rayleigh 分布为初始分布,可求得其极值分布为

$$\left. \begin{array}{l} g(x) = n \left[1 - \exp\left(-\dfrac{x^2}{R} \right) \right]^{n-1} \cdot \dfrac{2x}{R} \exp\left(-\dfrac{x^2}{R} \right) \\[4mm] G(x) = \left[1 - \exp\left(-\dfrac{x^2}{R} \right) \right]^n \end{array} \right\} \tag{4-122}$$

式中 $R = k^2 = 2\sigma_D^2$,σ_D 为相应的正态分布的标准差,n 为峰值个数。

一般情况下,认为钢材屈服极限服从正态分布,即

$$h(x) = \dfrac{1}{\sqrt{2\pi}\,\sigma_C} \exp\left[-\dfrac{(x - \mu_C)^2}{2\sigma_C^2} \right] \tag{4-123}$$

式中,μ_C 为均值,一般取钢材屈服极限;σ_C 为相应的标准差。在结构抗力强度上,只考虑钢材的屈服和屈曲破坏,故假定船体的极限弯矩和扭矩符合正态分布。

4.6.2.2　船体结构可靠性计算方法

求解式(4-114)积分的可靠性计算方法大致分为三种:直接积分法,也称为全概率法;简化法,如一次二阶矩法等;数值模拟法,如蒙特卡罗法、响应面法等。下面对典型的解法进行简要介绍。

4.6.2.2.1 一次二阶矩法

一次二阶矩法主要是对功能函数进行的。在随机变量的均值处,将函数按泰勒级数展开并只保留线性项,从而可以得到功能函数的均值和方差等,进而最终计算出可靠性指标。

(1)中心点法

假设 $X_1, X_2, \cdots, X_n$ 是相互独立的随机变量,平均值为 $\mu_{X_i}(i = 1, 2, \cdots, n)$,标准差为 σ_{X_i}($i = 1, 2, \cdots, n$),功能函数 $Z = g(X_1, X_2, \cdots, X_n)$ 在均值处按泰勒级数展开并保留一次项可得

$$Z_L = g(\mu_{X_1}, \mu_{X_2}, \cdots, \mu_{X_n}) + \sum_{i=1}^{n} \left(\frac{\partial g}{\partial X_i}\right)(X_i - \mu_{X_i}) \tag{4-124}$$

此时,函数的均值和方差可计算为

$$\left. \begin{array}{l} \mu_{Z_L} = E(Z_L) = g(\mu_{X_1}, \mu_{X_2}, \cdots, \mu_{X_n}) \\[3mm] \sigma_{Z_L} = E[Z_L - E(Z_L)]^2 = \sum_{i=1}^{n} \left(\frac{\partial g}{\partial X_i}\right)_{\mu}^2 \sigma_{X_i}^2 \end{array} \right\} \tag{4-125}$$

而可靠性指标可以进一步表示为

$$\beta = \frac{\mu_{Z_L}}{\sigma_{Z_L}} = \frac{g(\mu_{X_1}, \mu_{X_2}, \cdots, \mu_{X_n})}{\sqrt{\sum_{i=1}^{n} \left(\frac{\partial g}{\partial X_i}\right)_{\mu}^2 \sigma_{X_i}^2}} \tag{4-126}$$

中心点法计算简单,工作量小,但是有以下缺点:不能考虑随机变量的分布,非线性功能函数在平均值处展开虽然可行,但其适用性不强;功能函数的敏感度过高,不同表达形式的功能函数往往会导致得到的可靠性指标 β 各异,因此其比较分析时需要采用同一表达形式的功能函数。

(2)验算点法

验算点法是对中心点法的改进,其重新几何定义了可靠性指标,从而解决了功能函数不同导致可靠性指标不一致的问题。其中,H-L 法可以在考虑多个正态随机变量的情况下对可靠性指标 β 进行高精度的近似计算。而 R-F 法则提供了对非正态随机变量进行当量正态化的途径。

引入标准化正态随机变量,令

$$\bar{X}_i = \frac{X_i - \mu_{X_i}}{\sigma_{X_i}} \quad (i = 1, 2, \cdots, n) \tag{4-127}$$

则功能函数变为

$$Z = g(\bar{X}_1 \sigma_{X_1} + \mu_{X_1}, \bar{X}_2 \sigma_{X_2} + \mu_{X_2}, \cdots, \bar{X}_n \sigma_{X_n} + \mu_{X_n}) \tag{4-128}$$

可靠性指标 β 是标准正态坐标系 $O\bar{X}_1\bar{X}_2\cdots\bar{X}_n$ 中原点 $\bar{O}$ 到失效曲面的最短距离,也就是验算点 P^* 沿其失效曲面切平面法线到原点 $\bar{O}$ 的长度。其可表示为

$$\left.\begin{array}{l} \beta = \min \left(\sum_{i=1}^{n} \overline{x}_i^2 \right)^{0.5} \\ g(\overline{x}) = 0 \quad \text{（失效曲面方程）} \\ x_i^* = \mu_{X_i} + \beta \sigma_{X_i} \cos\theta_{\overline{X}_i} \end{array}\right\} \tag{4-129}$$

而 $\overline{OP}^*$ 对坐标向量的方向余弦为

$$\cos\theta_{\overline{X}_i} = \cos\theta_{X_i} = \frac{-\left.\dfrac{\partial g}{\partial X_i}\right|_{P^*} \sigma_{X_i}}{\left[\sum_{i=1}^{n}\left(-\left.\dfrac{\partial g}{\partial X_i}\right|_{P^*}\sigma_{X_i}\right)^2\right]^{0.5}} \tag{4-130}$$

非正态当量化，令

$$F_{X_i}(x_i^*) = \Phi\left(\frac{x_i^* - \mu'_{x_i}}{\sigma'_{x_i}}\right) \tag{4-131}$$

$$f_{X_i}(x_i^*) = \frac{1}{\sigma'_{x_i}}\varphi\left(\frac{x_i^* - \mu'_{x_i}}{\sigma'_{x_i}}\right) \tag{4-132}$$

从而可以进一步得到等效正态变量的均值和方差，如式（4-133）和（4-134）所示。

$$\mu'_{X_i} = x_i^* - \Phi^{-1}[F_{X_i}(x_i^*)]\sigma'_{x_i} \tag{4-133}$$

$$\sigma'_{X_i} = \frac{\varphi\{\Phi^{-1}[F_{X_i}(x_i^*)]\}}{f_{X_i}(x_i^*)} \tag{4-134}$$

4.6.2.2.2 响应面法

现有的大多数可靠性方法都是以功能函数有解析表达式为基础的，但是在实际情况中，结构系统的复杂性使解析表达式不是显式的，求解十分困难。响应面法（Response Surface Methodology，RSM）为这种情况提供了非常有效的计算方法，即通过合理的试验设计方法，用一个容易求解的曲面（响应面）来代替真实的失效曲面，从而完成可靠性分析。与蒙特卡罗法相比，响应面法无须大量的样本数量，更加经济。

（1）响应面法的基本原理

假定设计点是 n 维向量 $x \in E^n$，它是待求功能函数的自变量。功能函数可能无准确的表达式，但是只要给出设计点值 $x^{(j)}$，总能通过试验得到相应的响应值 $g(x^{(j)})$。所有试验完成后，可以利用待定系数求得功能函数的近似函数（响应面函数）$g(x)$。

根据实际工程经验，响应面函数 $g(x)$ 通常选取线性或二次多项式的形式：

① 线性型响应面函数

$$g(x) = \alpha_0 + \sum_{j=1}^{n}\alpha_j x_j \tag{4-135}$$

②不含交叉项的二次型响应面函数

$$g(x) = \alpha_0 + \sum_{j=1}^{n} \alpha_j x_j + \sum_{j=1}^{n} \alpha_{jj} x_j \tag{4-136}$$

③含交叉项的二次型响应面函数

$$g(x) = \alpha_0 + \sum_{j=1}^{n} \alpha_j x_j + \sum_{i=1}^{n} \sum_{j=1}^{n} \alpha_{ij} x_i x_j \tag{4-137}$$

式中，α_0 为常数项待定系数；α_j 为一次项待定系数；α_{ij} 为二次项待定系数。

令

$$\left.\begin{aligned} & x_0 = 1 \\ & x_1 = x_1, x_2 = x_2, \cdots, x_n = x_n \\ & \vdots \\ & x_{n+1} = x_1^2, x_{n+2} = x_2^2, \cdots, x_{2n} = x_n^2 \\ & x_{2n+1} = x_1 x_2, x_{2n+2} = x_1 x_3, \cdots, x_{n(n+3)/2} = x_{n-1} x_n \end{aligned}\right\} \tag{4-138}$$

$$\left.\begin{aligned} & \beta_0 = \alpha_0 \\ & \beta_1 = \alpha_1, \beta_2 = \alpha_2, \cdots, \beta_n = \alpha_n \\ & \vdots \\ & \beta_{n+1} = \alpha_{n+1}, \beta_{n+2} = \alpha_{n+2}, \cdots, \beta_{2n} = \alpha_{2n} \\ & \beta_{2n+1} = \alpha_{12}, \beta_{2n+2} = \alpha_{13}, \cdots, \beta_{n(n+3)/2} = \alpha_{(n-1)n} \end{aligned}\right\} \tag{4-139}$$

将式(4-138)和式(4-139)代入式(4-140)得到

$$g(x) = \sum_{i=0}^{k-1} \beta_i x_i \tag{4-140}$$

式中，β_i 为待定系数。β_i 的个数 k 根据响应面函数的形式确定，见表4-11。

表4-11　函数形式与待定系数个数

函数形式	待定系数个数
线性型	$n+1$
不含交叉项的二次型	$2n+1$
含交叉项的二次型	$(n+1)(n+2)/2$

为了确定系数 β_i，需做 m 次（$m \geq k$）独立试验，得到 m 个样本点对应的响应值 $g^{(j)}$（$j = 0, 1, \cdots, m-1$），代入式(4-138)可得

$$\begin{array}{cccc|c} x_0^{(0)} & x_1^{(0)} & \cdots & x_{k-1}^{(0)} & g^{(0)} \\ x_0^{(1)} & x_1^{(1)} & \cdots & x_{k-1}^{(1)} & g^{(1)} \\ \vdots & \vdots & & \vdots & \vdots \\ x_0^{(m-1)} & x_1^{(m-1)} & \cdots & x_{k-1}^{(m-1)} & g^{(m-1)} \end{array} \tag{4-141}$$

将上述 m 个样本点 $x^{(j)}$（$j = 0, 1, \cdots, m-1$）代入式(4-140)中，可得

$$
\left.\begin{aligned}
g^{(0)} &= \sum_{i=0}^{k-1} \beta_i x_i^{(0)} \\
g^{(1)} &= \sum_{i=0}^{k-1} \beta_i x_i^{(1)} \\
&\vdots \\
g^{(m-1)} &= \sum_{i=0}^{k-1} \beta_i x_i^{(m-1)}
\end{aligned}\right\}
\tag{4-142}
$$

因为响应面函数是功能函数的近似函数,二者存在误差,即

$$
\left.\begin{aligned}
\varepsilon^{(0)} &= \sum_{i=0}^{k-1} \beta_i x_i^{(0)} - g^{(0)} \\
\varepsilon^{(1)} &= \sum_{i=0}^{k-1} \beta_i x_i^{(1)} - g^{(1)} \\
&\vdots \\
\varepsilon^{(m-1)} &= \sum_{i=0}^{k-1} \beta_i x_i^{(m-1)} - g^{(m-1)}
\end{aligned}\right\}
\tag{4-143}
$$

利用最小二乘法使误差的平方和最小,即

$$
S(\boldsymbol{\beta}) = \sum_{j=0}^{m-1} \left(\varepsilon^{(j)} \right)^2 = \sum_{j=0}^{m-1} \left(\sum_{i=0}^{k-1} \beta_i x_i^{(j)} - g^{(j)} \right)^2 \rightarrow \min
\tag{4-144}
$$

式(4-144)取极小值的必要条件为

$$
\frac{\partial S}{\partial \beta_i} = 2 \sum_{j=0}^{m-1} \left[x_l^{(j)} \left(\sum_{i=0}^{k-1} \beta_i x_i^{(j)} - g^{(j)} \right) \right] = 0 \quad (l = 0,1,\cdots,k-1)
\tag{4-145}
$$

化简整理得

$$
\left.\begin{aligned}
\sum_{i=0}^{k-1} \sum_{j=0}^{m-1} \beta_i x_i^{(j)} &= \sum_{j=0}^{m-1} g^{(j)} \\
\sum_{i=0}^{k-1} \sum_{j=0}^{m-1} \beta_i x_1^{(j)} x_i^{(j)} &= \sum_{j=0}^{m-1} x_1^{(j)} g^{(j)} \\
&\vdots \\
\sum_{i=0}^{k-1} \sum_{j=0}^{m-1} \beta_i x_{k-1}^{(j)} x_i^{(j)} &= \sum_{j=0}^{m-1} x_{k-1}^{(j)} g^{(j)}
\end{aligned}\right\}
\tag{4-146}
$$

化成矩阵形式,其公式为

$$
(\boldsymbol{X\beta} - \boldsymbol{g})^{\mathrm{T}} \boldsymbol{X} = 0
\tag{4-147}
$$

其中,各向量参数为

$$
\boldsymbol{X} = \begin{bmatrix}
x_0^{(0)} & x_1^{(0)} & \cdots & x_{k-1}^{(0)} \\
x_0^{(1)} & x_1^{(1)} & \cdots & x_{k-1}^{(1)} \\
\vdots & \vdots & & \vdots \\
x_0^{(m-1)} & x_1^{(m-1)} & \cdots & x_{k-1}^{(m-1)}
\end{bmatrix},
\boldsymbol{g} = \begin{Bmatrix}
g^{(0)} \\
g^{(1)} \\
\vdots \\
g^{(m-1)}
\end{Bmatrix},
\boldsymbol{\beta} = \begin{Bmatrix}
\beta_0 \\
\beta_1 \\
\vdots \\
\beta_{k-1}
\end{Bmatrix}
$$

若矩阵 $\boldsymbol{X}^{\mathrm{T}} \boldsymbol{X}$ 奇异,则需进行奇异值分解;若不奇异,则

$$\boldsymbol{\beta} = (\boldsymbol{X}^{\mathrm{T}}\boldsymbol{X})^{-1}\boldsymbol{X}^{\mathrm{T}}\boldsymbol{g} \tag{4-148}$$

将式(4-148)得到的 $\boldsymbol{\beta}$ 代入式(4-140)即可得到响应面函数的表达式。

（2）响应面法的计算步骤

目前有两种计算方法：一种是在近似验算点附近展开得到响应面；另一种是以试验设计为基础，包括全因子设计、部分因子设计、中心复合设计、拉丁超立方设计等试验设计方法，以误差精度来判别是否停止迭代。前一种试验次数少，但计算结果比较粗糙。试验设计采用目前应用广泛的 RSM 设计方法，其通用计算步骤如下：

①确定功能函数形式，原则上选择与实际吻合较好且试验次数少的函数形式。

②通过试验设计方法确定试验点，假定初始点 $P^{(0)} = (x_1^{(0)}, x_2^{(0)}, \cdots, x_n^{(0)})$。

③通过试验（如有限元方法）对试验点进行计算，由计算结果得到式(4-149)和式(4-150)的功能函数值。

$$Z = g(x_1^{(0)}, x_2^{(0)}, \cdots, x_n^{(0)}) \tag{4-149}$$

$$Z = g(x_1^{(0)}, \cdots, x_i^{(0)} \pm f\sigma_i, \cdots, x_n^{(0)}) \tag{4-150}$$

系数 f 在初次计算中取 2 或 3，在以后迭代过程中取 1；σ_i 为 X_i 的标准差。

④求得待定系数，从而确定响应面函数。

⑤通过响应面函数，使用简化法或数值模拟法，求出验算点 $P^{*(k)}$ 的可靠性指标 $\beta^{(k)}$，k 表示迭代的步数。

⑥通过式(4-151)看收敛条件是否满足，满足则停止迭代。若不满足，则利用式(4-152)得到新插值点 $P^{(k+1)}$。返回第③步，以 $P^{(k+1)}$ 进行迭代，直到满足收敛条件为止。

$$|\beta^{(k)} - \beta^{(k-1)}| < \varepsilon, \varepsilon \text{ 为收敛精度} \tag{4-151}$$

$$P^{(k+1)} = P^{(k)} + \frac{(P^{*(k)} - P^{(k)})g(P^{(k)})}{g(P^{(k)}) - g(P^{*(k)})} \tag{4-152}$$

通过上述计算方法，最终能够得到船舶结构的失效概率或可靠性指标。通过评估结构失效概率和的大小，最终实现船舶纵向结构构件的优化设计。

4.6.3　结构破损后船体剩余强度评估

船舶运营的时间较长，结构腐蚀、结构裂纹以及船舶碰撞等意外事故时常发生。因此，在对船舶完整状态下的总纵强度进行校核后，需要进一步考虑船舶在航行过程中可能出现的破损状态。通过对破损后的船舶结构强度状态进行评估，判断船舶是否能够继续开展安全航行。而这种考虑船舶破损后的结构强度评估又被称为船体剩余强度评估。船舶剩余强度的研究最早也是由船体结构总纵强度评估理论发展而来。因此，笔者将剩余强度评估放在总纵强度评估的章节内进行叙述。目前，国内外船级社在编制船舶设计建造相关规范时，已将结构破损后的剩余强度列入船体结构强度体系中，并提出了各自不同的评估方法。由此可见，现阶段的船体剩余强度评估已被放在与传统结构强度评估同样重要的位置。事实上，船体总纵强度表征着船体完整结构在总纵弯曲状态下的极限承载能力，而船舶的剩余强度则是指船体结构破损后还能继续抵抗外力破坏的能力。与完整船舶的总纵强度类似，结构剩余强度评估主要由船体结构的承载能力和载荷计算两部分组成。下面对破损后的船舶结构极限承载能力和波浪载荷计算进行说明。

4.6.3.1 结构极限承载能力分析

船舶结构的极限承载能力即船体抵御外力避免不可逆变形的能力。对于一般船舶而言，由于细长体的结构特点，主要校核其抵御纵向变形的能力。现阶段最常用的有解析法、Smith法和非线性有限元法。下面对 Smith 法和非线性有限元法(NFEM 法)进行简要的介绍。

4.6.3.1.1 Smith 法

学者 Smith 认为船体梁极限破坏是一个逐步破坏的过程，即因为屈服、屈曲或两者的耦合作用，船体剖面某个最弱的构件失去有效承担载荷的能力时，船体刚度因此减小，剖面上载荷将重新分布，其他构件仍可承受新的载荷分布，而应力也随之重新分布。逐步破坏的过程的最终结果是所有构件都失去承载能力，船体刚度达到最小，船体结构因塑性大变形而崩溃失效。Smith 法能比较好地考虑构件的后屈曲特性，在船舶工程行业内得到了广泛的应用，其计算精度也较高。HCSR 油船及散货船共同规范中计算极限弯矩的主要方法也是 Smith 法。

当采用 Smith 法来进行船体总纵极限强度分析时，首先需识别出所有主要纵向构件的关键失效模式。如果结构受压超出了其屈服或屈曲限度，船体结构的承载能力也就随之降低。为确定船体横框架之间的最弱失效模式，需考虑各个构件的所有相关失效模式，如板材屈曲、加强筋扭转屈曲、加筋板腹板屈曲、加强筋侧向或总体屈曲以及它们之间的相互作用。由于现阶段的 Smith 法仅考虑船体垂向弯曲，因此，在进行校核船体梁剩余强度时，可直接将破损区域的构件从船体剖面扣除。在此，定义船体总纵极限弯矩 M_u 为弯矩 M 与曲率 χ 关系曲线的斜率为零的峰值点所对应的弯矩值，其极限弯矩包含了船舶结构上各种组合破坏形式和各构件间的非线性耦合，如图 4-27 所示。而船体总纵极限弯矩 M_u 也是船体结构极限承载能力的表征。采用 Smith 法计算实船模型时，首先需要对船体施加一定的初始曲率；然后在当前曲率变形下，计算船体结构上每个单元的应变。根据每个单元的平均应力-应变($\sigma - \varepsilon$)关系获得结构单元的平均应力。由于 $\sigma - \varepsilon$ 的非线性关系，船体梁横剖面上所有单元引起的应力分布将确定瞬时中和轴的变化。所以，中和轴的位置需要通过增量迭代过程来进行实时更新。当总轴向力为 0 时，停止迭代，此时对应的位置为新中和轴的位置。而船体横剖面上所有单元应力对瞬时中和轴取矩求和，即可得到当前曲率下的剖面弯矩。接着，逐步增加船体变形的曲率，通过增量叠加得到剖面处弯矩与曲率的关系曲线($M - \chi$)，$M - \chi$ 曲线弯矩峰值即为完整或破损船舶所对应的极限弯矩 M_u。

在采用 Smith 法来进行结构极限承载能力分析时，需要遵循以下假设。

①平断面假设，即船体梁横剖面在各曲率下保持为平断面，平断面上单元的应变沿深度方向呈线性分布；

②计算仅针对相邻强框架间的船体剖面进行，即板格的压缩屈曲、屈服破坏或拉伸屈服破坏发生在相邻的强框架间；

③船体整体失稳应力高于相邻强框架间的梁柱失稳应力；

④扶强材的侧倾应力高于相邻强框架间的梁柱失稳应力；

⑤船体材料为理想弹塑性材料；

⑥计算时将船体剖面划分成一系列单元的离散化模型，并假设单元之间相互独立，无相互作用。

船舶在完整或者破损状态下，采用 Smith 法的计算流程如下：

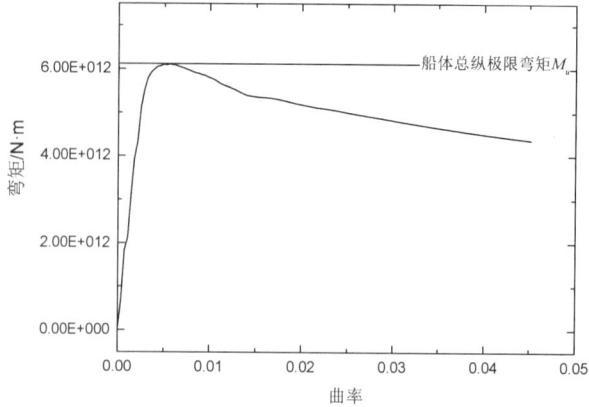

图 4-27　船体总纵极限弯矩示意图

①根据船舶规范中破损强度的相关内容,确定船体破口参数以及失效区域。

根据英国劳氏规范,船舶在碰撞、搁浅和触礁时的破损位置及破口大小分为 A 级、B 级和 C 级三种。按受损程度分,A 级较轻,B 级和 C 级较重。

对于舷侧外板的碰撞破损,标准破损程度如表 4-12 所示。

表 4-12　舷侧外板破损程度表

方向 等级	沿船长方向	沿船宽方向	沿船高方向
A 级	舱壁间 5 m	舷内 $B/5$ m	从水线至主甲板
B 级 C 级	纵向任意位置 5 m,包括舱壁	舷内 $B/5$ m	从舭龙骨到主甲板

对于底部结构的搁浅或触礁,标准破损程度如表 4-13 所示。

表 4-13　底部结构破损程度表

方向 等级	沿船长方向	沿船宽方向	沿船高方向
A 级	船中前任意位置 5 m	2.5 m 宽	向上 1 m 或至内底板下,取较小值
B 级 C 级	船中前任意位置 $0.1L_R$（垂线间长）	5 m 宽	向上 1 m 或至内底板下,取较小值

②根据船舶规范中破损强度的相关内容,选取船舶的危险横剖面,将横剖面离散成硬角单元、普通扶强材单元和加筋板单元。其中,硬角单元是横剖面上刚度较大的单元,一般由两块不共面的板组成。船体舭部,舷顶列板与甲板边板相交单元,纵桁与甲板相交单元等都应该是硬角单元。普通扶强材单元由一个普通扶强材及其带板组成。而加筋板单元则是由位于两个普通扶强材单元之间的板、普通扶强材单元与硬角单元之间的板以及两个硬角单元之间的板构成。单元失效模式见表 4-14。

表 4-14　单元失效模式

单元形式	失效模式
硬角单元	弹塑性崩溃
受拉加筋板单元/普通扶强材单元	弹塑性崩溃
受压普通扶强材单元	梁柱屈曲
	扭转屈曲
	折边型材腹板局部屈曲
	扁钢腹板局部屈曲
受压横向加筋板单元	板屈曲

③确定船中危险横剖面各个离散单元的应力-应变($\sigma-\varepsilon$)关系。

④确定基于 Smith 法下船舶中拱与中垂状态所对应船体梁的最大曲率 χ_F。其具体值可以由式(4-153)求得。

$$\chi_F = \pm 0.003 \frac{M_Y}{EI_{y-n50}} \qquad (4-153)$$

式中，M_Y 为 M_{YB} 和 M_{YD} 的较小者。

$$M_{YB} = 10^3 \times \sigma_y W_{B-n50} \qquad (4-154)$$

$$M_{YD} = 10^3 \times \sigma_y W_{D-n50} \qquad (4-155)$$

式中，W_{B-n50}、W_{D-n50} 为船底和甲板处的剖面模数。I_{y-n50} 为船体横剖面对其水平中和轴的惯性矩。根据初始曲率，其迭代步长可以计算为

$$\Delta\chi = \frac{\chi_F}{300} \qquad (4-156)$$

若 χ_F 不足以评估 $M-\chi$ 曲线的峰值，应按步长继续增加曲率，直至所取曲率可进行船体梁的最大弯矩的计算。

⑤定义初始中和轴位置 z_{NA0} 为无曲率时横剖面中和轴位置，而每步中瞬时中和轴位置为 z_{NAi}。从而每步各个单元相应的应变计算为

$$\varepsilon_{Yi} = \chi_i z_i \qquad (4-157)$$

其中，ε_{Yi} 为单元屈服应变；z_i 是瞬时中和轴到第 i 个单元的垂直距离。每步中的 χ_i 值，应将步长 $\Delta\chi$ 与前一步的 χ_{i-1} 相加求得。再由对应单元的 $\sigma-\varepsilon$ 关系确定此时的应力 σ_i。

⑥通过整个横剖面的力平衡方程(4-158)，确定每步的瞬时中和轴 z_{NAi}。

$$\sum A_C \sigma_C = \sum A_T \sigma_T \qquad (4-158)$$

其中，下标 C 为受压单元，应力为正；下标 T 为受拉单元，应力为负。

当 $G = \left| \dfrac{\sum A_T \sigma_T - \sum A_C \sigma_C}{\sum A_T \sigma_T} \right| \leqslant 0.0001$ 时，认为总轴向力为 0，停止迭代。

⑦叠加所有单元对瞬时中和轴 z_{NAi} 的弯矩，即可得到这一步船中危险横剖面的总弯矩 M_{ui}，如式(4-159)所示。

$$M_{ui} = \sum \sigma_i A_i z_i \qquad (4-159)$$

式中，A_i 为第 i 个单元的有效截面积。

⑧按步长 $\Delta \chi$ 增加曲率，将上一步瞬时中和轴高度作为下一步初始中和轴。比较当前步的总弯矩与上一步的总弯矩。若 $M-\chi$ 曲线的斜率小于等于0，则结束计算并定义极限弯矩 M_u；否则，增加 $\Delta \chi$ 并返回到第⑤步，继续⑤至⑧的迭代计算。

本节以船中危险舱段为例，进行剩余承载能力分析。为了便于对上述破损状态进行分析，对不同的破损状态进行定义，其中，船舶结构未破损为工况 A、舷侧顶部破损为工况 S1、舷侧中部破损为工况 S2、船中底部外板破损为工况 B1、船中内底破损为工况 B2。舱段材料采用 EH36 高强度钢，屈服极限约为 355 MPa。船用钢弹性模量为 2.06×10^5 MPa，泊松比为 0.3。基于解析法和 Smith 法的完整船体极限强度、破损船体剩余强度的计算结果如表 4-15 所示。

表 4-15 基于解析法和 Smith 法的完整船体极限强度、破损船体剩余强度计算结果

单位：10^8 N·m

破口位置	中拱/中垂	解析法	Smith 法
A	中拱	5.36	6.18
	中垂	5.09	4.28
S1	中拱	4.20	5.47
	中垂	3.99	3.47
S2	中拱	4.21	5.34
	中垂	4.00	3.38
B1	中拱	5.14	5.25
	中垂	4.88	4.09
B2	中拱	4.80	4.20
	中垂	4.56	3.85

通过上表可以发现：中拱状态下，解析法计算值普遍偏小；中垂状态下，解析法计算值均偏大；两种方法中无论哪种工况，中拱状态的弯矩值都大于中垂状态。实际上，船体受压构件往往发生屈曲失效，船中横剖面抵抗弯矩开始呈非线性直到达到 M_u。解析法认为剖面应力呈线性分布且不考虑船舶浮态变化，剖面模数不变。而 Smith 法认为船体结构破坏是渐进崩溃的，能更好地考虑结构的后屈曲特性，更真实地构造船体破坏过程。

4.6.3.1.2 NFEM 法

在船体结构极限承载能力的分析上，主要采用通用有限元软件 ABAQUS。软件 ABAQUS 常被用于解决船体结构计算的各类问题，根据问题的属性可以选择不同算法模块，如图 4-28 所示。其中，ABAQUS/Standard 对应的是隐式算法，ABAQUS/Explicit 对应的是显式算法。有限元非线性显式算法和非线性隐式算法的计算机理不同，显式算法大部分用于与时间有关的动态问题，而隐式算法则用来处理与时间无关的静态问题。由于非线性结构系统的响应不与施加载荷呈线性关系，所以不同载荷情况不能通过叠加，而是以独立增量的形式逐步得到最终结果。因此，选择适当的方法对于计算效率的提升有明显的效果。

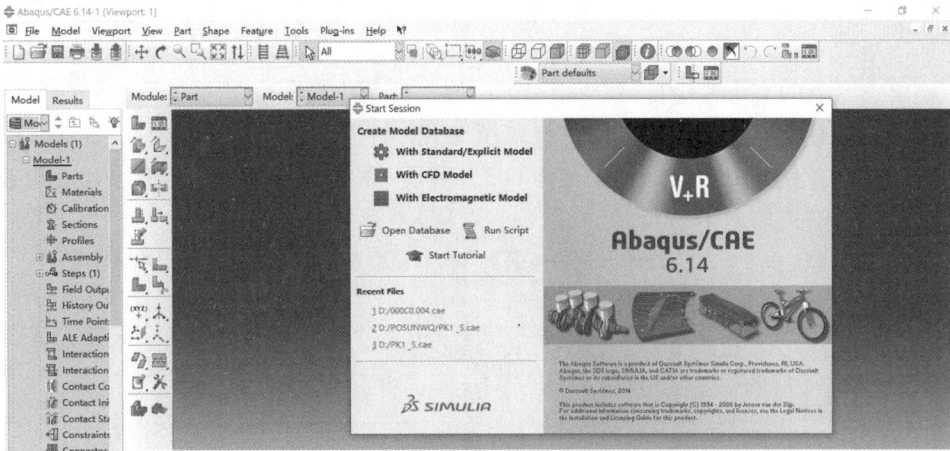

图 4-28 有限元软件 ABAQUS

在非线性隐式求解过程中,船体结构的刚度阵需要进行多次的生成与求逆,计算成本十分高昂。而在非线性显式求解过程中,稳定时间增量的减少也会增加计算成本。但与隐式算法不同的是,ABAQUS/Explicit 采用更小的时间增量步,其计算过程中不用求解总体切向刚度阵和迭代方程组,从而降低了每个增量步下高精度结果的计算成本。其计算模型最大尺度仅取决于计算时间。事实上,采用 ABAQUS/Explicit 要比 ABAQUS/Standard 更容易进行独立结构耦合作用下复杂接触、后屈曲、材料退化等失效问题的模拟。ABAQUS/Explicit 在求解船体结构节点运动方程上,主要采用中心差分法得到时域动力学显式积分,并进一步利用当前增量步的动力学平衡方程来获取下一增量步的动力学条件。在不必求解联立方程组的条件下,模块可计算出 t 时刻的节点加速度。通过对节点加速度进行中心差分得到时刻 $t + \Delta t/2$ 的节点速度解,同理也推出时刻 $t + \Delta t$ 的节点位移解。ABAQUS/Explicit 建模原则与有限元建模原则保持一致,单元的长宽比尽量接近 1,不得超过 3。在选取船体结构有限元网格尺寸时,ABAQUS/Explicit 的稳定极限与最小单元的尺寸成正比,应该优先使用粗网格。但粗网格会使计算值偏大,细网格又因网格数量过大和单元尺寸减小而增加 CPU 计算时间。对破损船舶结构进行非线性分析时应综合考虑屈服、屈曲与构件失效的耦合作用,较大的网格尺寸或许会导致某些局部结构的失效模式无法模拟,较细的网格划分能更好地模拟复杂的危险舱段的变形。因此,性价比最高的方法是使用尽可能均匀的较细网格。笔者推荐在有限元模型的建立上,骨材间的有限元板单元设置 8 个以上,骨材腹板设置 4 个以上,面板设置 1 个以上。在使用 ABAQUS 分析时,合理选择单元可以提高计算的精度。模型主要采用四节点板壳 S4R 单元和三节点板壳 S3R 单元模拟船体中的内外船壳板、甲板、纵横舱壁、肘板、肋板及舱口围板等板壳结构单元。船舶承载能力达到极限状态时,使用 S4R 板壳单元来模拟扶强材和加筋板的屈曲失稳。值得注意的是,应尽量避免在高应力或应力梯度大的区域使用 S3R 板壳单元,如等效板厚开孔处和肘板等结构不连续处等。

ABAQUS 同样提供了多点约束的功能,可以通过约束舱段首尾所有节点建立刚域(Rigid Body)。在模拟船体受垂向、水平、扭转弯矩破坏过程时,在舱段首尾两端面处设置参考点(Reference Node),通常模型的参考点都设置在端面几何形心处。参考点与端面所有节点相关联,这样在参考点施加边界条件、转角增量,此时整个端面的边界条件都与参考点一致。约束

前端参考点 x、y、z 三个方向的线位移 U_1、U_2、U_3 和绕 x、y、z 轴的角位移 UR_1、UR_2、UR_3。由于施加弯矩或转角对得到极限弯矩具有相同的效果,对后端参考点施加绕 y 轴的转角 θ,通过结果输出参考点的支反弯矩,得到弯矩-转角曲线,峰值为极限弯矩。

同样,以船中危险舱段为例,舱段材料采用 EH36 高强度钢,屈服极限约为 355 MPa。船用钢弹性模量为 2.06×10^5 MPa,泊松比为 0.3。基于三种方法的完整船体极限弯矩和破损船体剩余强度计算结果如表 4-16 所示。

表 4-16　基于三种方法的完整船体极限弯矩和破损船体剩余强度计算结果对比

单位:10^8 N · m

破口位置	中拱/中垂	解析法	Smith 法	NFEM 法
A	中拱	5.36	6.18	6.78
	中垂	5.09	4.28	4.56
S1	中拱	4.20	5.47	5.15
	中垂	3.99	3.47	3.00
S2	中拱	4.21	5.34	4.99
	中垂	4.00	3.38	2.90
B1	中拱	5.14	5.25	5.50
	中垂	4.88	4.09	4.30
B2	中拱	4.80	4.20	3.89
	中垂	4.56	3.85	3.77

通过上表可以发现:解析法、Smith 法与 NFEM 法的计算结果数量级相同,考虑船体结构逐级破坏的 Smith 法与 NFEM 法的结果更相近;三种方法中无论哪种工况,中拱状态的弯矩值都大于中垂状态。NFEM 法对计算机和运算时间要求高,但其结构破损变形的仿真更为细致,而 Smith 法运算简便,计算工作量小。因此,在实际结构分析过程中,应根据分析需求确定选择何种方法,从而在船体结构承载能力的分析上得到最高的性价比。

4.6.3.2　船舶破损后滞留救援期载荷分布

船舶破损后滞留救援期载荷仍是以求解规则波中的波浪载荷响应为基础的。在完整船的结构强度评估上,船舶所遭受的波浪载荷仿真仍可分为短期和长期预报。其中,短期预报被认为是在半小时至几小时内,假定船舶的装载状态、航行状态及所遭遇海况都保持不变的情况下船舶遭受的载荷冲击;而长期预报则是在数年或船舶整个生命周期内,船舶的装载状态、航行状态及所遭遇海况都会发生变化时船舶遭受的载荷冲击。对于破损船舶而言,各种因素将影响海中滞留的时间长短,因此海上救援期由数小时到数天不等。破损船舶在此期间遭遇的海况可能是一个或数个,但就船舶的装载状态、航行状态而言,在整个救援期可认为是不变的。因此,破损船舶的波浪载荷预报与传统完整船舶的长、短期预报有一定差别。

4.6.3.2.1　环境参数选取

船舶航行时所遭遇的海况是随机的,并且随时间的变化,海况也会相应变化。因此,如何选择典型海况作为载荷计算的依据十分重要。为了说明结构设计的合理性和方便开展船体结构可靠性评估,在无特殊要求下一般选取船舶航区的海浪统计资料来对船舶进行波浪载荷的预报。

事实上,由于破损船舶在海上滞留的时间存在一定的不确定性,其遭遇的海况可具有不确定性。但对于海洋环境而言,短期内的实际海况具有连续性,船舶周边的海浪环境不可能从一个安全海况立即跃升为危险海况。因此,结合相关统计资料和规范,一般按照船舶救援期长短将船舶遭遇的海况划分为如下三类。

(1)船舶救援期为数小时或者 1~2 天,破损船舶所处的海况基本不变,其波浪载荷预报类似于完整船的短期分析;

(2)船舶救援期为一周左右,破损船舶可能遭遇多个海况,选取可能遭遇的海况组合计算,其波浪载荷预报类似于完整船的长期分析;

(3)船舶救援期超过一周或者更长的时间,破损船舶可能遭遇大部分海况,选取大部分甚至全部海况进行组合计算。

4.6.3.2.2　破损船舶航速、航向、波谱的选择

除了对破损船舶周边海域环境进行筛选之外,对船舶自身的破损状态和航行时的航速、航向以及波浪谱进行选择。根据船舶破损的状态,将破损船舶分为以下三类。

(1)船舶舰体受损较轻,主要动力设备可正常工作,船舶仍可按设计航速航行;

(2)船舶舰体受损较为严重,主要动力设备可正常工作,船舶只允许以较低航速航行;

(3)船舶舰体受损严重,动力设备受损严重,船舶失去自航能力。

根据船舶的破损状态,破损船舶的计算航速通常取 0 kn、5 kn 和设计航速。

在受损船舶航向的选择上,船舶的浪向角为 0°~360°,以 30° 为间隔,每个浪向所对应的概率为 1/12。而对于完整船舶而言,可利用船舶左右舷侧的对称性,只需计算一半的浪向,其概率为原来的 2 倍,即 1/6。

在海况资料充分的前提下,可直接利用船舶实际海况资料进行结构剩余强度的分析。而在海况资料缺乏的情况下,可选择北大西洋波浪资料进行船舶结构剩余强度的校核。

4.6.3.2.3　滞留救援期分布模型的建立

在短时间内,海浪可认为是均值为 0 的平稳正态随机过程。对线性波浪载荷情况,海浪波浪载荷所对应的随机过程亦是均值为 0 的平稳正态。波浪载荷线性响应系统由式(4-160)进行换算。

$$S_W(\omega, H_{1/3}, T_z, V, \beta + \theta) = H^2(\omega, V, \beta + \theta) S_\zeta(\omega, H_{1/3}, T_z, \theta) \tag{4-160}$$

式中,$S_\zeta(\omega, H_{1/3}, T_z, \theta)$ 为海浪谱密度;$S_W(\omega, H_{1/3}, T_z, V, \beta + \theta)$ 为波浪载荷的谱密度;$H(\omega, V, \beta + \theta)$ 为系统传递函数的模;ω 为波浪圆频率;V 为航速;θ 为组合波与主浪向的夹角;β 为航向角;$H_{1/3}$ 为有义波高;T 为波浪的特征周期。对于 4.6.3.2.1 节环境参数选取中第(1)类情况,通过式(4-160)进行计算。其中,船舶的波浪载荷幅值 X 短期响应服从 Rayleigh 分布,对应的概率密度和分布函数如式(4-161)所示。

$$\begin{cases} f_0(x) = \dfrac{x}{\sigma^2} e^{-\frac{x^2}{2\sigma^2}} \\[3mm] F_0(x) = 1 - e^{-\frac{x^2}{2\sigma^2}} \end{cases} \tag{4-161}$$

式中的参数 σ^2 可由 $S_W(\omega, H_{1/3}, T_z, V, \beta + \theta)$ 求得,如式(4-162)所示。

$$\sigma^2 = m_0 = \int_{-\frac{\pi}{2}}^{\frac{\pi}{2}} \int_0^\infty H^2(\omega, V, \beta + \theta) S_\zeta(\omega, H_{1/3}, T_z, \theta) \mathrm{d}\omega \mathrm{d}\theta \tag{4-162}$$

同样,进一步得到线性波浪载荷的各种特征值,如均值 $\bar{x} = 1.25\sqrt{m_0}$;有义值 $x_{1/3} = 2\sqrt{m_0}$。

对于4.6.3.2.1节环境参数选取中第(2)、(3)类情况,可以仿照长期分析,将短期分析结果按式(4-163)和式(4-164)加权组合。假设破损船舶 V 不变,不考虑航速影响的情况下,每一波浪载荷短期分布的概率函数是在特定的航向、海况条件下的条件概率,因此破损船舶波浪载荷幅值 X 的概率密度 $f(x)$ 和分布函数 $F(x)$ 可以由短期概率密度 $f_0(x)$、分布函数 $F_0(x)$ 以及航向、海况的加权组合得到。

$$f(x) = \frac{\sum_i \sum_j n_0 p_i(H_{1/3}, T_z) p_j(\beta) f_0(x)}{\sum_i \sum_j n_0 p_i(H_{1/3}, T_z) p_j(\beta)} \tag{4-163}$$

$$F(x) = \frac{\sum_i \sum_j n_0 p_i(H_{1/3}, T_z) p_j(\beta) F_0(x)}{\sum_i \sum_j n_0 p_i(H_{1/3}, T_z) p_j(\beta)} \tag{4-164}$$

式中,n_0 为各短期分布中单位时间内波浪载荷循环数;$p_i(H_{1/3}, T_z)$ 为海况出现概率;$p_j(\beta)$ 为航向角出现概率。概率水平可通过循环次数求得。进一步设有义波高为 $(H_{1/3})_i$、平均跨零周期为 $(T_z)_i$ 的第 i 个海况出现的概率为 p_i,在该海况下单位时间内波浪载荷循环数 n_0 可以由式(4-165)计算得到。

$$n_0 = \frac{1}{2\pi}\sqrt{\frac{m_2}{m_0}} \tag{4-165}$$

式中,m_0 为载荷响应谱的零阶矩;m_2 为载荷响应谱的二阶矩。而船舶在寿命期内航行时间 T(单位为秒)内,船体结构变形的总循环次数为

$$n = T \cdot 60^2 \sum_i \sum_j n_0 p_i(H_{1/3}, T_z) p_j(\beta) \tag{4-166}$$

在确定了循环次数 n 之后,即可得到结构变形的概率水平 $Q = \frac{1}{n}$。

4.6.3.2.4 基于规范的载荷设计

除采用势流理论进行计算以外,船级社相关规范也对完整和破损后的船舶载荷进行了说明,并给出了相应的估算公式。下面对英国劳氏规范的相关内容进行介绍。

(1)根据英国劳氏规范,完整船的极限设计载荷 M_{REX} 为

$$M_{REX} = M_{WEX} + M_S \tag{4-167}$$

其中,

$$M_{WEX} = K_{fEX} M_W \quad \text{kN} \cdot \text{m} \tag{4-168}$$

式中,M_{WEX} 为极限强度垂向波浪弯矩;M_S 为完整船舶静水弯矩;M_W 为垂向波浪弯矩;K_{fEX} 为极限尺度因子,$K_{fEX} = 1.5$。

（2）根据英国劳氏规范,破损船舶的船体梁剩余强度设计载荷 M_{RRS} 为

$$M_{RRS} = M_{WRS} + M_{SRS} \tag{4-169}$$

其中,

$$M_{WRS} = K_{fRS}M_W \quad kN \cdot m \tag{4-170}$$

式中, M_{WRS} 为剩余强度垂向波浪弯矩; M_{SRS} 为破损状态下的静水弯矩; M_W 为垂向波浪弯矩; K_{fRS} 为剩余强度区域缩减系数。

以一艘中国沿海货船为例,采用规范计算法和基于势流理论的直接计算法分别计算完整船舶和破损船舶在迎浪状态下的船舶设计载荷值,其结果对比见表4-17和表4-18。

表 4-17　完整船舶规范计算与直接计算结果对比　　　单位:10^8 N · m

航速/kn	工况及状态	A	
		规范计算	直接计算
0	中拱	2.145	1.813
	中垂	2.691	2.274
5	中拱	2.145	1.913
	中垂	2.691	2.399
28	中拱	2.145	2.514
	中垂	2.691	3.154

表 4-18　破损船舶规范计算与直接计算结果对比　　　单位:10^8 N · m

航速/kn	工况及状态	S1		S2		B1	
		规范计算	直接计算	规范计算	直接计算	规范计算	直接计算
0	中拱	0.825	0.764	0.825	0.763	0.825	0.749
	中垂	1.034	0.959	1.034	0.957	1.034	0.939
5	中拱	0.825	0.822	0.825	0.829	0.825	0.807
	中垂	1.034	1.031	1.034	1.039	1.034	1.013
28	中拱	0.825	1.093	0.825	1.150	0.825	1.065
	中垂	1.034	1.371	1.034	1.442	1.034	1.335

对上述计算结果分析发现,对于迎浪状态下完整船和破损船的设计载荷值,规范计算法与直接计算法的结果基本一致。但由于规范计算法对船舶航速效应考虑不足,一般在低航速下,其设计载荷值相对保守。因此,对于中低航速的船舶而言,采用规范计算来获取设计载荷值简单快捷。但对于航速相对较高的船舶,建议采用基于势流理论的直接计算法进行船舶设计载荷的确定。

4.6.3.3 结构剩余强度的评估

在船体结构承载能力和波浪载荷分析之后,即可进行船体结构剩余强度的评估。现阶段船舶剩余强度的方法主要分为两种:一种是以规范为基础的确定性方法;另一种是结合载荷和承载能力分布的可靠性方法。下面对两种方法的基本原理和步骤进行简要说明。

(1)确定性方法

英国劳氏规范对完整船舶极限强度评估的两个级别可概括如下:

①ESA1:采用弹性理论,根据剖面模数和剖面面积,确定船体梁在承受总载荷下的屈曲强度是否满足船体极限强度的要求。

②ESA2:采用弹-塑性计算方法,以中拱或中垂时二维梁失效时剖面所能承受的极限弯矩为依据,判断是否满足船体极限强度的要求。

如采用抗弯强度简化方法 ESA1,则在发生中拱或中垂时,各危险剖面上的船体总纵强度均应符合下列条件。

$$\sigma_{BEX} < \sigma_p \tag{4-171}$$

$$\sigma_{DEX} < \sigma_p \tag{4-172}$$

式中,σ_p 为船体垂向弯曲最大许用应力,其可由式(4-173)计算得到;σ_{DEX} 为强力甲板处船体梁最大弯曲应力,其可由式(4-174)计算得到;σ_{BEX} 为龙骨处船体梁最大弯曲应力,其可由式(4-175)计算得到。

$$\sigma_p = f_{\sigma EX}\sigma_0 \tag{4-173}$$

$$\sigma_{DEX} = \frac{M_{REX}}{1\,000W_D} \tag{4-174}$$

$$\sigma_{BEX} = \frac{M_{REX}}{1\,000W_B} \tag{4-175}$$

式中,$f_{\sigma EX}$ 为船体弯曲极限应力系数,一般取 0.9;M_{REX} 为船体梁极限强度设计弯矩;W_D 为甲板处的实际剖面模数;W_B 为龙骨处的实际剖面模数;σ_0 为船体材料的最小屈服强度。

如采用弯曲剪切强度评估计算方法 ESA2,则在发生中拱或中垂时,各危险剖面上的船体总纵强度均应符合下列条件。

$$M_{REX} < f_{UEX}M_{UEX} \tag{4-176}$$

$$Q_{REX} < f_{UEX}Q_{UEX} \tag{4-177}$$

式中,M_{REX} 为船体梁极限强度设计弯矩;M_{UEX} 为危险剖面上的极限弯曲强度,可通过 Smith 法和 NFEM 法计算得到;Q_{REX} 为纵向位置附近处的最大垂向波浪剪力和静水剪力;Q_{UEX} 为危险剖面的极限剪切强度,可通过 Smith 法和 NFEM 法计算得到;f_{UEX} 为船体梁极限强度评估的极限强度限制系数,一般取 0.9。

与完整船类似,英国劳氏规范对破损船舶剩余强度评估也分为 RSA1 和 RSA2 两个级别。其主要思想概况如下:

①RSA1:采用弹性理论,根据损伤后的残余剖面模数和面积,确定船体在承受波浪载荷下的屈曲强度是否满足受损船舶剩余强度要求。

②RSA2:采用弹-塑性计算方法,中拱或中垂时以二维梁失效时剖面所能承受的极限弯矩为依据,判断是否满足受损船舶剩余强度的要求。

如采用抗弯强度简化评估方法 RSA1,则在发生中拱或中垂时,每个破损剖面的总纵强度均应符合下述要求。

$$\sigma_{BRS} < \sigma_p \tag{4-178}$$

$$\sigma_{DRS} < \sigma_p \tag{4-179}$$

式中,σ_{DRS} 为强力甲板处船体最大弯曲应力,其可由式(4-180)计算得到;σ_{BRS} 为龙骨处船体梁最大弯曲应力,其可由式(4-181)计算得到。

$$\sigma_{DRS} = \frac{M_{RRS}}{1\,000W_{DRS}} \tag{4-180}$$

$$\sigma_{BRS} = \frac{M_{RRS}}{1\,000W_{BRS}} \tag{4-181}$$

式中,M_{RRS} 为剩余强度垂向设计弯矩;W_{DRS} 为破损剖面在甲板处的实际剖面模数;W_{BRS} 为破损剖面在龙骨处的实际剖面模数。

如采用弯曲剪切强度评估计算方法 RSA2,则在发生中拱或中垂时,各破损剖面上的船体总纵强度均应符合下列条件。

$$M_{RRS} < f_{URS}M_{URS} \tag{4-182}$$

$$Q_{RRS} < f_{URS}Q_{URS} \tag{4-183}$$

式中,M_{RRS} 为剩余强度垂向设计弯矩;M_{URS} 为破损后危险剖面上的极限弯曲强度,可通过 Smith 法和 NFEM 法计算得到;Q_{RRS} 为纵向位置附近处的剩余强度设计剪力;Q_{URS} 为破损后危险剖面的极限剪切强度,可通过 Smith 法和 NFEM 法计算得到;f_{URS} 为剩余强度评估的极限强度限制系数,一般取 0.9。

同样,以一艘中国沿海货船为例,采用确定性方法对船舶剩余强度进行评估,其评估结果见表 4-19 和表 4-20。

表 4-19　ESA1/RSA1 评估结果　　　　　　　　　　　　　　　单位:N/mm²

工况及状态		σ_{DEX} 或 σ_{DRS}	σ_{BEX} 或 σ_{BRS}	σ_p	是否满足要求
A	中拱	179.53	148.53	319.50	是
	中垂	215.67	178.43	319.50	是
S1	中拱	117.81	79.95	319.50	是
	中垂	135.53	91.98	319.50	是
S2	中拱	130.94	90.17	319.50	是
	中垂	148.62	102.35	319.50	是
B1	中拱	87.00	88.61	319.50	是
	中垂	101.51	103.39	319.50	是
B2	中拱	118.32	146.06	319.50	是
	中垂	133.85	165.23	319.50	是

表 4-20　ESA2/RSA2 评估结果　　　　　　　　　　　　单位:10^8 N·m

工况及状态		M_{REX} 或 M_{RRS}	Smith 法		NFEM 法	
			M_{UEX} 或 M_{URS}	是否满足要求	M_{UEX} 或 M_{URS}	是否满足要求
A	中拱	2.711	6.18	是	6.78	是
	中垂	3.257	4.28	是	4.56	是
S1	中拱	1.395	5.47	是	5.15	是
	中垂	1.604	3.47	是	3.00	是
S2	中拱	1.554	5.34	是	4.99	是
	中垂	1.763	3.38	是	2.90	是
B1	中拱	1.259	5.25	是	5.50	是
	中垂	1.468	4.09	是	4.30	是
B2	中拱	1.599	4.20	是	3.89	是
	中垂	1.808	3.85	是	3.77	是

显然,采用确定性方法能够快速地进行船舶结构剩余强度的评估工作。由上表可知,基于 Smith 法和 NFEM 法的船体结构剩余强度评估均能得到很好的结果。

(2)可靠性方法

船体结构受环境载荷、结构形式、材料性能等主、客观因素的影响,结构响应具有不确定性。考虑到外载荷与结构承载能力的不确定性,采用可靠性评估方法符合船舶航行的实际情况。同时,考虑到船舶结构变形的多样性,在此引入了船体组合变形的概念。

船体组合变形可以用一个三维空间向量 $\boldsymbol{D}$ 表示,根据右手螺旋定则,变形的方向为绕向量逆时针旋转,其变形的大小为向量的模,组合变形可以沿船体固连坐标系的三个轴向向量进行分解。

$$\boldsymbol{D} = \boldsymbol{D}_x + \boldsymbol{D}_y + \boldsymbol{D}_z \tag{4-184}$$

式中,$\boldsymbol{D}_x$ 为船体绕 x 轴变形,即扭转变形;$\boldsymbol{D}_y$ 为船体绕 y 轴变形,即垂向弯曲变形;$\boldsymbol{D}_z$ 为船体绕 z 轴变形,即水平弯曲变形。

在船体极限状态下的空间向量 $\boldsymbol{D}$ 同样可以沿 x 轴、y 轴、z 轴分解成三个向量,并分别代表极限状态下的扭转、垂向弯曲、水平弯曲这三种变形,其模代表船体极限承载状态下的扭矩、垂向弯矩、水平弯矩。则组合变形产生的极限承载能力为

$$M = |\boldsymbol{D}| = \sqrt{M_x^2 + M_y^2 + M_z^2} \tag{4-185}$$

船体极限状态下的组合变形也可用向量模及其与三个轴的方向角进行表示,如式(4-186)所示。

$$\boldsymbol{D} = (M, \theta_1, \theta_2, \theta_3) \tag{4-186}$$

式中,θ_1 为 $\boldsymbol{D}_x$ 与 $\boldsymbol{D}$ 的方向角;θ_2 为 $\boldsymbol{D}_y$ 与 $\boldsymbol{D}$ 的方向角;θ_3 为 $\boldsymbol{D}_z$ 与 $\boldsymbol{D}$ 的方向角。

从船体组合变形的角度,根据 Guedes Soare 对组合弯矩的耦合方程进行扩展,考虑扭转变形项,建立了弯扭耦合方程,如式(4-187)所示。利用有限元软件 ABAQUS 模拟组合变形下结构的极限状态,从而可以确定破损工况下的船体的弯扭耦合方程。

$$\left(\frac{M_x}{M_{ux}}\right)^{\alpha_1} + \left(\frac{M_y}{M_{uy}}\right)^{\alpha_2} + \left(\frac{M_z}{M_{uz}}\right)^{\alpha_3} = 1 \tag{4-187}$$

式中，M_x 为水平弯矩；M_y 为垂向弯矩；M_z 为扭矩；M_{uy} 为垂向极限弯矩；M_{uz} 为水平极限弯矩；M_{ux} 为极限扭矩；$\alpha_i(i=1,2,3)$ 为结构耦合系数，其范围为 $[1.0,2.0]$。

　　在结构抗力强度上，由于屈服极限和材料厚度等不确定性因素符合正态分布，故假定船体的极限弯矩和扭矩符合正态分布，从而可以根据 Rosenbluthe 法来计算其特征参数。而在船体外载荷方面，一般认为静水载荷为常值，主要考虑波浪载荷的影响，故结合波浪载荷的长短期分布来构建滞留救援期分布。在可靠性评估方法的基础上，选用改进后的验算点方法，其具体步骤如下。

　　根据弯扭耦合方程，可确定船体结构的极限状态函数为

$$G(X_1,X_2,X_3,X_4,X_5,X_6) = 1 - \left(\frac{X_1}{X_4}\right)^{\alpha_1} - \left(\frac{X_2}{X_5}\right)^{\alpha_2} - \left(\frac{X_3}{X_6}\right)^{\alpha_3} \tag{4-188}$$

式中，垂向、水平、扭转载荷弯矩幅值为 $X_i(i=1,2,3)$；而垂向、水平、扭转结构承载能力的幅值为 $X_i(i=4,5,6)$。

　　由于载荷分布是非正态分布，故在验算点 P^* 处与正态分布拟合，使得实际的分布与正态分布的概率密度函数和分布函数都相等，从而得到等效正态变量的均值和方差：

$$\mu_{X_i} = x_i^* - \Phi^{-1}[F_{X_i}(x_i^*)]\sigma_{X_i} \tag{4-189}$$

$$\sigma_{X_i} = \frac{\varphi\{\Phi^{-1}[F_{X_i}(x_i^*)]\}}{f_{X_i}(x_i^*)} \tag{4-190}$$

　　等效后的载荷幅值 $x_i(i=1,2,3)$ 和结构承载能力的幅值 $x_i(i=4,5,6)$ 均为正态随机变量。联立方程(4-191)和方程(4-192)，使用数值逼近法即可求得可靠性指标 β，进而获得船体结构的失效概率。

$$x_i^* = \mu_{X_i} + \beta\sigma_{X_i}\cos\theta_{X_i} \tag{4-191}$$

$$G(x_i^*) = 0 \tag{4-192}$$

其中，方向余弦 $\cos\theta_{X_i}$ 为

$$\cos\theta_{X_i} = \frac{-\left.\frac{\partial g}{\partial X_i}\right|_{P^*}\sigma_{X_i}}{\left[\sum_{i=1}^{n}\left(-\left.\frac{\partial g}{\partial X_i}\right|_{P^*}\sigma_{X_i}\right)^2\right]^{0.5}} \tag{4-193}$$

　　最终参照英国劳氏规范，破损船舶在救援期遭遇 80% 海况下的结构失效概率小于 5% 视为满足船体结构剩余强度的评估要求。

　　同样，应用上述可靠性方法对一艘钢质海船进行剩余强度评估。该船总长 241 m，型宽 32 m，型深 17.5 m，满载设计吃水 10.8 m。由于船中剖面所受载荷较大，故作为主要考察的对象。为了有效模拟周围结构对船中剖面的作用，将危险剖面沿船长前后延长至结构强支撑构件处。船宽方向取全船宽，型深范围内从甲板上缘向下伸至外底。参照英国劳氏规范对搁浅和触礁中破损状态的规定，确定破口尺寸为宽 5 m，高至内底板下。船中破损有限元模型如图 4-29 所示。采用有限元软件 ABAQUS，调整模型端面的方向角 $\theta_i(i=1,2)$ 来控制组合变形，每旋转 10° 对破损船体的剩余承载能力计算一次。表 4-21 列出了方向角每旋转 30° 的剩余承

载能力值。

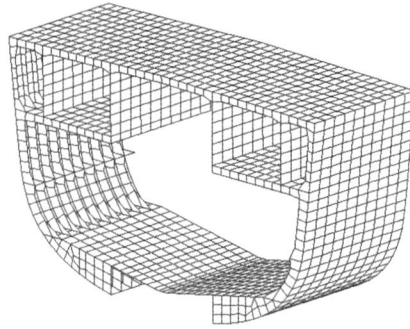

图 4-29　船中破损有限元模型

表 4-21　船体剩余承载能力有限元计算结果

方向角/°			结构剩余承载能力/10^8 N·m		
θ_1	θ_2	θ_3	极限扭矩	垂向极限弯矩	水平极限弯矩
0	90	90	2.90	0.00	0.00
30	90	60	2.75	0.00	1.59
30	60	90	2.54	1.47	0.00
60	90	30	2.02	0.00	3.50
60	60	60	1.79	1.95	2.21
60	30	90	1.67	2.88	0.00
90	90	0	0.00	0.00	5.04
90	60	30	0.00	2.20	3.81
90	30	60	0.00	3.16	1.83
90	0	90	0.00	3.89	0.00

　　将有限元计算结果与耦合方程在三个主平面(XOY 平面、YOZ 平面和 ZOX 平面)的截面线进行对比分析。根据最小二乘法的原理,最终可以确定得到结构耦合系数,从而最终确定破损船的弯扭耦合方程,具体系数值见表 4-22。

表 4-22　结构耦合系数

类型	结构耦合系数
α_1	1.9
α_2	1.5
α_3	1.8

　　材料的屈服极限和板材的厚度服从正态分布,其变异系数分别取 0.08 和 0.03,由 Rosenbluthe 法计算出其特征参数,如表 4-23 所示。而载荷特征值可由势流理论和船舶破损后滞留

救援期载荷分布确定。

表 4-23 结构极限承载能力特征值统计　　　　　　单位：10^8 N·m

特征参数	M_{ux}	M_{uy}	M_{uz}
均值	2.90	3.89	5.04
标准差	0.18	0.23	0.35

最终，根据结构承载能力和载荷特征值，即可计算破损船舶结构失效概率，其结果见表4-24。其中，考虑弯扭耦合影响下船体剩余强度的评估方法记为方法Ⅰ，单独考虑垂向弯矩的船体剩余强度的评估方法记为方法Ⅱ。由表4-24可知，在搁浅破损的状态下，船体的失效概率小于5%，船体结构较为可靠。对比两种方法中各个浪向下船体结构的失效概率，发现迎浪工况下失效概率最高，考虑弯扭耦合影响下的失效概率将有所升高。其中在斜浪30°工况下，失效概率升高0.067%，升高值最大。

表 4-24 破损船舶结构失效概率

浪向	方法Ⅰ	方法Ⅱ
0°	1.175%	1.175%
30°	0.629%	0.562%
60°	0.053%	0.044%
90°	0.002%	0.001%
120°	0.009%	0.007%
150°	0.116%	0.098%
180°	0.293%	0.293%

根据算例可知，船体在破损后的救援期间失效概率较小，满足本文的破损船剩余强度要求。破损船舶在迎浪下的结构失效概率较高。虽然在斜浪工况下载荷的垂向弯矩减小，水平弯矩和扭矩也有所增大，但由于垂向弯矩在载荷中成分占比较高，仍是引起结构失效的主要原因。在斜浪工况下，考虑弯扭耦合影响下的船体结构失效概率将有所升高且其值不容忽视。因此，有必要在船设计初期考虑弯扭耦合影响下的船体剩余强度。

参考文献

[1] 张圣坤，韩继文，汪庠宝. 船舶计算结构力学[M]. 上海：上海交通大学出版社，1994.

[2] 祁恩荣，崔维成. 破损船体极限强度非线性有限元分析[J]. 船舶力学，2005，9(5)：83-91.

[3] 万千. 组合弯矩作用下受损船舶剩余强度评估方法研究[D]. 哈尔滨：哈尔滨工程大学，2015.

[4] 中国船级社. 钢质海船入级规范[M]. 北京：人民交通出版社，2021.

[5] 周素莲. 船体结构有限元比较分析研究[D]. 哈尔滨：哈尔滨工程大学，2005.

［6］曹建. 基于油船结构共同规范的屈服与屈曲强度直接计算研究［D］.哈尔滨:哈尔滨工程大学,2007.

［7］FENG G Q, REN H L, BAI B, et al. Study on the standardized nonlinear finite element analysis of the ultimate strength of ship hull girder［C］. 28th Asme International Conference on Ocean, 2009.

［8］冯国庆. 船舶结构疲劳强度评估方法研究［D］.哈尔滨:哈尔滨工程大学,2006.

［9］韩寿家. 造船大意［M］.大连:大连海运学院出版社,1993.

［10］李雪良. 船体板的屈曲和极限强度分析［D］. 武汉:武汉理工大学, 2004.

［11］沃周华, 周上然. 船体板梁结构屈曲强度分析［J］. 中国设备工程, 2019, 2019(05):165-166.

［12］洪英, 初艳玲.船体结构屈曲强度评估方法的规范研究及应用［J］.上海造船, 2010, 83(3):4-8.

［13］田纵横. 考虑高频振动影响的船体典型节点疲劳强度研究［D］. 武汉:武汉理工大学, 2019.

［14］甄春博,王天霖,于鹏垚. 船体结构疲劳可靠性分析的直接计算方法［J］. 哈尔滨工程大学学报, 2018, 39(4):664-667.

［15］唐浩云,任慧龙,万千,等. 基于弯扭耦合的破损船剩余强度评估方法研究［J］.船舶力学, 2017, 21(7):856-863.

［16］孙久龙,陈伯真,胡毓仁.采用谱分析法的大型散货船结构疲劳可靠性分析［J］.上海交通大学学报, 1997, 31(11):42-46.

［17］王东海,任慧龙,邹勇.平均应力对船体结构疲劳损伤计算的影响［J］.哈尔滨工程大学学报,1998, 19(01):4-10.

［18］ESPEN H C, ROBERT L, KJELL O. Fatigue assessment of ship structure ［J］. Marine Structures, 1995, 8(4):359-383.

［19］中国船级社. 船体结构疲劳强度指南［M］.北京:人民交通出版社, 2001.

5 船舶结构安全健康监测

船体结构强度是影响船舶安全性的主要因素之一。为了保证船舶在航行时船体结构具有足够的强度来抵抗海洋环境下的载荷冲击,船舶无论是在设计还是建造中均须符合各个船级社的规范、工艺以及检验措施。然而,在复杂海洋环境下航行的船舶遭受的载荷和结构响应是无法准确预计的,其具有极强的随机性和不规则性。因此,需要船体结构安全监测系统来保障船舶在使用过程中的安全。船舶结构安全监测技术将现阶段通信传感技术与船体结构响应分析技术相融合,通过在船体结构表面或内部植入相应的传感装置,从而实现船体结构状态的实时监测与自主评估。此技术将赋予船舶自我健康诊断的功能,是我国智能化船舶发展的必经之路。

5.1 光纤光栅监测技术

船舶长期航行于恶劣的环境中,结构上的高应力常常产生损伤和裂纹,这种累积的损伤会使船体结构产生破坏[1],从而给船舶的安全航行带来危险。船体结构实时监测主要是围绕着船舶结构的潜在危险因素进行监测,这对船舶的安全运营有着重大的意义。而光纤传感器作为一种以光纤光栅为媒介的新型传感器,在20世纪70年代研发成功后迅速发展起来。这种传感器具有重量轻、体积小、耐高温、耐腐蚀的优点,使得其在恶劣的环境下仍能够有效地运行。同时,由于是在传感器光纤内部中传输光信号,其传输速度和灵敏度均高于传统的电压传感器[2]。

考虑到船舶运营环境的复杂性和光纤传感器的优势,利用光纤传感器来进行船舶结构状态的安全监测被认为是一种较为合理的方案,这也是智能船舶监测发展的方向。而光纤传感器主要依靠其关键构件——光纤光栅来实现结构变形的测量,因此对光纤光栅的反射原理以及光纤光栅的传输原理进行简单的介绍。

5.1.1 光纤光栅反射原理

光纤光栅是一种借助光敏特性由光纤材料制成的纤芯,其具有波长选择功能[3-9]。其中,最为常用的是布拉格(Bragg)光栅纤芯,其特色是能够实现周期性光波的选择。布拉格光栅只反射中心波长 λ_B 的特定光波,而继续传输其他所有波长的光波,如图5-1所示,因此可被视为一种反射式的光学滤波器。其光学方程为

$$\lambda_B = 2n_{eff}\Lambda \qquad (5\text{-}1)$$

式中,Λ 为光栅的周期;n_{eff} 为光纤光栅的有效折射率。对光纤材料的研究发现,光栅周期 Λ

和有效折射率 n_{eff} 会随着所处结构变形和温度的变化而出现波动。当光纤光栅所处的物理环境出现变化时,根据式(5-1)获得的光栅中心波长 λ_B 也会发生改变。测量中心波长的变化量,即可间接获得外部环境的变化情况,从而实现光纤传感监测的目标。光栅周期一般为 10^2 nm量级,反射带宽为 10^{-1} nm量级,反射率可达 $95\% \sim 100\%$。

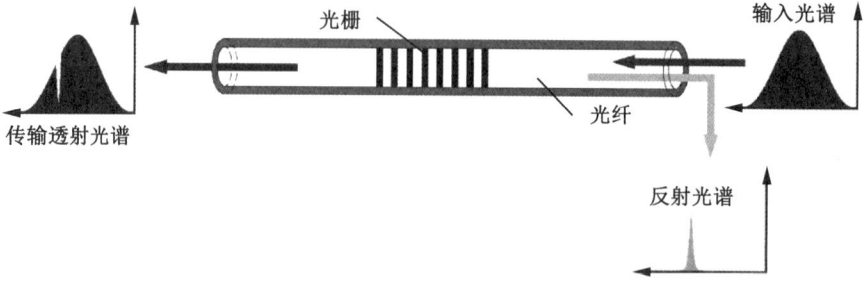

图 5-1　光纤光栅结构示意图

影响光纤光栅反射的因素主要有两个,其主要原理为:

(1)温度对光纤光栅反射的影响

由式(5-1)可知温度引起的中心波长的变化为

$$\Delta \lambda_B = 2(\Lambda \cdot \Delta n_{et} + n_{eff} \cdot \Delta \Lambda_t) \tag{5-2}$$

式中, Δn_{et} 和 $\Delta \Lambda_t$ 分别为有效折射率和光栅栅距由温度引起的变化,且有

$$\left. \begin{aligned} \Delta n_{et} &= \zeta \Delta T n_{eff} \\ \Delta \Lambda_t &= \alpha \Delta T \Lambda \end{aligned} \right\} \tag{5-3}$$

式中, ζ 为热光系数; α 为热膨胀系数; ΔT 为温度变化量。将式(5-3)代入式(5-2)有

$$\frac{\Delta \lambda_B}{\lambda_B} = (\alpha + \zeta) \Delta T \tag{5-4}$$

(2)变形对光纤光栅反射的影响

由式(5-2)可知变形引起的中心波长的变化为

$$\Delta \lambda_B = 2(\Lambda \cdot \Delta n_{es} + n_{eff} \cdot \Delta \Lambda_s) \tag{5-5}$$

式中, Δn_{es} 和 $\Delta \Lambda_s$ 分别为有效折射率和光栅栅距由应变引起的变化,且有

$$\left. \begin{aligned} \Delta n_{es} &= -\frac{n_{eff}^3}{2} \left[(1 - \nu) p_{12} - \nu p_{11} \varepsilon \right] \\ \Delta \Lambda_s &= \varepsilon \Lambda \end{aligned} \right\} \tag{5-6}$$

式中, p_{11} 和 p_{12} 为弹光系数; ν 为纤芯材料的泊松比; ε 为应变变化量。将式(5-6)代入式(5-5),则有

$$\frac{\Delta \lambda_B}{\lambda_B} = (1 - p_e) \varepsilon \tag{5-7}$$

式中,有效弹光系数 p_e 可以表示为

$$p_e = -\frac{n_{eff}^2}{2} \left[p_{12} - \nu (p_{11} - p_{12}) \right] \tag{5-8}$$

假设温度和应变的波动对中心波长的偏移影响互不干扰,则温度和应变均出现变化时,光

纤光栅的相对波长漂移比为

$$\frac{\Delta\lambda_B}{\lambda_B} = (1 - p_e)\varepsilon + (\alpha + \zeta)\Delta T \tag{5-9}$$

上式即为光纤光栅传感技术的基本原理公式。

5.1.2　光纤光栅传输原理

在船体结构安全监测中,光纤光栅传感器所用的光纤与现阶段通信光纤的材质相同,其结构也基本保持一致。光纤由外至内分别由保护层、强化纤维层、涂覆层、包层和纤芯组成,具体结构如图5-2所示。

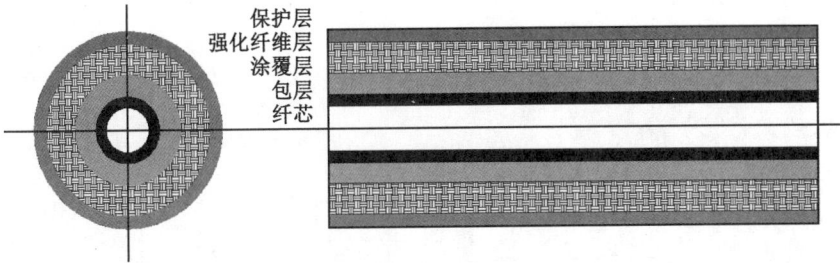

图 5-2　光纤具体结构示意图

其中,保护层由高聚合物材料制成,具有较强的耐久和抗拉压性,从而能够有效地保护光纤内部。强化纤维层由金属软管制成的复合材料组成,其为光纤提供了一定的弹性和韧性。涂覆层则采用了环氧树脂,保障了光信号能够在纤芯中完整传播不渗漏。而包层则是覆盖在光纤纤芯外部的一层含二氧化硅的透明材料,由于材料折射系数比纤芯低,从而使得光信号在纤芯里传播。纤芯主要由二氧化硅和微量二氧化锗构成,其折射率相对其他材料最高,从而便于光信号的传播。

光纤中光信号的传播主要利用了光的全反射特性,即光的入射角大于某一临界角时,光将不会出现折射,这种特性又被称为菲涅尔折射定律。由于纤芯的折射率比包层的折射率大,因此光信号在不发生折射的条件下会在纤芯内部不断反射且向前传播。值得注意的是,在布置光纤时其曲率不能过大,否则有可能造成光信号在传输过程中出现小于临界角的情况,从而使部分光源散射到包层上,造成光能损耗。光信号在光纤中的传播过程,如图5-3所示。

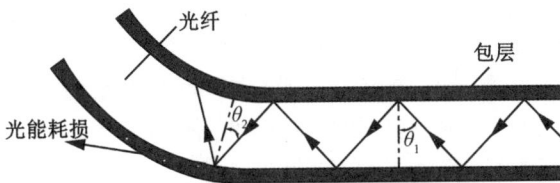

图 5-3　光信号在光纤中的传播过程

由5.1.1节可知温度和应变的波动都会引起光纤中心波长的偏移,因此作为应变传感器的光纤光栅需要考虑温度对应变测量的干扰。较为简单和常用的一种解决方案是为应变传感器配备温度补偿传感器,利用温度补偿传感器测得的由温度引起的光纤光栅中心波长的变化量来修正应变传感器的测量值,从而消除温度对应变测量的影响。

5.1.3　光纤光栅传感器

针对测量对象的不同变形特征,所采用的光纤传感器也有所不同。现阶段光纤光栅传感器的类型分为 3 种,其分别为:粘贴型、表面型和埋入型。这 3 种传感器所应用领域不同,其各自的测量对象为:

①粘贴型光纤传感器,主要应用于结构内部包裹的骨架、钢筋等构件的应变测量。

②表面型光纤传感器,主要是针对船体结构表面变形和构件疲劳所产生的裂缝以及扩展状态的监测。

③埋入型应变传感器则是对结构内部应变状态进行监测。

考虑到船舶的结构特点,大多采用表面型光纤传感器。这种传感器可以在不影响结构受力的情况下,较好地测量船舶各个部分的结构的应力和应变情况,具体样式如图 5-4 所示。

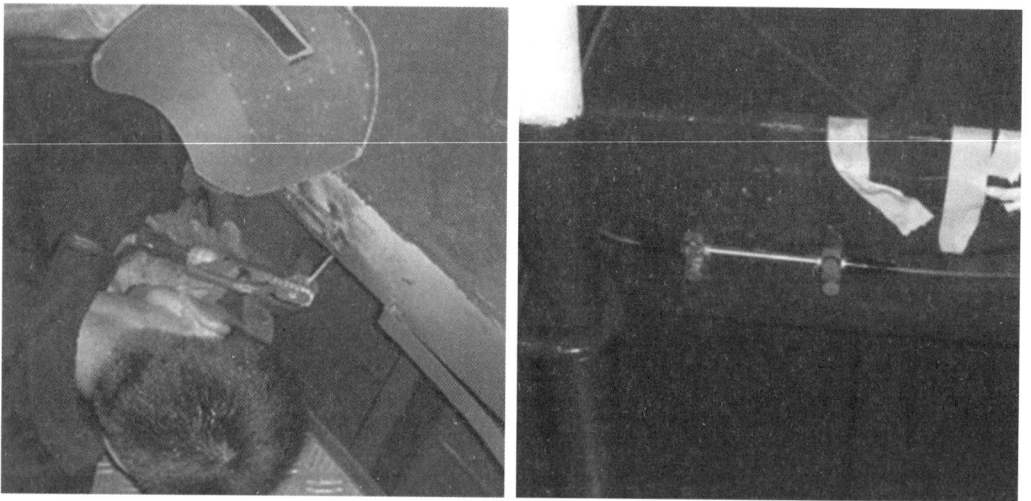

图 5-4　光纤传感器

光纤光栅传感器在船舶领域的应用有其无法替代的优点。

①光纤光栅具有重量轻、体积小、高分辨力、高灵敏度、高强度和弯曲性能好等特性,适于对各种形状的结构物的大面积实时监测。

②光纤具有细、韧、柔的特点,使其易于贴附和掩埋到各种结构中形成光纤传输网络。

③光纤传感技术可以在一根光纤中使用多个光栅,构成光纤传感阵列,实现分布式传感。

④光纤传输具有强抗干扰特性。由上节原理介绍可知,光纤传感器是借助光信号的波长漂移来实现相关结构变形的测量的,与普通电信号不同,光信号不会被电磁场干扰。同时,光源强度不稳定、光纤微弯等现象虽能够引起光信号的耦合损耗和随机起伏,但其并不能改变光信号的波长特性,从而对测量结果的影响不大。

此外,本节进一步介绍一种船体结构中较为先进的传感器——差分式光纤光栅应变传感器。这种传感器利用封装在保护罩内的两个光纤光栅,通过差分的方式消除温度对中心波长的影响,省去了温度补偿传感器。差分式光纤光栅应变传感器结构如图 5-5 所示。

当传感器所在的船体结构受到拉应力作用时,框架结构产生中拱变形,由于两个光纤光栅分别粘贴于框架横梁的上表面和下表面,因此上端光栅受拉,下端光栅受压,如图 5-6 所示;同

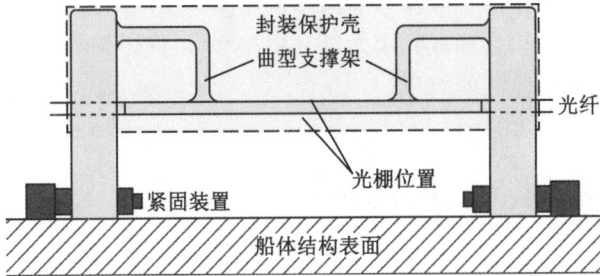

图 5-5　差分式光纤光栅应变传感器结构

理,当传感器所在的船体结构受到压应力作用时,框架结构产生中垂变形,上端光栅受压,下端光栅受拉,如图 5-7 所示。这一设计提高了传感器对应变感知的灵敏度,从而能够获得更大的量程和更高的精度。

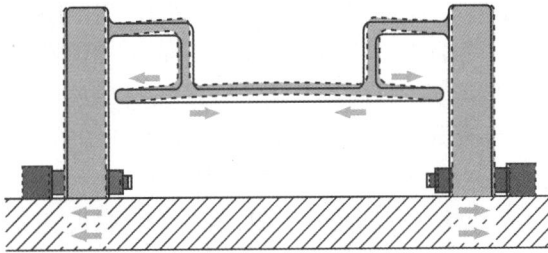

图 5-6　拉应力作用下传感器变形

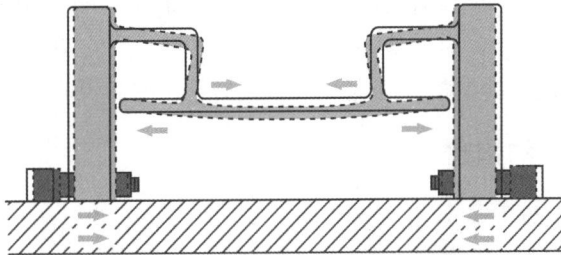

图 5-7　压应力作用下传感器变形

通过巧妙的传感器框架结构设计,差分式光纤光栅应变传感器与其他应变传感器相比,在应变分辨率不变的情况下能够获得更大的测量精度和量程,两者的性能指标比较见表 5-1。

表 5-1　两种应变传感器性能指标比较

项目	差分式光纤光栅应变传感器	普通应变传感器
标准量程	$\pm 5\ 000\ \mu\varepsilon$	$\pm 1\ 500\ \mu\varepsilon$
测量精度	$\pm 1‰$ F. S.	1% F. S.
分辨率	$1\ \mu\varepsilon$	$1\ \mu\varepsilon$

综上所述,采用光纤光栅传感器作为船体结构监测系统的采集终端,能够进一步提高结构监测的精度和稳定性。同时,合理地利用光纤复用技术,可使船舶结构监测系统在同一根光纤内集成多个传感器,提高了监测的效率。

5.2　船体结构监测点的优化布置

在船体结构监测技术的研究中,除了传感器的选取之外,船体结构监测点位置的选择对结构监测的效果也起到了至关重要的作用。为了能够提高船体结构安全监测系统的监测效率,针对结构监测点布置这一问题,学者们进行了一系列的研究。

根据船体典型结构的特点,Wang 等[12]在监测中引入应用了光纤传感器,并研究了传感器布局对于监测目标的影响。张岚[1]则以一艘散货船为监测对象,给出了结构典型破损形式下的传感器布置方案。结合集装箱船的结构特点和疲劳破坏产生的原因,金永兴[13-14]确定了集装箱船结构监测点的位置。王为[15]则基于简化的 Nishihara 箱型梁模型,对船体光纤光栅传感器的布置进行了分析。借助遗传算法,梁文彬[16]等对船体结构监测位置进行了优化。申素梅[17]则通过自升式海洋平台有限元模型的准静态模拟,给出了局部桩腿桩靴结构的监测位置。通过计及材料腐蚀对船体结构的影响,赵彦文[18]对油船结构中的传感器位置进行了优化。针对海洋平台工作船和双体船等高技术船舶,李志锋[19]借助有限元直接计算法给出了监测传感器的布置方案。在对结构监测点的位置研究中,贾连徽[20]引入了海况信息下的结构应力响应特征,并结合监测应力的成分给出与之匹配的传感器布置。而笔者[21]在前人研究的基础上,进一步结合了传感器失效、船舶航行海况以及结构损伤后的影响等因素,提出基于风险评估的结构监测模型。

本节将对基于综合风险的结构监测点优化布置进行系统的说明。

5.2.1　综合风险模型的构建

(1)船体结构的加权失效概率

在短时间内,海浪波动可被视为一种均值为 0 的平稳正态随机过程[22]。因此,在线性波浪理论中,波浪所引起的载荷冲击将与波浪波动保持一致,其载荷大小也应满足平稳正态分布,且均值为 0。在波浪线性响应系统下,海浪谱密度函数与载荷谱密度函数存在的关系为

$$S_W(\omega,H_{1/3},T_z,V) = H^2(\omega,V)S_\zeta(\omega,H_{1/3},T_z) \tag{5-10}$$

式中,T_z 为波浪统计特征周期;$H_{1/3}$ 为有义波高(三一值);ω 为波浪圆频率;V 为船舶航速;$H(\omega,V)$ 为结构响应函数;$S_W(\omega,H_{1/3},T_z,V)$ 为载荷的谱密度函数;$S_\zeta(\omega,H_{1/3},T_z)$ 为海浪谱密度函数。

为了能够准确地计算船体局部结构的应力响应,结合船体型线和结构详细设计资料,构建全船有限元模型。同时,根据船舶运营航区对应的海浪资料来获得海浪谱密度函数的特征参数,并结合船舶自身的装载手册,在全船有限元模型上施加相应的外部载荷。其中,外部载荷包括:重力、静水压力、波浪载荷、货物压力、货物惯性力、船体运动引起的全船惯性力等载荷。接着,采用有限元软件 MSC. Patran/Nastran 对全船有限元结构模型进行仿真模拟,即可获得运营航区内船体任意部位的结构响应函数 $H(\omega,V)$。由式(5-10)可知,通过结构响应函数与海

浪谱密度函数的乘积,最终实现载荷谱密度函数 $S_W(\omega,H_{1/3},T_z,V)$ 的构建。

船舶在波浪中航行时,其短时间的结构应力响应幅值服从一定的统计学规律[12],即瑞利(Rayleigh)分布,因此船舶结构应力响应的短期概率密度函数和概率函数可以分别表示为

$$\left.\begin{array}{l} g_d(x) = \dfrac{2x}{k^2}\exp\left(-\dfrac{x^2}{k^2}\right) \\[3mm] G_D(x) = 1 - \exp\left(-\dfrac{x^2}{k^2}\right) \end{array}\right\} \tag{5-11}$$

其中,分布特征参数 k 可通过对船体遭受的载荷谱密度函数积分获得,如式(5-12)所示。

$$k^2 = 2\int_0^\infty S_W(\omega,H_{1/3},T_z,V)\,\mathrm{d}\omega \tag{5-12}$$

根据序列统计原理,以瑞利分布为初始分布,可求得其极值分布为

$$\left.\begin{array}{l} f_d(x) = n\left[1 - \exp\left(-\dfrac{x^2}{k}\right)\right]^{n-1} \cdot \dfrac{2x}{k}\exp\left(-\dfrac{x^2}{k}\right) \\[3mm] F_d(x) = \left[1 - \exp\left(-\dfrac{x^2}{k}\right)\right]^n \end{array}\right\} \tag{5-13}$$

式中,n 为应力峰值个数,对于一般船舶的生命周期为 25 年,其值为 10^8。

除了船体遭受的载荷之外,船体自身结构抵抗载荷的能力即船体结构承载能力,也需要进行考量。在船体结构的破损形式上主要考虑结构应力超越屈服极限而引发的屈服破坏,认为构成船体结构的钢材屈服极限为不确定量,其服从正态分布。因此,结构承载能力的概率密度函数为

$$f_c(x) = \dfrac{1}{\sqrt{2\pi}\sigma_C}\exp\left[-\dfrac{(x-\mu_C)^2}{2\sigma_C^2}\right] \tag{5-14}$$

式中,σ_C 为船体结构屈服极限的标准差;μ_C 为屈服极限的均值,取钢材标定的屈服应力值。此外,进一步利用可靠性理论来构建船体结构可靠性分析方法。假设船体结构的临界失效函数为 $M=C-D$,其中,C 表示船体结构的承载能力,D 表示环境载荷引发的船体结构响应。当随机变量 C 与 D 相互独立、互不干扰时,船体结构的失效概率为

$$P_f = P[(C-D)<0] = \int_{-\infty}^{+\infty}[1-F_D(x)]\cdot f_C(x)\,\mathrm{d}x \tag{5-15}$$

联立式(5-13)、式(5-14)和式(5-15),即可求得船体结构在特定海况下的结构失效概率。

根据船舶具体运营条件的不同,船舶在航行时其自身的装载状况会有所差异,同时船舶所遭受的浪向和波浪频率也不尽相同,而不同的装载状况和波浪工况使得结构的应力响应也各异。为了综合地考虑各个工况下,装载状况和环境载荷的变化对结构响应的影响,引入结构加权失效概率 $\bar{P}_f$。通过分析船舶在具体航次下的装载状况、所遭遇的波浪浪向、波浪频率来获得相关概率系数,并与相应工况下的船体结构失效概率相加权,从而获得船体局部构件的综合失效概率,即

$$\bar{P}_f = \dfrac{1}{N}\sum_i\sum_j\sum_k C_{\alpha_i}\cdot C_{T_j}\cdot C_{\beta_k}\cdot P_f(k_i,\omega_j,\beta_k) \tag{5-16}$$

式中,N 为总工况数;C_{T_j} 为船舶航行时遭遇的波浪的周期和波高的联合概率;C_{α_i} 为船舶装载工况的时间分配系数;C_{β_k} 为船舶航行时浪向出现的概率。波浪周期和波高的联合概率,可由

船舶具体航行区域的海浪谱资料统计获得。在船舶装载时间分配系数的计算上,则可通过船舶的进出港统计资料或船舶设计规范中各装载工况所占的比例来确定。而船舶航行时浪向出现的概率,亦可根据船舶航行的观察统计或航区海浪资料换算得到。如资料不全时,可假定浪向出现服从均匀分布的规律来进行计算。

（2）船体结构的破损影响

对于船舶结构的破损而言,不同位置和形式的船体结构构件破损对船体总纵强度的影响也是存在差异的。因此,在统计完波浪载荷作用下船体结构的失效概率之后,还需进一步考虑结构破损失效可能对船体总纵强度产生的影响[23]。

在此,引入结构破损影响因子 C_d 的概念,观察结构完全失效后船体剩余强度较完整船强度的下降量,利用下降量与完整船剩余强度的比值作为衡量结构失效对船体总纵强度影响的标准,其具体计算式为

$$C_d = 1 - \frac{M_d}{M_u} \tag{5-17}$$

式中,M_u 为完整船的总纵极限强度;M_d 为某一构件完全失效后船体剩余极限强度。

（3）传感器布置对监测的影响

为了提高传感器监测的精度,常采用焊接或高黏性有机胶将监测传感器安装在测量构件的表面上。这种措施虽一定程度上提高了监测的耐久度,但也导致了传感器在更换和维修上的困难。由于船体运营的时间周期长且在运输过程中不易进行维护,因此为解决由传感器意外破损失效而引起的系统监测中断问题,本节给出了船舶结构监测传感器的新型布置方式[24-25],如图5-8所示。由于其采用了冗余设计,从而使监测位置具有一定抗损和自我校核的能力。

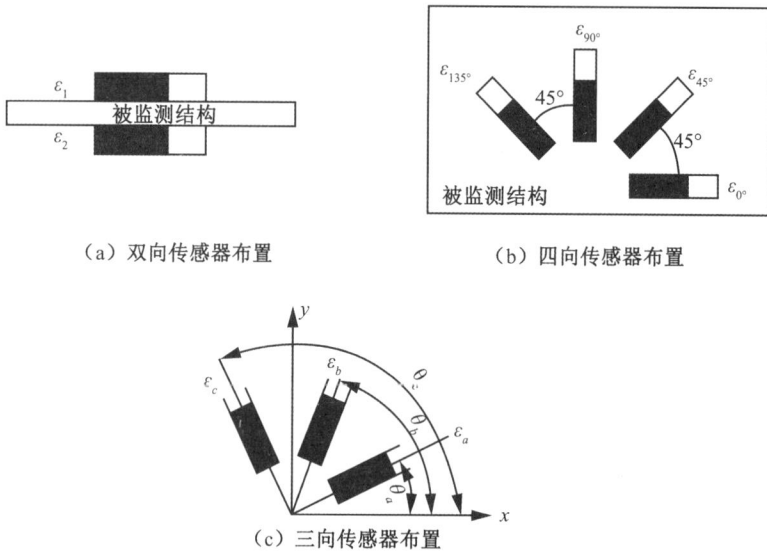

（a）双向传感器布置　　　　　（b）四向传感器布置

（c）三向传感器布置

图 5-8　船舶结构监测传感器布置

图5-8（a）所示的双向传感器主要针对船体内部纵骨、加强筋等骨材的状态进行监测。由于骨材的长宽比较大,其主要承受拉压应力。同时,考虑到骨材表面上布置空间小,故利用双向传感器监测其上下表面的应变状态。根据胡克定律,骨材的结构应力和应变存在线性关系,

如式(5-18)所示。通过监测到的应变即可推算出骨材的应力状态。

$$\sigma = E\varepsilon_1 = -E\varepsilon_2 \tag{5-18}$$

式中，ε_1 为骨材上表面监测到的应变；E 为骨材弹性模量；ε_2 为骨材下表面监测到的应变。

而图 5-8（b）所示的四向传感器则用于船体板材结构状态的监测。由于板材的厚度相对于长宽而言是小量，因此船体板材在遭受外力时可被认为处于平面应力状态。四向传感器布置中的每个传感器间隔 45°，其最大和最小主应力可以被分别计算出来，如式(5-19)所示。

$$\sigma_{\substack{\max \\ \min}} = \frac{E}{(1-\mu^2)}\left[\frac{(1+\mu)}{2}(\varepsilon_{0°}+\varepsilon_{90°}) \pm \frac{(1-\mu)}{2}\sqrt{(\varepsilon_{0°}-\varepsilon_{90°})^2+(\varepsilon_{45°}-\varepsilon_{135°})^2}\right]$$

$$\tag{5-19}$$

式中，μ 为泊松比；E 为板材的弹性模量；$\varepsilon_{0°}$ 表示与板材长边平行布置的传感器获得的应变；$\varepsilon_{90°}$ 为与板材长边垂直布置的传感器获得的应变；$\varepsilon_{45°}$ 为与板材长边呈 45°布置的传感器获得的应变；$\varepsilon_{135°}$ 为与板材长边呈 135°布置的传感器获得的应变。

对于处于平面应力状态的结构，本节采用第四强度理论，计算板材的 Mises 合应力值。根据计算出的最大和最小主应力，可以计算出板材的 Mises 合应力值，具体公式为

$$\sigma_{eq} = \sqrt{\sigma_{\max}^2 + \sigma_{\min}^2 - \sigma_{\max}\sigma_{\min}} \tag{5-20}$$

观察式(5-21)的特点可知，在双向新型传感器布置方式下可通过对比上下表面的应变而时刻校核传感器的状态。同样，由式(5-22)可知，在四向传感器中可通过布置的四个传感器时刻输入的应变值来监测传感器是否松动或破损。

$$\varepsilon_1 = -\varepsilon_2 \tag{5-21}$$

$$\varepsilon_{0°} + \varepsilon_{90°} = \varepsilon_{45°} + \varepsilon_{135°} \tag{5-22}$$

传感器的布置采用了合理的冗余设计，当任意一个传感器破损失效时，其他传感器仍可以通过修正算法来持续保持对船体结构的有效监测。

对于骨材的拉压应力监测而言，在双向传感器布置下即便失去了一个传感器，剩下的另一个传感器仍能够根据胡克定律继续实现对骨材结构状态的监测。而对于板材应力状态的监测，在四项传感器布置下任意一个传感器的失去也不会影响主应力的合成。布置中其余的三个传感器仍可实现 Mises 合应力和合应力主方向的计算，如图 5-8(c)所示。具体做法为：利用式(5-23)中主轴（x 轴和 y 轴）应变的关系和剩余传感器监测获得的应变（ε_a、ε_b 和 ε_c），建立板材应变方程组，并运用高斯消去法进行求解。接着，基于主应力和主轴应变的关系即可计算出板材的最大和最小主应力，如式(5-24)和式(5-25)所示。

$$\begin{bmatrix} 1+\cos 2\theta_a & 1-\cos 2\theta_a & -\sin 2\theta_a \\ 1+\cos 2\theta_b & 1-\cos 2\theta_b & -\sin 2\theta_b \\ 1+\cos 2\theta_c & 1-\cos 2\theta_c & -\sin 2\theta_c \end{bmatrix}\begin{bmatrix} \varepsilon_x \\ \varepsilon_y \\ \gamma_{xy} \end{bmatrix} = \begin{bmatrix} 2\varepsilon_a \\ 2\varepsilon_b \\ 2\varepsilon_c \end{bmatrix} \tag{5-23}$$

已知主轴应变，则板材的主应变为

$$\varepsilon_{\substack{\max \\ \min}} = \frac{\varepsilon_x + \varepsilon_y}{2} \pm \sqrt{\left(\frac{\varepsilon_x - \varepsilon_y}{2}\right)^2 + \left(\frac{\gamma_{xy}}{2}\right)^2} \tag{5-24}$$

板材的主应变与主应力的关系为

$$\sigma_{\substack{\max \\ \min}} = \frac{E}{(1-\mu^2)}(\varepsilon_{\substack{\max \\ \min}} + \mu\varepsilon_{\substack{\max \\ \min}}) \tag{5-25}$$

式中,x 轴与板材长边平行,y 轴与板材的短边平行。而 γ_{xy} 为板材的剪切应变;ε_y 为板材上沿 y 轴方向的应变;ε_x 为板材上沿 x 轴方向的应变。假设全船使用的监测传感器类型一致,则可以采用 P_d 表示布置中任意传感器的监测失效概率。那么,在双向传感器布置下,其监测点的有效监测概率为

$$P_s = 1 - P_d^2 \qquad (5\text{-}26)$$

而对于四向传感器布置下的监测点而言,其有效监测概率为

$$P_s = (1 - P_d)^4 + 4P_d(1 - P_d)^3 \qquad (5\text{-}27)$$

(4)结构监测风险值的计算

本节所描述的船体结构风险分析主要从船体结构本身在载荷冲击下的可靠性、监测位置处传感器是否能够实现有效监测以及结构损坏后对船体强度整体的损失这三个方面来建立结构风险指标[26]。根据风险评估理论,引入船体结构风险的概念,其具体计算方法如式(5-28)所示。

$$r = \bar{P}_f \times P_s \times C_d \qquad (5\text{-}28)$$

为了更好地说明结构风险指标的建立过程,以一艘普通钢质海船为研究对象,对其船中剖面位置的结构给出一套完整的监测方案。此船长期在中国沿海航行,根据船舶的结构设计图纸来建立船中有限元模型,如图 5-9 所示。

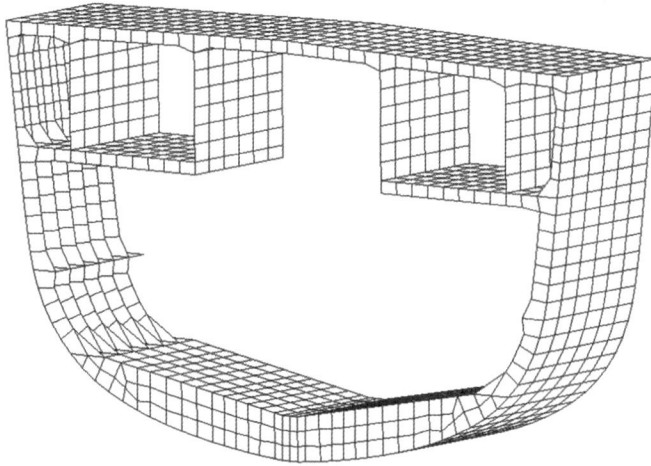

图 5-9　船中有限元模型示意图

结合传感器监测寿命等资料,假设在船舶全生命周期 25 年内任意传感器意外失效的概率为 0.5%,那么在监测点位置处采用多种布置方式下的有效监测概率即可计算出来,见表 5-2。

表 5-2　监测点的有效监测概率表

传感器的布置方式	有效监测概率
单向	99.500%
双向	99.998%
三向	98.507%
四向	99.985%

　　为能够进一步细化监测点的位置,将船中剖面的整体结构进行离散,划分为 339 个结构单元。同时,根据船体构件的受力特点,将结构单元又分为 152 个骨材单元和 187 个板材单元。根据船舶设计装载手册,船舶在运营时主要考量两种典型的装载状态,即满载出港和压载到港。由于实船主要航行于中国沿海,船体可能遭遇的波浪圆频率和有义波高可利用中国沿海海浪谱统计获得。对于计算工况中船舶浪向的选取,由于船体左右舷对称,可将浪向范围缩减至 0°～180°,并以 30°为间隔生成 6 个典型浪向。此外,假定船舶在波浪中匀速航行,其运营航速 V 为 12 kn。通过汇总工况,并利用势流理论生成不同工况下的载荷压力。并将压力施加在船中有限元模型上进行船体结构相应分析,即可获得各个工况下的结构响应函数值。

　　假定船舶在航行时遭遇的 6 个浪向符合均匀分布,因此浪向出现的概率 C_{β_k} 为 0.167;而船舶在全生命周期下仅有满载和压载两种装载状况,假定满载出港和压载到港所处时间基本相同,故时间分配系数 C_{α_i} 可取为 0.5;而波浪周期和波高的联合概率 C_{T_j} 则可通过结合 Pierson-Moskowitz 单参数谱与中国沿海波浪长期分布资料计算获得。通过统计船舶在航行过程中环境载荷与装载状态的概率分布并结合式(5-16),即可求得结构的综合失效概率。

　　此外,为了考量结构破损对船体强度的影响,需要对船体的极限强度进行计算。在此,同样利用船中有限元模型在软件 ABAQUS 中进行结构极限状态的非线性有限元模拟,从而计算出各构件完全失效后的船体剩余强度 M_d 和完整船体的极限强度 M_u。并通过两者的比值来获得各个构件的破损因子 C_d,即构件完全损坏后对船体总纵强度的影响。

　　通过结构单元处综合失效概率、破损因子以及有效监测概率的叠加,即可计算船体结构单元位置的风险值。由于船中结构复杂且结构构件众多,在此以船体主甲板的结构单元统计信息为例,说明结构单元的结构监测风险值。表 5-3 和表 5-4 分别列出了船体主甲板上的板材与骨材中结构监测风险值较高的前 10 个结构单元的信息。

表 5-3　主甲板上板材中结构监测风险值较高的前 10 个结构单元的信息表

序号	结构综合失效概率	结构因子影响	有效监测概率	风险值	位置
e_1	5.32%	0.004 555	99.985%	0.024 2	右舷距船中纵剖面 3.8 m
e_2	5.24%	0.004 569	99.985%	0.023 9	右舷距船中纵剖面 3.4 m
e_3	4.92%	0.004 569	99.985%	0.022 5	左舷距船中纵剖面 3.4 m
e_4	4.89%	0.004 555	99.985%	0.022 3	左舷距船中纵剖面 3.8 m
e_5	4.22%	0.005 186	99.985%	0.021 9	左舷距船中纵剖面 2.6 m
e_6	4.89%	0.004 454	99.985%	0.021 8	左舷距船中纵剖面 5.7 m
e_7	4.86%	0.004 434	99.985%	0.021 5	左舷距船中纵剖面 6.2 m
e_8	4.77%	0.004 474	99.985%	0.021 3	左舷距船中纵剖面 5.4 m
e_9	4.78%	0.004 434	99.985%	0.021 2	右舷距船中纵剖面 6.2 m
e_{10}	4.70%	0.004 494	99.985%	0.021 1	右舷距船中纵剖面 5.0 m

表 5-4　主甲板上骨材中结构监测风险值较高的前 10 个结构单元的信息表

序号	结构综合失效概率	结构因子影响	有效监测概率	风险值	位置
e_{37}	5.21%	0.002 025	99.997 5%	0.010 5	左舷距船中纵剖面 3.6 m
e_{38}	4.85%	0.002 106	99.997 5%	0.010 2	船中纵剖面
e_{39}	3.50%	0.002 025	99.997 5%	0.007 1	右舷距船中纵剖面 3.6 m
e_{40}	4.56%	0.001 008	99.997 5%	0.004 6	左舷距船中纵剖面 6.0 m
e_{41}	4.31%	0.001 013	99.997 5%	0.004 4	右舷距船中纵剖面 5.2 m
e_{42}	4.34%	0.001 004	99.997 5%	0.004 4	左舷距船中纵剖面 6.3 m
e_{43}	4.16%	0.000 999	99.997 5%	0.004 2	左舷距船中纵剖面 6.7 m
e_{44}	4.12%	0.001 008	99.997 5%	0.004 2	左舷距船中纵剖面 6.0 m
e_{45}	3.97%	0.001 004	99.997 5%	0.004 0	右舷距船中纵剖面 6.4 m
e_{46}	3.84%	0.001 020	99.997 5%	0.003 9	右舷距船中纵剖面 4.8 m

5.2.2　监测点的优化筛选

在获得船体不同位置处的风险值后,需要对结构监测点进行进一步的优化筛选。为了提高筛选的效率,本节建立了一套可编程的自主筛选方法。将船体结构离散的结构单元 e_j 定义为船体结构集合 E 中的一种多元元素,其与结构的空间坐标、综合失效概率、结构破坏影响以及综合风险值存在关联,其公式可表示为

$$e_j = \left[\bar{P}_{f_i}, C_{d_j}, D_j(x_j, y_j, z_j), P_{S_j}, r_j \right] \quad (j = 1, 2, \cdots) \ 且 \ e_j \in E \tag{5-29}$$

式中, $D_j(x_j, y_j, z_j)$ 为结构中心点的空间坐标,且 $r_1 > r_2 > \cdots > r_j$。

同理,进一步定义目标结构监测单元 s_i 也为结构监测点集合 S 中的多元元素,其元素属性与结构单元相同,亦与结构的空间坐标、综合失效概率、结构破坏影响以及综合风险值存在一定联系,因此其公式可表示为

$$s_i = \left[\bar{P}_{f_i}, C_{d_i}, D_i(x_i, y_i, z_i), P_{S_i}, r_i \right] \quad (i = 1, 2, \cdots) \ 且 \ s_i \in S \tag{5-30}$$

船体结构监测的选点方法分为初次筛选和最终筛选两步。在初次筛选监测点的过程中,主要关注船体结构单元的失效概率以及结构失效给船体强度带来的影响。因此,分别以破损影响因子为横坐标,以结构失效概率为纵坐标,建立二维结构风险图。同时,对风险图内的风险分布区域进行系统的划分。在纵向上,按照结构构件失效概率的高低将风险图分为 3 类。其中,结构失效概率相对较高的位置为高失效区,结构失效概率相对适中的位置为中失效区,而结构失效概率相对较低的位置为低失效区。同时,按照结构构件破损影响因子的强弱也将风险图归为 3 类,破损影响因子相对较强的位置为结构高损失区,破损影响因子相对适中的位置为中损失区,破损影响因子相对较低的位置则为低损失区。结合失效概率和损失影响的划分方法,风险图最终被分为 9 大类,如图 5-10 中的 Ⅰ 区~Ⅸ 区。

在监测位置的选择上,提取破损影响高或失效概率较高且破损影响适中的结构构件位置。因此,参照结构风险图中结构元素的分布,选取结构元素 e_j 处于黑色、深灰色和灰色区域(即

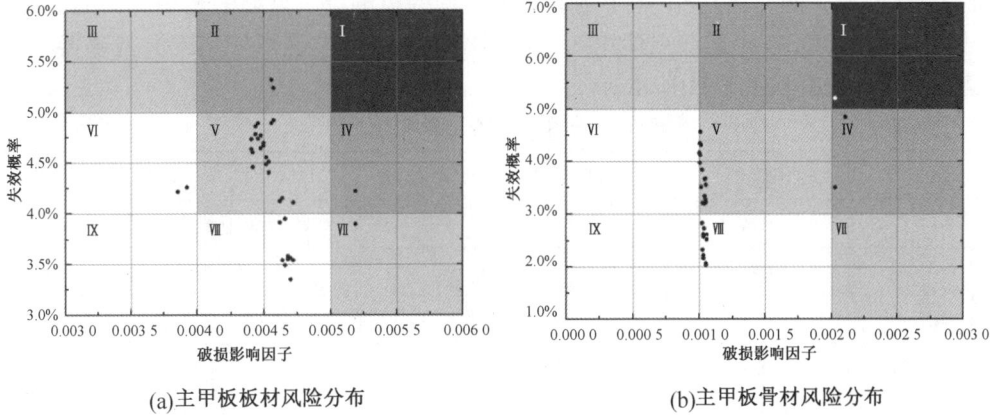

(a)主甲板板材风险分布   (b)主甲板骨材风险分布

图 5-10 船体结构风险分布

Ⅰ区、Ⅱ区、Ⅲ区、Ⅳ区、Ⅴ区、Ⅶ区)的结构单元位置作为初选监测点的布置位置。

虽然初选可以获得较为重要的监测位置,但研究发现其分布具有集中性。因此,为了尽可能多地获得结构监测关键位置,还需进行结构监测点的最终筛选。最终筛选主要侧重于结构空间位置和风险值的联合观察,是对结构监测初步筛选方案的进一步优化。为了避免出现监测点过于集中的现象,在空间位置上引入搜索半径 R 这一新的控制变量来调节监测点的间隔,从而实现监测点的合理分布。

借助阶跃函数 H 的特点,利用结构元素 e_j 与结构监测单元 s_i 的位置关系构建筛选函数,其具体表达式为

$$H_{ij} = H(\,|D_iD_j| - R) = \begin{cases} 1 & |D_iD_j| \geqslant R \\ 0 & |D_iD_j| < R \end{cases} \tag{5-31}$$

式中, $|D_iD_j|$ 为 s_i 与 e_j 在空间位置的距离,当 $|D_iD_j| \geqslant R$ 时,结构元素 e_i 与 H_{ij} 的乘积仍为 e_i ,即保留 e_i 对应的结构单元作为监测位置;当 $|D_iD_j| < R$ 时,结构元素 e_i 与 H_{ij} 的乘积为 0,即剔除 e_i 对应的结构单元的监测位置。由于 e_1 对应结构风险值最大的结构单元,因此为结构监测单元 s_1 直接选取 e_1 。然后利用筛选函数 H_{ij} 即可剔除以已选结构监测单元为中心且半径为 R 的球域内的结构单元,在保留的结构单元中选取结构风险值最大的结构单元作为结构监测单元 s_i ,通过式(5-32)逐步确定结构监测单元 s_i ,最终形成结构监测点集合 S 。

$$\begin{cases} s_1 = e_1 \\ s_i = \max\left\{ e_2 \prod_1^{i-1} H_{i2}, e_3 \prod_1^{i-1} H_{i3}, \cdots, e_j \prod_1^{i-1} H_{ij} \right\}_{r_j} \end{cases} \tag{5-32}$$

通过筛选方法可知,结构监测单元 s_i 与结构元素 e_j 具有同样的性质,在监测点集合 S 中的结构监测单元 s_i 对应的结构监测风险值仍满足 $r_1 > r_2 > \cdots > r_i$ 。

对中国沿海航行船舶的船中剖面位置进行筛选,其具体步骤为:取搜索半径 R 为 1 m,对初步筛选后的监测点进行进一步筛选。计算结构单元 e_j 和位置关系函数 H_{ij} 的乘积,选取半径为 1 m 的球域内结构风险值 r 的最大值所对应的结构单元位置作为最终监测点。主甲板上最终监测点的位置如表 5-5 所示。统计发现,在船体主甲板的监测上采用四向与双向传感器相结合的布置方式较使用三向和单向传感器布置的监测效果提高了 15.5%,其整体有效监测

率达到了 99.83%。同理,筛选出船中剖面其他结构的监测点。最终的船中剖面的监测点布置个数为 52 个,其中 47 个监测点使用四向传感器布置,5 个监测点使用双向传感器布置,最终监测点的具体位置如图 5-11 所示。

表 5-5　主甲板最终监测点的位置

序号	风险值	传感器布置形式	位置
s_1	0.024 2	四向布置	右舷距船中纵剖面 3.8 m
s_2	0.022 5	四向布置	左舷距船中纵剖面 3.4 m
s_3	0.021 8	四向布置	左舷距船中纵剖面 5.8 m
s_4	0.021 2	四向布置	右舷距船中纵剖面 6.2 m
s_5	0.021 1	四向布置	右舷距船中纵剖面 5.0 m
s_6	0.020 8	四向布置	左舷距船中纵剖面 7.0 m
s_7	0.020 2	四向布置	左舷距船中纵剖面 4.6 m
s_8	0.019 4	四向布置	右舷距船中纵剖面 0.2 m
s_9	0.019 3	四向布置	右舷距船中纵剖面 1.8 m
s_{10}	0.019 0	四向布置	左舷距船中纵剖面 2.2 m
s_{11}	0.016 6	四向布置	左舷距船中纵剖面 1.0 m
s_{12}	0.003 3	双向布置	右舷距船中纵剖面 2.8 m

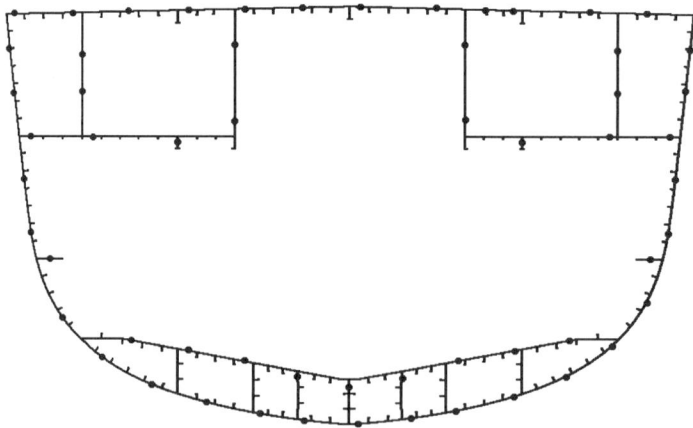

图 5-11　最终监测点的位置示意图

由图 5-11 可知,监测点较为均匀地分布在船体各个构件上,未出现过度集中的现象。而且船中剖面结构的整体有效监测率为 99.29%,而在相同监测点下使用三向和单向传感器布置的有效监测率只有 48.10%,有效监测率提高了 51.19%。由此可以看出,配合采用多向传感器布置方式,使船体监测的抗损能力得到了明显提升,保障了船舶结构监测的有效性。

5.3　船体结构状态监测与评估

船体结构状态监测与评估技术是一项跨学科的综合性技术,其结合了信息通信、工程结构、光电传感、结构动力学、材料学、信号处理等众多交叉学科的研究内容。船体结构状态监测与评估希望通过对结构响应特性的分析来达到监测结构安全性的目标[27-28]。本节将对现阶段的船体结构状态监测与评估中涉及的数据处理、结构实时监测和评估方法进行说明,并介绍一种船体结构监测系统的设计过程。

5.3.1　船体结构监测系统的模块化设计

为了使监测系统能够更有效地运行和扩展,在初步设计中按照功能需求对系统进行了模块化设计[29]。因此,整个系统分为 3 个模块,如图 5-12 所示。

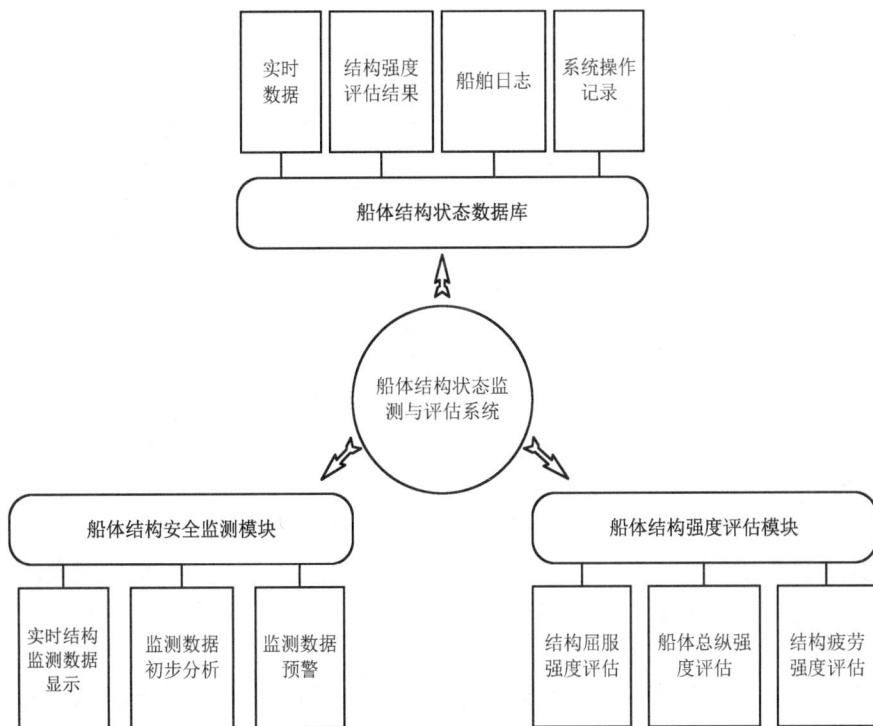

图 5-12　监测系统的设计方案

在船体结构安全监测模块中,重点关注结构响应的实时数据。利用曲线图和直方图来反映应力和应变的实时变化。本模块还将进行实时数据的初步分析和预警。在初步分析中,模块将对实时监测数据进行统计,并计算结构响应的幅值、最大值和平均值等特征值,以协助船员更清楚地了解结构响应波动的基本参数。当结构响应剧烈波动且超过设计报警阈值时,模块将提示预警信息,并指出危险位置。此外,系统将在船体结构状态数据库中记录监测数据超过报警阈值的比例。

在船体结构强度评估模块中,所有程序都围绕着船体结构强度状态的评估展开。本模块的结构强度评估包括船体总纵强度评估、结构疲劳强度评估和结构屈服强度评估。利用这些强度评估方法可以对不同时域特征下的结构强度状态进行记录。通过船体总纵向强度评估来观察船体结构纵向变形的短期状态。而利用结构屈服强度评估,则对结构的瞬时危险状态进行观察和记录。对于结构存在的长期潜在损伤,则通过结构疲劳强度评估来进行监测。

船体结构状态数据库则是监测结构响应和船体结构强度评估结果的集合。数据库中还包含了船舶的基本信息和系统运行记录,最终形成了一个完整的船体结构状态日志。

为了提高系统的工作效率,船体结构监测与评估系统将采用多线程并行计算的方法。图 5-13 显示了监测系统的多线程方案。整个系统设计了 5 个线程,分别为数据采集与显示线程、数据提取与存储线程、总纵强度评估线程、结构屈服强度评估线程和结构疲劳强度评估线程。每个线程都能够独立地提取和分析指定的数据,并完成各自的功能。

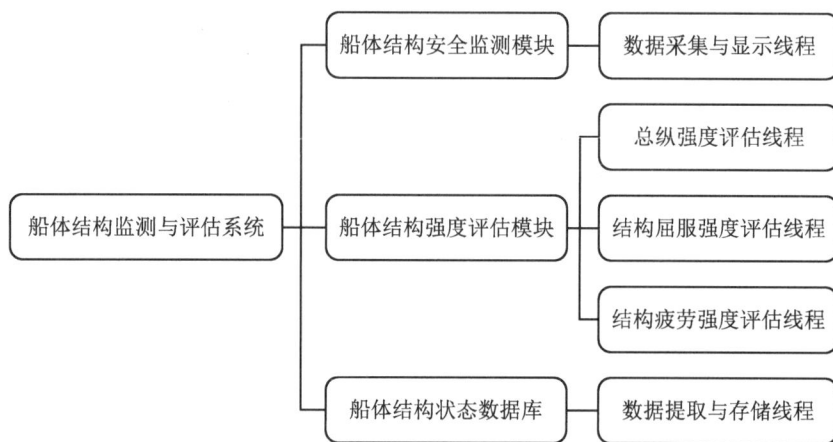

图 5-13 监测系统的多线程方案

船体结构安全监测模块主要由数据采集和显示线程支持。首先,该线程使用传输控制协议 TCP/IP 服务接收来自应变传感器的测量数据,并进行分类。与材料系数相结合,将电信号转换为应变、弯矩、扭矩等监测信号,并将这些实时监测信号以直方图或图表的形式显示出来,同时计算其波动的最大值和平均值。接着,对实时监测的结构数据进行危险预警的判断。当监测数据出现较大波动时,数据采集和显示线程将反馈给数据提取与存储线程。数据提取与存储线程将提取相应的监测位置,并向船舶操纵人员发出预警。

在船体结构强度评估模块中,三种类型的船体结构强度评估均采用各自的线程运行。这些线程之间没有干扰,从而提高了监测与评估系统的计算速度。总纵强度评估线程基于强度可靠性方法来评估船体剖面结构在不同纵向位置的状态。此线程自动计时,每 30 min 计算一次船体结构失效概率。而船体结构屈服强度评估的目的是评估船体的瞬时结构状态。数据采集和显示线程将初步分析中的最大应变数据传输到结构屈服强度评估线程中。结构屈服强度评估线程计算瞬时结构状态变化,并根据船体结构强度指标,将此时的结构状态归类至相应的危险等级。结构疲劳强度评估线程则基于 Palmgren-Miner 损伤准则,每 5 min 运行一次,采用疲劳累积损伤度来衡量船体可能出现的结构疲劳失效。在线程计算中,将现阶段 5 min 内的疲劳损伤度与之前的疲劳损伤度相叠加,最终获得船体结构疲劳强度评估结果。值得注意的是,所有强度评估的结果都将被各自的线程写入船体结构状态数据库。

在船体结构状态数据库中,数据提取和存储线程的任务是对船体结构状态数据库中的数据进行写入和更新。船体结构状态数据库中所有数据的查询和提取都由该线程完成。数据提取和存储线程还存储人员的操纵记录和异常监测数据,以便进行后续事故分析。通过这些线程的搭配,船体结构监测与评估系统能够很好地反映船体在波浪冲击下的结构状态,从而快速处理船舶结构破损引起的突发事件。图 5-14 为船体结构监测与评估系统的相关界面。下面将对实时应力数据的处理方法进行系统的介绍。

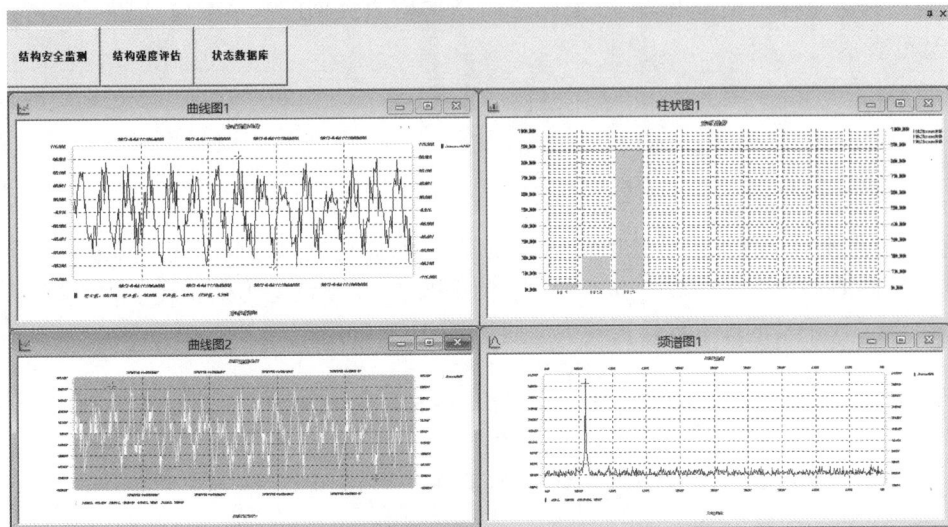

图 5-14　船体结构监测和评估系统的相关界面

5.3.2　实时应力数据的处理方法

(1)基于实测数据的期望和方差计算

根据数理统计理论可知,若 $\{X_1, X_2, \cdots, X_n\}$ 为应力测量值的总样本,则样本均值 $\bar{X}$ 和方差 S^2 为

$$\bar{X} = \frac{1}{n}\sum_{i=1}^{n} X_i \tag{5-33}$$

$$S^2 = \frac{1}{n-1}\sum_{i=1}^{n}\left[X_i - \bar{X}\right]^2 \tag{5-34}$$

由矩估计法可知,在总体矩 μ_j 未知的情况下,可用对应的样本矩 A_j 来代替,即

$$A_j = \frac{1}{n}\sum_{i=1}^{n} X_i^j = \mu_j \quad (j = 1, 2, \cdots, k) \tag{5-35}$$

特别地,当 $j = 1, 2$ 时有

$$\bar{X} = A_1 = \frac{1}{n}\sum_{i=1}^{n} X_i = \mu_1 = E(X) \quad j = 1 \tag{5-36}$$

$$A_2 = \frac{1}{n}\sum_{i=1}^{n} X_I^2 = \mu_2 = E(X^2) \quad j = 2 \tag{5-37}$$

上式表明只要总体的数学期望存在,样本均值就是总体的数学期望 $E(X)$,样本的二阶矩就是 $E(X^2)$。样本方差 S^2 是总体方差 $D(X)$ 的无偏估计,即

$$S^2 = D(X) \tag{5-38}$$

由于监测系统记录的应力时历数据量巨大，因此，当 $n \to \infty$ 时，可用样本的二阶中心矩 B_2 代替样本方差 S^2，即认为样本的二阶中心矩近似等于样本方差，则有

$$B_2 = \frac{1}{n} \sum_{i=1}^{n} \left[X_i - \bar{X} \right]^2 = S^2 \quad n \to \infty \tag{5-39}$$

由上式可知，当样本总体期望和方差未知时，可利用测量获得的样本一阶原点矩和二阶中心矩来替代样本总体的期望和方差，因此船体结构应力数据的总体数学期望 $E(X)$ 和方差 $D(X)$ 又可表示为

$$E(X) = \frac{1}{n} \sum_{i=1}^{n} X_i \tag{5-40}$$

$$D(X) = \frac{1}{n} \sum_{i=1}^{n} \left[X_i - E(X) \right]^2 \tag{5-41}$$

此外，还需要对总样本进行分区存储与处理，从而提高应力数据的安全和系统的运算速度。设传感器第 i 次（$i = 1, 2, \cdots, m$，m 为总测量次数）记录的应力数据样本为 $\{X_{1_i}, X_{2_i}, \cdots, X_{n_i}\}$（$n_i$ 为第 i 次记录的样本容量），其数学期望 $E(X_{n_i})$ 和方差 $D(X_{n_i})$ 为

$$E(X_{n_i}) = \frac{1}{n_i} \sum_{k_i=1}^{n_i} X_{k_i} \quad (i = 1, 2, \cdots, m) \tag{5-42}$$

$$D(X_{n_i}) = \frac{1}{n_i} \sum_{k=1}^{n_i} \left[X_{k_i} - E(X_{n_i}) \right]^2 \quad (i = 1, 2, \cdots, m) \tag{5-43}$$

则已知各分块样本的期望，求总样本对总体的数学期望 $E(X)$ 时，有

$$E(X) = \frac{n_1 E(X_{n_1}) + n_2 E(X_{n_2}) + \cdots + n_m E(X_{n_m})}{n_1 + n_2 + \cdots + n_m} = \frac{\sum_{i=1}^{m} n_i E(X_{n_i})}{\sum_{i=1}^{m} n_i} \tag{5-44}$$

同理可得

$$E(X^2) = \frac{\sum_{i=1}^{m} n_i E(X_{n_i}^2)}{\sum_{i=1}^{m} n_i} \tag{5-45}$$

由数学期望的性质可知，计算方差的公式为

$$D(X) = E(X^2) - \left[E(X) \right]^2 \tag{5-46}$$

则已知各分块样本的统计特征，求总样本对总体的方差时，有

$$D(X) = E(X^2) - \left[E(X) \right]^2 = \frac{\sum_{i=1}^{m} n_i E(X_{n_i}^2)}{\sum_{i=1}^{m} n_i} - \left[\frac{\sum_{i=1}^{m} n_i E(X_{n_i})}{\sum_{i=1}^{m} n_i} \right]^2 \tag{5-47}$$

为简化计算，监测系统在对数据进行分块存储时，可将各次记录的样本容量定为相同的值，即可设 $v = n_1 = n_2 = \cdots = n_i = \cdots = n_m$，则有

$$E(X) = \frac{n_1 E(X_{n_1}) + n_2 E(X_{n_2}) + \cdots + n_m E(X_{n_m})}{n_1 + n_2 + \cdots + n_m} = \frac{v \cdot \sum_{i=1}^{m} E(X_i)}{v \cdot m} = \frac{1}{m} \sum_{i=1}^{m} E(X_i) \tag{5-48}$$

同理可得

$$E(X^2) = \frac{1}{m}\sum_{i=1}^{m}E(X_i^2) \tag{5-49}$$

则总体方差为

$$D(X) = \frac{1}{m}\sum_{i=1}^{m}E(X_i^2) - \left[\frac{1}{m}\sum_{i=1}^{m}E(X_i)\right]^2 \tag{5-50}$$

考虑到时历数据的实时性,在所有的样本中,最新样本($m+1$)的容量很可能小于其他样本($1 \sim m$)的容量,如图 5-15 所示。

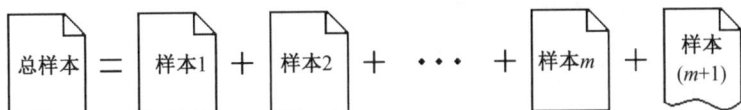

图 5-15　样本构成

因此,总样本的数学期望 $E(X_t)$ 和方差 $D(X_t)$ 由前 m 个等容量的历史样本和当前的第($m+1$) 个随时间递增的当前样本共同组成,则总样本的数学期望为

$$E(X_t) = \frac{vmE(X) + \sum_{j=1}^{ft}X_j}{vm + ft} \quad 0 < t \leqslant v/f \tag{5-51}$$

式中, v 为样本容量; m 为历史样本数量; f 为系统采样频率; t 为当前样本的采样时间。

将式(5-51)分子、分母同除 m 整理后可得

$$E(X_t) = \frac{vE(X) + \frac{1}{m}\sum_{j=1}^{ft}X_j}{v + \frac{ft}{m}} \quad 0 < t \leqslant v/f \tag{5-52}$$

当 $m \to \infty$ 时,有

$$E(X_t) = \lim_{m\to\infty}\frac{vE(X) + \frac{1}{m}\sum_{j=1}^{ft}X_j}{v + \frac{ft}{m}} = E(X) \quad 0 < t \leqslant v/f \tag{5-53}$$

上式说明:当历史样本(样本容量不随时间变化)数量足够大时,新样本(当前样本,即样本容量随时间递增的样本)不会影响总样本的数学期望。同理亦可证明:历史样本数量足够大时,新样本不会影响总样本的方差。因此,在讨论船体结构应力总样本对总体的估计时,可不考虑新样本的影响。

(2)船体结构应力值的实时统计

设船体结构应力的测量值为

$$\{\cdots, X_{1-n}, X_{2-n}, \cdots, X_{-1}, X_0, X_1, \cdots, X_t, \cdots\} \tag{5-54}$$

式中, X_0 为当前时刻的测量值, X_{-1} 、 X_1 分别为前一时刻和后一时刻的测量值;依此类推, X_{2-n} 、 X_{1-n} 分别为前 $2-n$ 和 $1-n$ 时刻的测量值, X_t 为 t 时刻后的测量值。

将距当前时刻最近的 n 个已测量的测量值定义为实时应力数据的样本,简称实时样本。由上述分析可知,零时刻的实时样本为

$$X(0) = \{X_{1-n}, X_{2-n}, \cdots, X_{-1}, X_0\} \tag{5-55}$$

则其数学期望与方差为

$$E(X_0) = \frac{1}{n}\sum_{i=1}^{n} X_{i-n} \tag{5-56}$$

$$D(X_0) = \frac{1}{n}\sum_{i=1}^{n} [X_{i-n} - E(X_0)]^2 \tag{5-57}$$

式中，$E(X_0)$、$D(X_0)$ 表示当前时刻的数学期望与方差。

由实时样本定义可知，实时样本是一个随时间变化的随机变量样本，但其样本容量 n 始终保持不变。经时间 t 后，t 时刻的实时样本为

$$X(t) = \{X_{1-n+t}, X_{2-n+t}, \cdots, X_{-1+t}, X_t\} \tag{5-58}$$

此时，实时样本的数学期望与方差为

$$E(X_t) = \frac{1}{n}\sum_{i=1}^{n} X_{i-n+t} \tag{5-59}$$

$$D(X_t) = \frac{1}{n}\sum_{i=1}^{n} [X_{i-n+t} - E(X_t)]^2 \tag{5-60}$$

根据上述分析，任意时刻 t 与前一时刻 $t-1$ 的实时样本分别为

$$X(t) = \{X_{1-n+t}, X_{2-n+t}, \cdots, X_{-1+t}, X_t\} \tag{5-61}$$

$$X(t-1) = \{X_{-n+t}, X_{1-n+t}, \cdots, X_{-2+t}, X_{-1+t}\} \tag{5-62}$$

同时，实时样本的数学期望分别为

$$E(X_t) = \frac{1}{n}\sum_{i=1}^{n} X_{i-n+t} \tag{5-63}$$

$$E(X_{t-1}) = \frac{1}{n}\sum_{i=1}^{n} X_{i-n+t-1} \tag{5-64}$$

不难看出，$E(X_t)$ 与 $E(X_{t-1})$ 存在如下递推关系：

$$E(X_t) = \frac{nE(X_{t-1}) + X_t - X_{-n+t}}{n} = E(X_{t-1}) + \frac{1}{n}(X_t - X_{-n+t}) \tag{5-65}$$

同理，可知

$$E(X_t^2) = \frac{1}{n}\sum_{i=1}^{n} X_{i-n+t}^2 \tag{5-66}$$

$$E(X_{t-1}^2) = \frac{1}{n}\sum_{i=1}^{n} X_{i-n+t-1}^2 \tag{5-67}$$

$$E(X_t^2) = E(X_{t-1}^2) + \frac{1}{n}(X_t^2 - X_{-n+t}^2) \tag{5-68}$$

由此，可得任意时刻 t 时的实时样本方差为

$$D(X_t) = E(X_t^2) - [E(X_t^2)]^2$$
$$= E(X_{t-1}^2) + \frac{1}{n}(X_t^2 - X_{-n+t}^2) - \left[E(X_{t-1}) + \frac{1}{n}(X_t - X_{-n+t})\right]^2 \tag{5-69}$$

上式表明：通过前一时刻的样本和相关统计量，结合当前测量值，即可求得当前实时样本的方差。

此外，在监测过程中需要对数据的分布特征进行显著化验证。从短期统计资料来看，船体

的应力响应幅值在短期应符合瑞利分布,所以在获得实测数据之后,需要对实测的数据进行检验,观察其是否符合瑞利分布的统计规律。实测数据的复杂性,使得实测模拟与理论统计模型之间必然存在差异。如果这种差异相对较小,可视为由瑞利分布和多种因素引起的随机波动联合产生的结果。从而,以瑞利分布的特性为目标构建实测数据的统计特性。而当实测数据的统计分布特征与瑞利分布特征之间的差异较大时,说明实测数据受到了严重的波频干扰,船舶在恶劣风浪载荷环境下常出现这种现象。

根据每组实测的应力时历数据,得到应力的幅值 $\{x_1, x_2, \cdots, x_N\}$,以最大幅值的 1/10 作为间距,将应力幅值分成 10 组。根据每组应力幅值出现的次数 m ,按照下式计算相应的出现概率。

$$P_i' = \frac{m_i}{N} \tag{5-70}$$

从而得到应力幅值的概率密度函数,该概率密度函数大多数情况下应满足瑞利分布。瑞利分布的概率密度函数为

$$f(x) = \frac{2x}{R} e^{-\frac{x^2}{R}} \tag{5-71}$$

式中, R 为瑞利分布的控制参数。此参数可通过正态分布的方差计算获得,如式(5-72)所示。

$$R = 2\sigma^2 \tag{5-72}$$

由瑞利分布的概率密度函数可知,相应的概率分布函数为

$$F(x) = \int_x^{\infty} f(x) \, dx = e^{-\frac{x^2}{R}} \tag{5-73}$$

则应力幅值由 x_{i-1} 至 x_i 的概率为

$$P_i = F(x_{i-1}) - F(x_i) = e^{-\frac{x_{i-1}^2}{R}} - e^{-\frac{x_i^2}{R}} \tag{5-74}$$

由式(5-74)计算的理论概率 P_i 与实测出现概率 P_i' 之间在每组内都可能出现差别。差别的大小表示两者的适宜度,通常用 χ^2 表示,即

$$\chi^2 = N \sum_{i=1}^{10} \frac{(P_i' - P_j)^2}{P_j} = \sum_{i=1}^{10} \frac{(m_i - NP_j)^2}{NP_j} \tag{5-75}$$

上式中若 NP_j 值小于 5,则与前一组合并。

根据资料选用 $\alpha = 0.05$ 作为表征水平,即

$$\begin{cases} \chi^2 < \chi^2_{0.05} & \text{满足瑞利分布} \\ \chi^2 > \chi^2_{0.05} & \text{不满足瑞利分布} \end{cases} \tag{5-76}$$

5.3.3　基于实时数据的结构强度评估

船体结构强度评估是船体结构监测与评估系统中不可缺少的重要功能。船体结构强度的评估结果往往能使船员更直观地了解复杂波浪环境下船舶结构的真实状况。

为此,本节将详细介绍监测系统中采用的船体结构强度评估原理。

（1）简化的结构屈服强度评估

简化的结构屈服强度评估基于结构确定性评估方法。该方法对数据量的要求相对较小，计算速度较快。因此，这种评估方法有利于反映结构的瞬时状态。对一些结构响应频繁、剧烈的危险位置最合适。

在简化的屈服强度评估中，瞬时屈服参数记录了船体监测位置结构状态的剧烈波动和发生时间。该参数主要实时测量应力最大值与材料许用应力之比，如式（5-77）所示。

$$S(t) = \frac{\sigma_m(t)}{[\sigma_s]} \tag{5-77}$$

由于生产材料的不同，材料的屈服极限并非是一成不变的。一般认为，船体材料的屈服极限符合高斯分布。根据高斯分布的统计理论可知，区域$(\mu - 2\sigma, \mu + 2\sigma)$上的结构屈服极限概率为95.44%。显然，当实测应力进入这一区域时，结构发生屈服破坏的可能性将大大增加。因此，船体结构的许用应力通常低于材料的屈服极限，其定义为

$$[\sigma_s] = \mu - 2\sigma \tag{5-78}$$

式中，σ是材料屈服极限的标准差；而μ是材料屈服极限的平均值。因此，在系统中显示基于结构安全分类的瞬时屈服指标，具体范围见表5-6。

表5-6　船体结构安全分类的瞬时屈服指标

安全分类	瞬时屈服指标范围 r
A 级	0% ~ 1%
B 级	1% ~ 10%
C 级	10% ~ 100%
D 级	>100%

（2）船体总纵强度评估

在结构可靠性理论中，波浪冲击引起的结构响应用D表示。而C为结构抗力的函数。当C和D为独立随机变量时，结构失效函数M可定义为

$$M = C - D \tag{5-79}$$

显然，当结构失效函数M小于0时，结构会发生破坏。因此，结构失效概率P_f由式（5-80）计算得出。

$$P_f = P(M < 0) = \int_{-\infty}^{+\infty} [1 - F_D(x)] f_C(x) \, \mathrm{d}x \tag{5-80}$$

式中，x为船体结构响应的幅值；$f_C(x)$是结构抵抗能力的概率密度函数；$F_D(x)$是结构响应极值的分布函数。根据波浪载荷的统计资料，结构响应幅值的短期分布服从瑞利分布。因此，在瑞利分布的基础上建立船体结构响应的极值分布。结构短期响应的瑞利分布如式（5-81）所示，而瑞利分布中参数k的计算方法如式（5-82）所示。

$$F_d = 1 - \exp\left(-\frac{x^2}{k^2}\right) \tag{5-81}$$

$$k^2 = 2\sigma_d^2 \tag{5-82}$$

式中，σ_d为实时结构响应的标准差，每30 min统计一次。根据序列统计原理，在实时数据的n

次循环下,结构响应极值的分布为

$$F_D = \left[1 - \exp\left(-\frac{x^2}{k^2} \right) \right]^n \qquad (5\text{-}83)$$

一般认为,船体结构的抗力服从高斯分布。因此,结构抗力的概率密度函数为

$$f_c = \frac{1}{\sqrt{2\pi}\,\sigma_c} \exp\left[-\frac{(x - \mu_c)^2}{2\sigma_c} \right] \qquad (5\text{-}84)$$

$$\mu_c = \mu_s - d_i \qquad (5\text{-}85)$$

式中,σ_c 为结构抗力概率密度函数的标准差;μ_c 是概率密度函数的平均值;d_i 是由传感器温度、加载状态变化、物料初始应力等因素引起的监测数据的波动。函数平均值 μ_c 可通过从材料极限强度 μ_s 中减去 d_i 获得,如式(5-85)所示。

实际上,船体在不同横截面上的极限强度需要考虑结构破坏形式和材料屈服特性等诸多因素,所以极限强度计算的准确性很难保证。因此,一般采用劳氏准则对截面极限强度进行简化计算。然后,通过消除非波浪干扰,得到结构抗力的平均值。再根据以往对船体极限强度的研究,假定结构阻力分布的变异系数为8%,建立不同截面的结构抗力函数。最后,对监测系统进行纵向强度评估。图5-16显示了船舶总纵强度评估的计算流程。

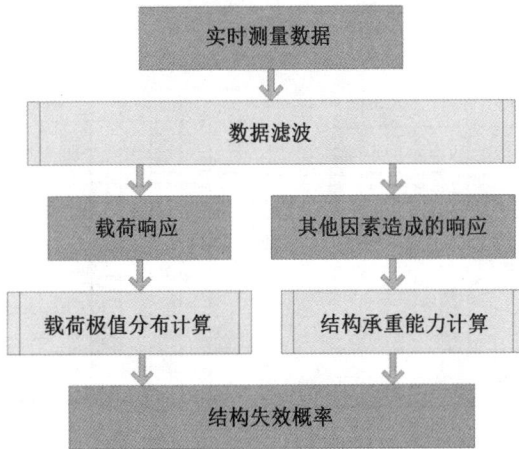

图 5-16　船舶总纵强度评估的计算流程

(3)船体结构疲劳强度评估

船舶在高频波浪载荷作用下容易发生结构疲劳破坏。它也是一种经常被忽视的潜在结构失效形式。事实上,许多船舶事故都是由结构疲劳引起的。因此,对结构进行疲劳监测是必不可少的。在监测系统中,疲劳强度评估基于 Palmgren-Miner 损伤准则和雨流计数法。船舶在复杂的不规则波环境中航行时,应力的波动往往是不规则的、随机的。因此,需要采用雨流计数法将随机应力转化为一系列变幅应力。雨流计数法是一种基于双参数的特征统计法[30],主要考虑波动中的均值和幅值两个参变量,将连续的载荷时历分解为若干个简单的载荷循环,由于这一特点非常适用于疲劳载荷特性的分析,所以在船舶结构疲劳强度评估中实测波动数据的分析上常采用此方法。

使用雨流计数法时首先需要对随机载荷谱进行划分,得到适合雨流计数的分段,如图5-17(a)所示。将时历曲线顺时针旋转90°,此时将曲线看作一层层的屋檐,雨滴由 a 点沿 ab 往下

流,到达 b 点后滑落至 cd 屋顶,继续沿 cd 流至 d 点,由于 d 点无屋檐阻挡,雨滴折回沿 de 继续往下流,到达 e 点后滑落至 ja',沿 ja' 流至 a' 结束,雨滴流过的路径为 $abdea'$。该路径的最大(峰)值和最小(谷)值分别为 5 和 -5,则其幅值为 $5-(-5)=10$,均值为 $[5+(-5)]/2=0$。删除雨流流过的路径,重复上述过程,得到第二次计数的路径 bcb'、$efhie'$ 和第三次计数的路径 fgf'、iji',如图 5-17(c) 和 (d) 所示,至此计数完毕。按照第一次计数的方法,计算第二次和第三次计数各路径的幅值和均值,见表 5-7。

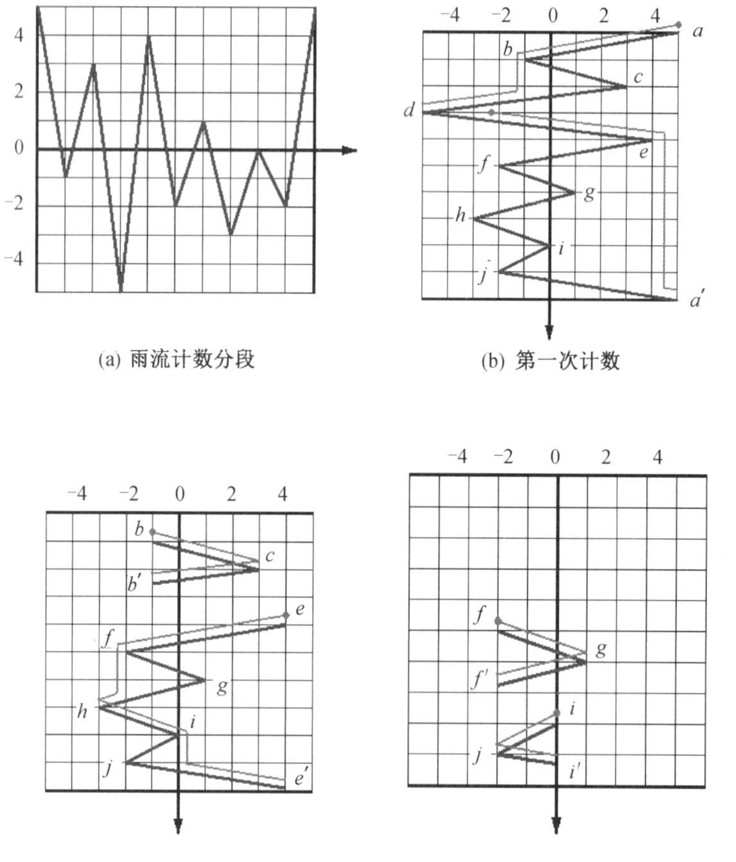

(a) 雨流计数分段

(b) 第一次计数

(c) 第二次计数

(d) 第三次计数

图 5-17 雨流计数过程

表 5-7 雨流计数结果

路径	幅值	均值
$abdea'$	10	0
bcb'	4	1
$efhie'$	7	0.5
fgf'	3	-0.5
iji'	2	-1

　　运用雨流计数法对不规则的结构应力进行统计,将随机应力响应拆分成多个循环的应力响应,并统计应力幅值、应力平均值和循环次数。结构初应力的存在,使得应力循环并非基于零点对称。而在 S-N 曲线的理想模型中应力的波动是循环对称的,因此需要对应力循环进行平均应力修正。

　　在船舶工程应用中,Gerber 修正方法得到了广泛的应用。Gerber 曲线校正方程见式(5-86),示意图如图 5-18 所示。

$$\frac{S_a}{S_r} + \frac{S_m^2}{S_y^2} = 1 \tag{5-86}$$

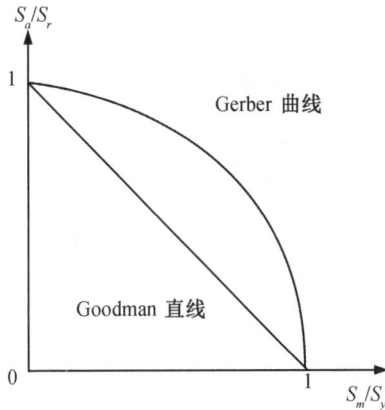

图 5-18　等寿命线

式中, S_a 为实测应力幅值; S_r 为对称循环下的修正应力幅值; S_m 为实测应力的平均值; S_y 为极限强度应力,取决于材料屈服极限。

　　求解方程(5-86)可得到对称循环下的修正应力幅值,然后用 S-N 曲线法即可计算出修正应力幅值下结构疲劳极限的最大循环次数 N 。

$$\lg N = \lg K - m\lg S_r \tag{5-87}$$

式中, K 是 S-N 曲线参数; m 是曲线的反斜率。S-N 曲线的这些参数由材料疲劳试验和中国船级社《船体结构疲劳强度指南》确定。

　　最后以雨流计数法测量的循环应力次数与 S-N 曲线获得的疲劳破坏最大循环次数之比为基准,叠加每个循环子波下的比值,即可获得此段时间的船体结构疲劳累计损伤度。其具体公式为

$$D_f = \sum_{i=1}^{j} \frac{n_i}{N_i} \tag{5-88}$$

式中, j 为雨流计数拆分后的循环应力个数; n_i 为第 i 个测量的循环应力的循环次数,用雨流计数法求得; N_i 是第 i 个应力水平上相应疲劳极限的循环数。疲劳累计损伤计算流程如图 5-19 所示。

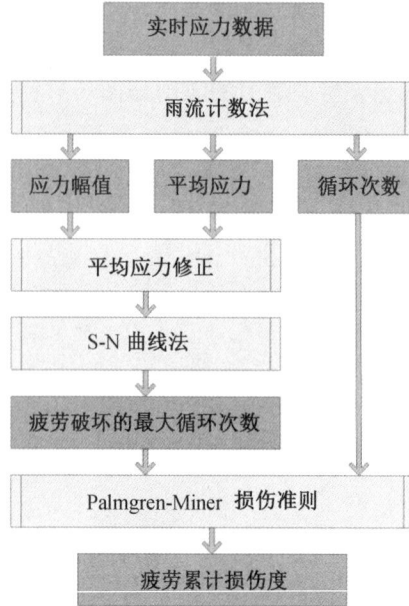

图 5-19 疲劳累计损伤计算流程

5.3.4 船体结构状态数据库设计

在数据库的设计上,基于 SQL Server 的数据库技术对结构监测系统所获取的实时监测数据进行存储优化[31]。监测与评估系统将依托 Microsoft SQL Server 软件来建立船体结构状态数据库,并与监测模块和评估模块匹配连接。在数据库中设计了 7 个表,分别是船舶基本信息管理表、实时监测数据表、屈服强度评估表、疲劳强度评估表、纵向强度评估表、预警信息表、系统运行记录表。每个表由时间数据和相应的监测数据组成。船体结构状态数据库部分界面如图 5-20 所示。

数据提取和存储线程将结构数据写入相应的表中,并在查询监测数据时提取响应数据。在长期的船体结构监测中,大量的监测数据很有可能会降低系统的查询速度。因此,为了避免数据过大而造成的查询速度降低的影响,在每个表中又独立使用了分区函数。表的存储空间被分为 48 个区域。分区函数记录了所有的区域地址,系统可以快速找到相应的存储分区,从而获得数据位置。当所有区域存储满后,数据提取和存储线程将系统的 SQL Server 数据库与 Microsoft Excel 连接,创建指定的文档并将数据逐个区域输出。通过数据区域循环覆盖即可保持数据库中区域数量不变。值得注意的是,数据输出时系统将进行输出数据编号的记录,方便线程在存储的文档中找到相应的数据。这种数据存储的设计极大地提高了数据库查询的效率,使系统的数据提取时间小于 15 s。

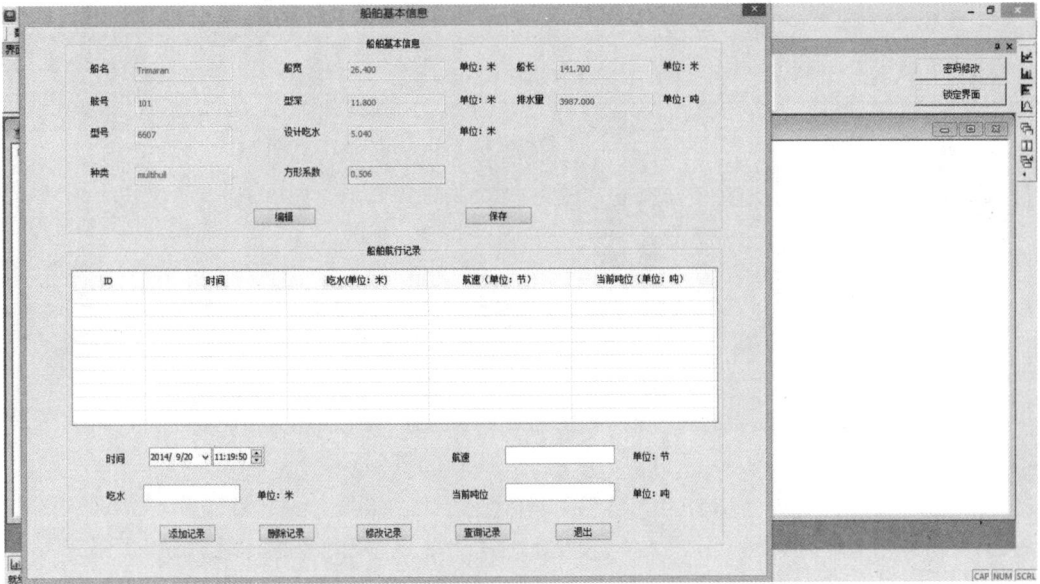

(a)船舶日志

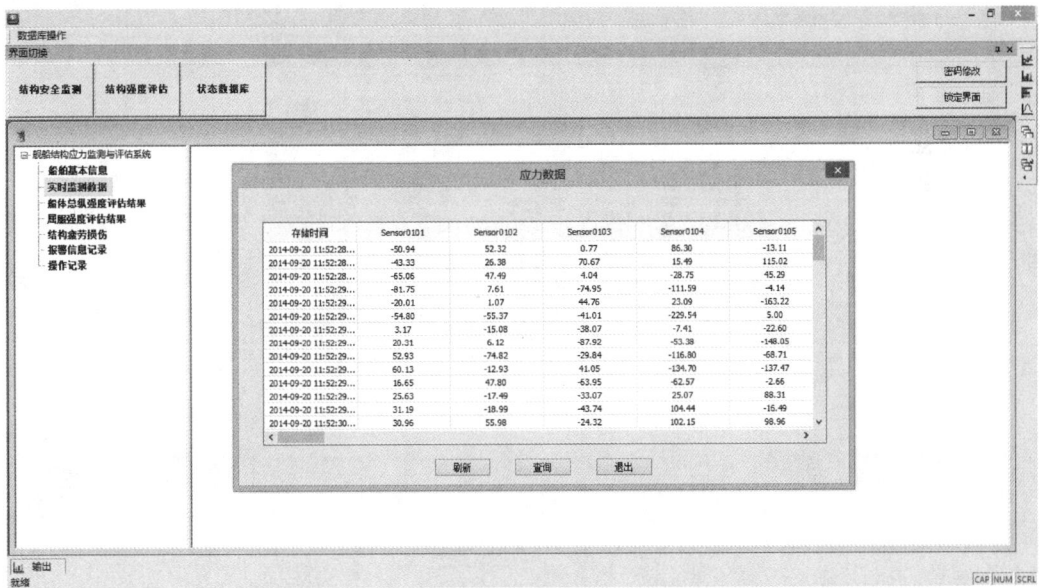

(b)监测数据记录

图 5-20　船体结构状态系统数据库界面(a)(b)

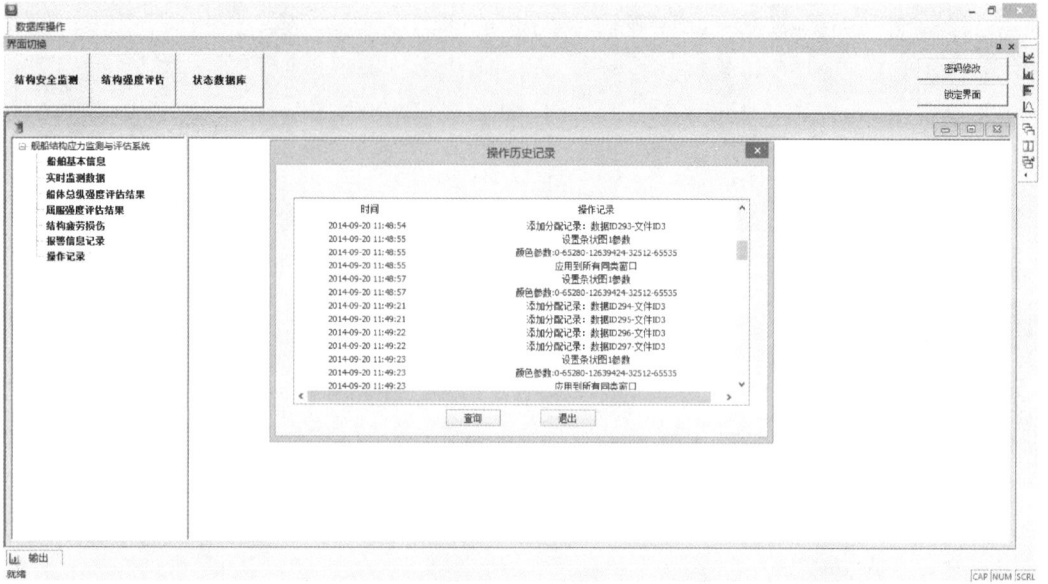

(c)船舶系统操作记录

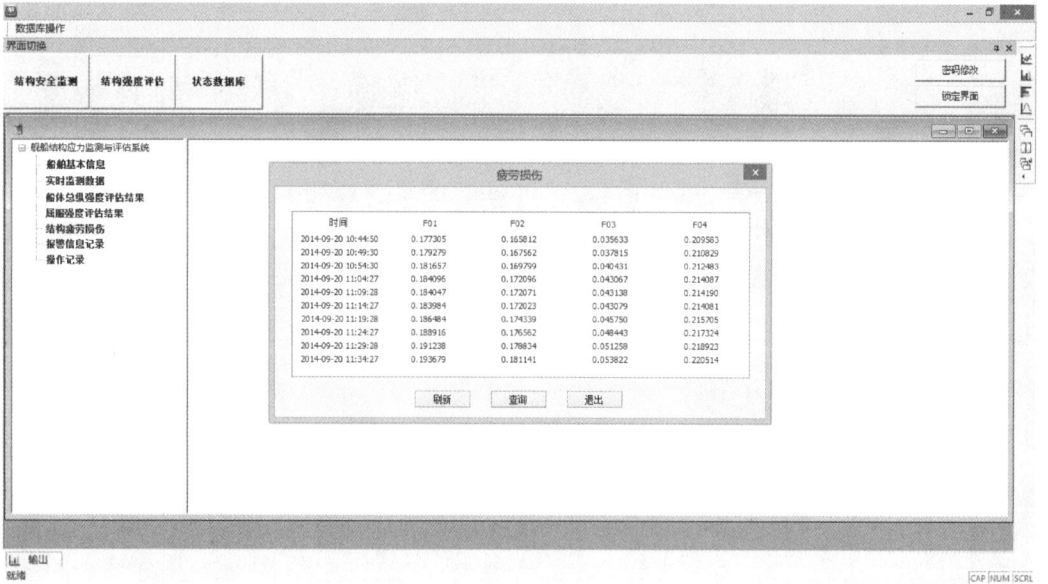

(d)评估数据记录

图 5-20　船体结构状态数据库界面(c)(d)

5.3.5　多体船结构状态监测与强度评估试验

为了观察船体结构在不规则波作用下的响应特征,论证船体结构监测与强度评估系统的可行性,利用相似理论设计了一个比例尺为 1∶25 的三体船结构监测模型。图 5-21 为三体船结构监测模型的详细设计图。

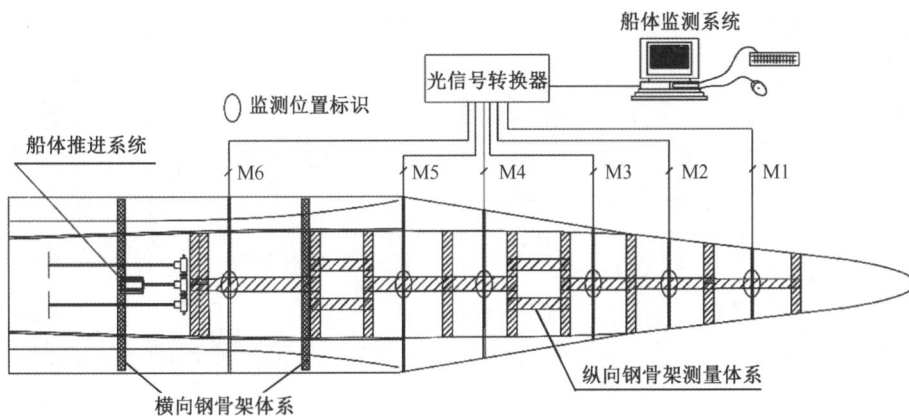

图 5-21 三体船结构监测模型的详细设计图

三体船模型有一系列的分段壳体,这些壳体将提供相似的波浪力和冲击力,以模拟波浪对全尺寸三体船的影响。模型中还考虑了螺旋桨对周围流场的干扰,并在模型中安装了螺旋桨推进装置。此外,模型中搭载了两套钢骨架监测体系。纵向钢骨架监测体系包括 10 根不同厚度的钢梁,以满足沿船舶长度的刚度分布。横向钢骨架体系则分为两根梁,以保证连接桥结构的横向刚度。同时,在 M1~M6 位置上布置相应的应变传感器来监测船体结构响应。图 5-22给出了三体船结构监测试验的实施过程。

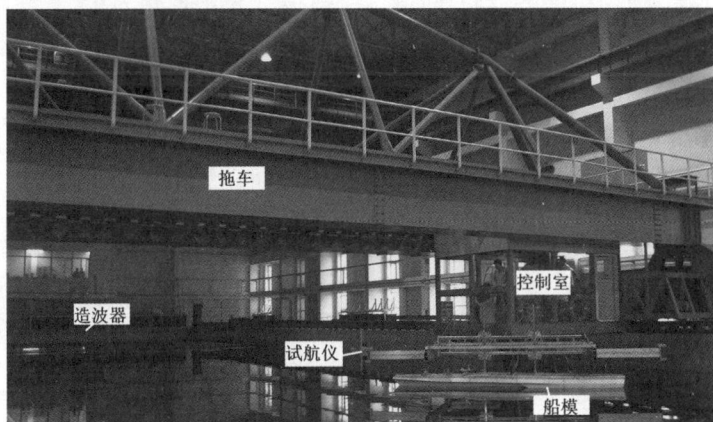

图 5-22 三体船结构监测试验的实施过程

(1)结构响应初步分析

当模型受到不规则波浪冲击时,监测与评估系统将实时记录下船体不同剖面的变形情况。在系统中,实时数据根据相似准则转换成实船数据,并对数据进行统计分析。

图 5-23(a)所示为沿船长不同位置的垂向弯矩时历曲线。显然,这 3 个位置的垂向弯矩波形是相似的,而且这些位置上垂向弯矩波动的最大峰值出现的时间相隔并不远。此外,尽管 M4 处垂向弯矩波动的平均振幅在这些监测位置中是最显著的,但不难发现在 M1 和 M6 位置处的垂向弯矩波动包含了更多的高频成分。分析原因可知,波浪在船首和船尾的砰击往往会引起结构的高频振动,即颤振现象。而模型螺旋桨推进装置的运用也将进一步加剧船尾的高频振动。在图 5-23(b)中,还统计了同一位置处(M4)的三个方向上船体结构的变形。试验表明,在斜浪工况下船体结构的水平弯曲变形(HBM)和扭转变形(Torque)的波动较垂向弯曲

变形的波动更为频繁,但在船中位置处垂向弯曲的响应幅值仍大于艏斜浪工况下水平弯矩和扭矩的幅值。

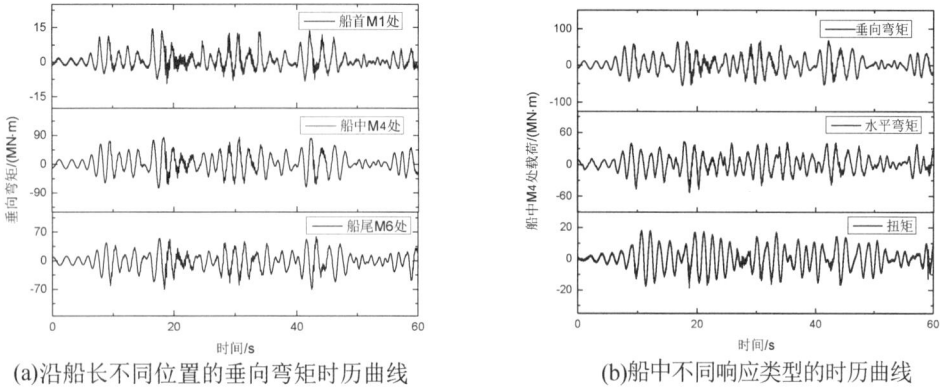

(a)沿船长不同位置的垂向弯矩时历曲线　　　(b)船中不同响应类型的时历曲线

图 5-23　艏斜浪下结构响应时历曲线

　　船舶在不规则波浪中航行时,系统监测到的结构响应波动具有不规则性和随机性。因此,在不规则波情况下,响应统计特征值往往被作为判断结构状态严重程度的指标。基于谱分析中的自相关函数法和实时监测数据即可获得监测数据的有义幅值。不同浪向角和变形形式下的有义幅值统计结果如图 5-24 所示。其中,迎浪工况下的浪向角为 180°;随浪工况下的浪向角为 0°;艏斜浪工况下的浪向角为 135°;而艉斜浪工况下的浪向角为 45°。

(a)垂向弯矩　　　　　　　　　　(b)水平弯矩

(c)扭矩

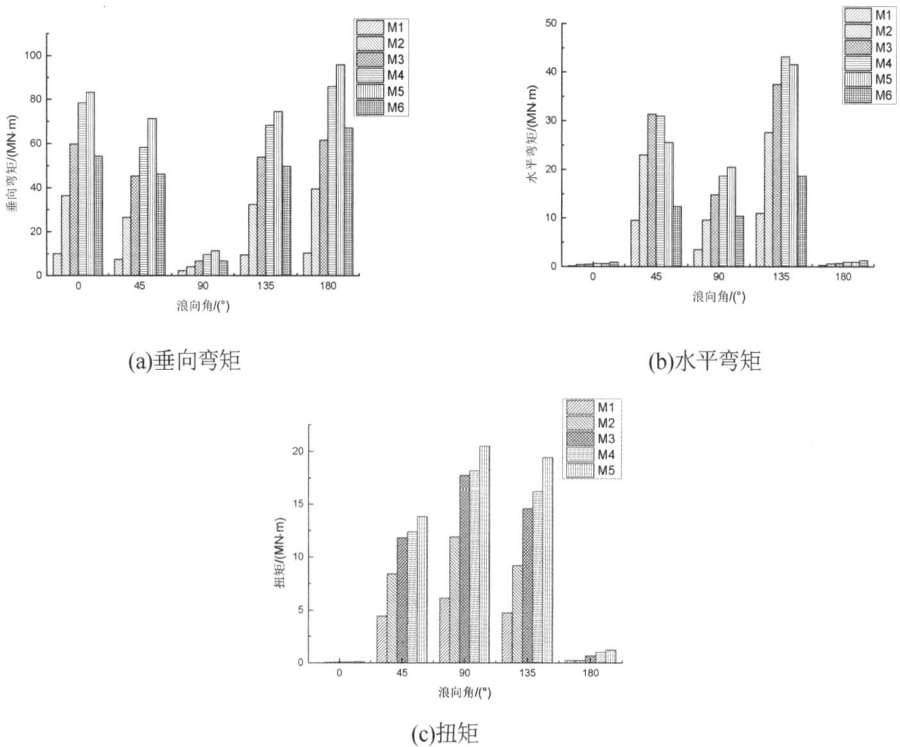

图 5-24　不同浪向角下和变形形式下的有义幅值统计结果

显然,垂向弯矩波动在随浪工况下达到最小值,如图 5-24(a)所示。艏斜浪工况下的垂向弯曲变形比艉斜浪的垂向弯曲变形要严重。垂向弯曲变形最严重的部位为 M5,为连接桥首端位置。观察模型试验可知,三体船在高速航行时片体干扰效应明显,而片体所遭受的波浪砰击又进一步加剧了主船体 M5 处的垂向弯曲变形。与传统船舶结构响应位置对比发现,三体船的最大垂向弯曲变形位置偏向船尾部分。在图 5-24(b)中,对比不同浪向角下的水平弯矩可知,艏斜浪工况下的三体船遭受了更多的水平弯曲变形。但最大水平弯曲变形位置并不稳定,随浪向角的变化而变化。在艏斜浪工况下,水平弯曲变形的最大峰值出现在 M5 处。而在艉斜浪工况下,靠近船首的 M3 处是三体船最大水平弯曲变形的位置。究其原因,认为三体船片体的尾部布置在一定程度上提高了船尾结构强度,削弱了由船尾方向波浪冲击引起的结构响应。此外,对不同浪向角下的扭矩变形进行统计,如图 5-24(c)所示。试验监测数据发现,三体船在横浪工况下航行时会产生显著的扭转变形。其中,主体 M5 和 M6 的位置由于处于片体内侧,在不规则波工况下扭矩变形更大。同时,研究表明,在斜浪不规则波中三体船独特的片体结构使波浪力沿宽度方向出现不对称现象,尤其在艏斜浪中会产生较大的扭转变形。

(2)船体总纵强度评估结果分析

船体结构监测实时数据的初步分析主要集中在波浪冲击引起的结构响应上,其仅能大致反映船体结构的基本状况。而船体结构抗力的变化也是决定结构损伤的另一个不可缺少的因素。事实上,在波浪载荷相对较小的情况下,船舶由于自身结构抗力低而导致船体结构破坏的事故也时常发生。因此,为了能够更加细致地了解船体结构状况,需要在考虑波浪冲击的基础上,进一步考虑船体不同位置处结构抗力的差异。而现阶段的船体总纵强度评估即是通过考虑波浪载荷和结构抵抗能力两方面的影响,对结构纵向状态进行系统的评估,是一种较为全面的结构状态评估手段。

船体监测与评估系统每 30 min 进行一次总纵强度评估,以分析现阶段船舶的纵向强度是否足够。图 5-25 给出了监测系统总纵强度评估线程 2 h 内的计算结果。由于迎浪和随浪工况下水平弯曲和扭转变形较小,不足以引发严重的结构损伤风险,图 5-25(d)仅显示了非斜浪情况下垂向弯曲变形的评估结果。事实上,虽然船中拥有较高的结构抵抗能力,但在垂向弯曲变形的总纵强度评估中,船体 M5 位置处的失效概率仍然是最高的。无论浪向如何,垂向弯曲变形评估中的危险剖面基本保持不变,与波浪载荷统计特征值的最大位置一致,这说明了显著的波浪载荷是导致船舶垂向弯曲变形破坏概率较高的主要原因。同时,通过对比不同方位处垂向弯曲变形的评估结果,发现波浪载荷次严重的(M4)位置并不总是获得第二高的结构失效概率。研究分析发现,船体 M3 位置具有相对较低的结构抵抗能力,因此成为艏斜浪和随浪工况下的第二危险位置,如图 5-25(a)和图 5-25(d)所示。由此可知,在波浪冲击较缓和的位置,结构抵抗能力低对船体结构总纵强度损伤概率的计算影响较为明显。此外,船体最大失效概率发生迎浪的 M5 处,该位置被认为是不规则波中三体船垂向弯曲变形最危险的地方。

对于水平弯曲变形而言,试验发现在波浪载荷和结构抗力共同作用下船体 M3 处的水平弯曲失效的概率最高。虽然船体 M3 位置并不总是遭受最严重的波浪载荷响应,但其相对较低的水平弯曲抵抗力使该剖面在水平方向上更易损坏。在艏斜浪和艉斜浪中,相对较小的水平抗弯的位置(M2)往往达到仅次于 M3 位置的结构失效概率。而在横浪工况中,船体 M5 处受到的剧烈的波浪冲击也使得其结构较为脆弱。统计结构失效概率可知,三体船水平弯曲变形中的最高失效概率为 1.86%,发生在艏斜浪工况。因此,对于三体船而言,艏斜浪工况应是

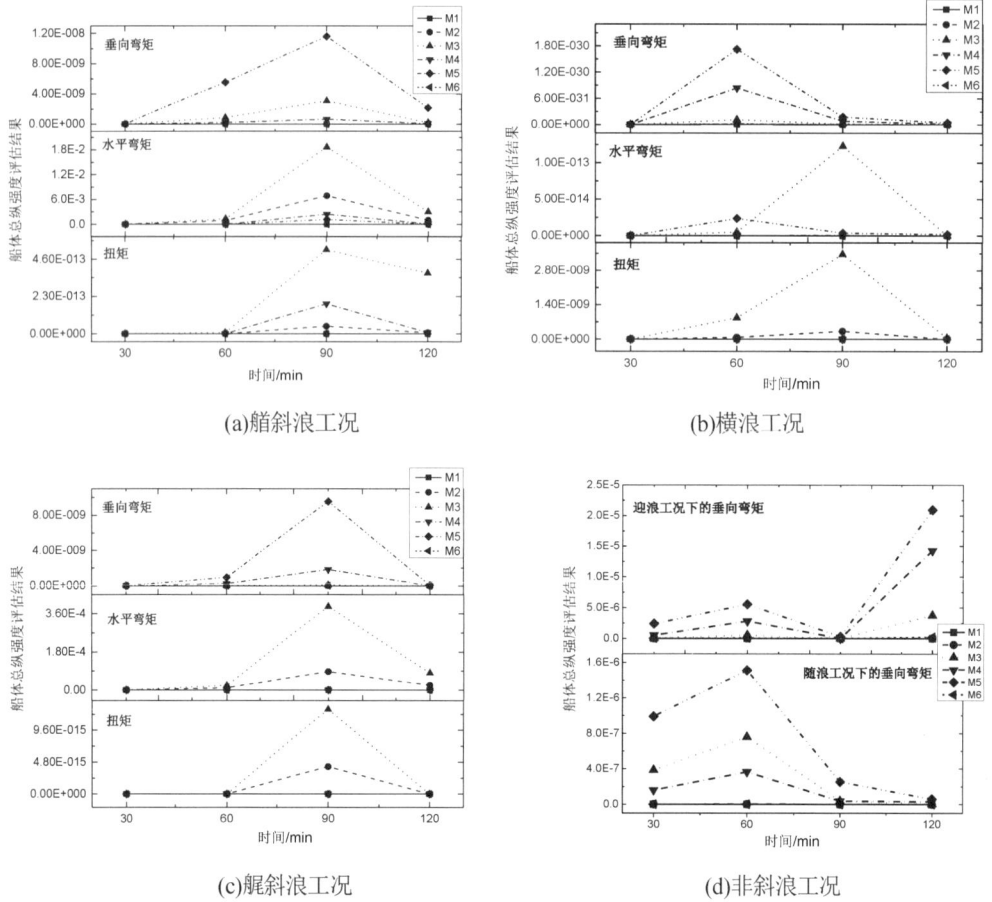

(a)艏斜浪工况

(b)横浪工况

(c)艉斜浪工况

(d)非斜浪工况

图 5-25　监测系统总纵强度评估线程 2 h 内的计算结果

水平弯曲变形重点关注和需要仔细校核的工况。在斜浪不规则波中,扭转变形引起的结构失效也同样需要重视。三体船片体结构和连接桥结构,在斜浪作用下沿船宽方向承受较大的波浪载荷,从而发生严重的扭转变形。对结构扭转强度评估结果的统计发现,虽然船尾结构变形较为严重,但船体 M3 位置仍是扭转变形最危险的地方。显然,波浪载荷与结构抗弯强度的共同影响,使结构扭转的危险部位向船首偏移。此外,船体 M2 处的较高的结构失效概率也说明了三体船结构首部抗扭设计的重要性。而扭矩变形在横浪中达到最大值。因此,三体船在横浪工况下由扭转变形引起的结构破损风险较大。在斜浪工况下,水平弯曲变形和扭转变形引起的结构失效概率峰值往往在同一时间段,这表明扭转和水平变形的波浪载荷在时域上存在一定的关联性。此外,对比 3 种破坏形式下的结构失效概率可知,尽管在艏斜浪和艉斜浪工况下水平弯矩的有义幅值要低于垂向弯矩,但在斜浪工况下水平弯曲引起的结构失效概率还是高于其他变形引起的结构失效概率。在大多数斜浪不规则波工况下,三体船水平变形引起的结构破损的可能性较高,需要重点关注。

(3)简化的屈服强度评估分析

除了整体变形以外,船体结构监测与评估系统也同步监测船体模型上钢骨的应变波动。图 5-26 显示了艉斜浪工况下船中处的应变时历曲线。显然,在垂直变形和水平变形中出现的不规则振荡特征也在应变信号中出现。在同一监测位置,两种变形引起的应变峰值出现时间也十分相近。船体结构监测与评估系统将结构的实时应变转换为应力,并采用简化的屈服强度评估方法来估算船体结构的瞬时状态。图 5-27 显示了不同变形下屈服强度评估的最终结果。

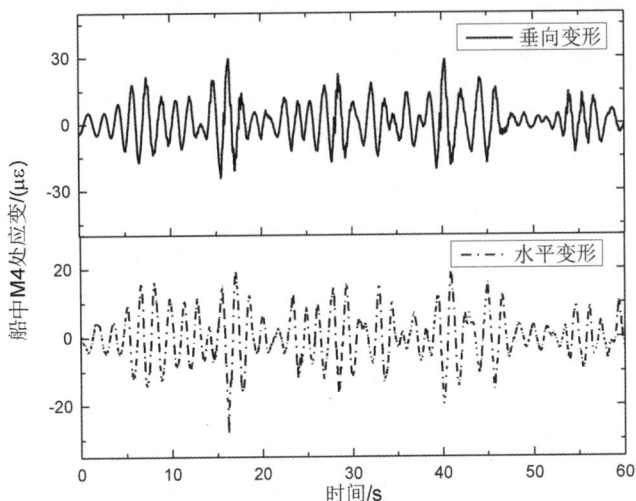

图 5-26　艉斜浪工况下船中处的应变时历曲线

实际上,垂向弯曲和水平弯曲变形的评价结果都在 A 类和 B 类之中。从图 5-27(a)中不难发现,在不同浪向下船体 M5 处的瞬时垂向屈服指标总是最高,其屈服强度评定值最大值可达 6.51%。而不规则波工况下首部产生屈服破坏的可能性不大,特别是在横浪工况下。对于结构水平弯曲变形引起的应变而言,迎浪和随浪工况下所有位置的瞬时屈服指标均为 A 类,如图 5-27(b)所示。因此,非斜浪不规则波下很难引起三体船结构的水平屈服破坏。而艉斜浪工况下剖面 M3 上瞬时屈服指标最高,其值为 3.28%。但在横浪工况下,最高屈服指标的危险位置变化为 M5。通过对垂向和水平变形屈服评估结果的比较,水平瞬时屈服指标仍小于垂向屈服指标,垂向变形仍是引起船体结构瞬时屈服破坏的主要原因。

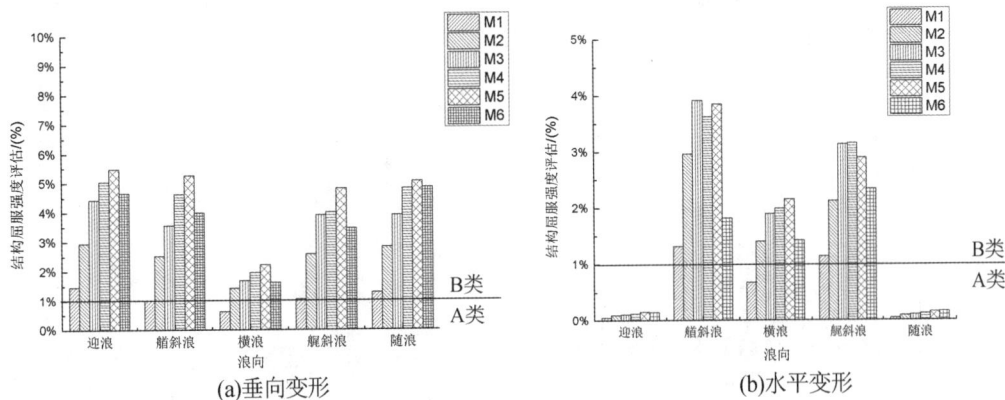

图 5-27　不同变形下屈服强度评估的最终结果

(4)疲劳强度评估结果分析

船体结构的疲劳强度失效是船舶航行过程中一种不易察觉的结构失效形式。其通过船舶航行过程中长期潜在的结构损伤累积,逐步在船体结构表面上产生裂纹。随着裂纹的扩展,结构将失去自身的抵抗能力,最终在相对较低水平的循环载荷冲击作用下发生破坏。为了能够及早地发现结构上潜在可能出现的疲劳破坏,需要对船体结构进行长期的监测,同时在结构损伤将要发生时向船员发出警告。基于监测到的船体实时应变信号,船体结构与评估系统将每5 min进行一次疲劳强度评估,并计算出此段时间的疲劳损伤累积度。

本次模型试验中,船体结构与评估系统在2 h内对船模中布置的骨架进行监测,模拟其结构疲劳损伤累积过程。垂向变形和水平变形引起的疲劳强度评估的结果分别如图5-28和图5-29所示。

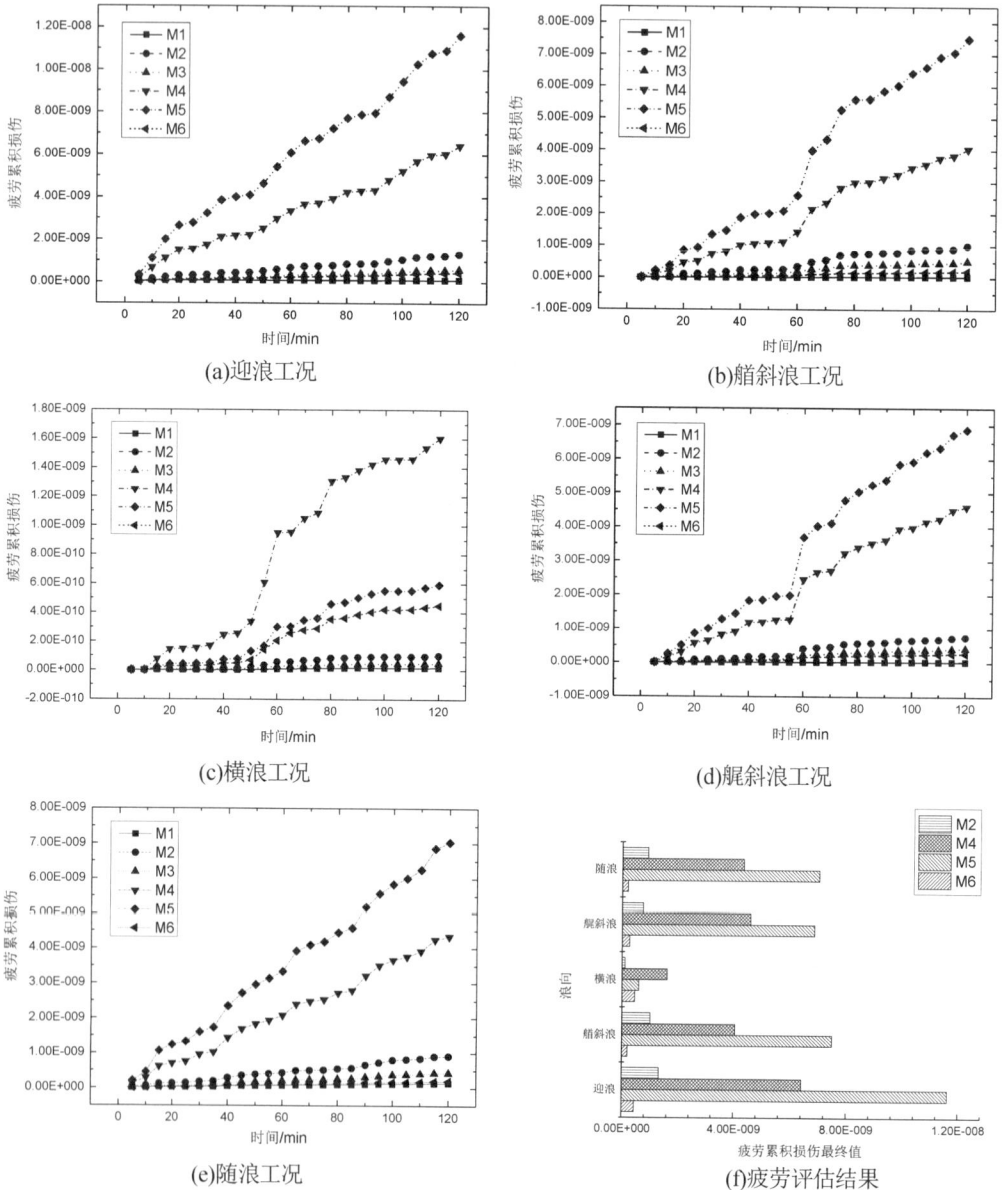

(a)迎浪工况

(b)艏斜浪工况

(c)横浪工况

(d)艉斜浪工况

(e)随浪工况

(f)疲劳评估结果

图 5-28　垂向变形引起的疲劳强度评估

(a)舷斜浪工况

(b)横浪工况

(c)艉斜浪工况

(d)疲劳评估结果

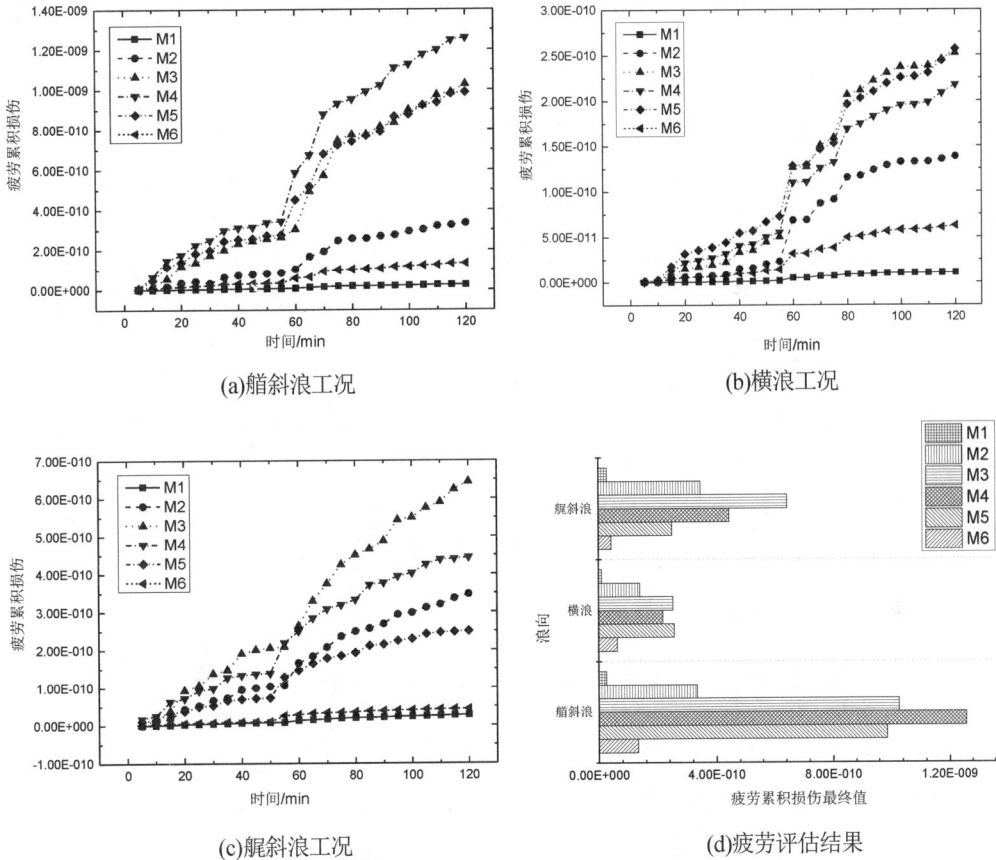

图5-29　水平变形引起的疲劳强度评估

由图5-28可知,不同浪向下的疲劳累积损伤历程随时间的变化均不是线性的。究其原因,不规则波中波高的随机性将间接导致疲劳累积损伤的非线性增加。同时,进一步观察累积损伤的过程可知,虽然船体不同部位上由于遭受到的载荷不同而使得疲劳累积损伤增长的幅度各异,但疲劳累积损伤增加速率的特征在时域上是保持一致的。在艉斜浪工况下,各部位的疲劳累积损伤在监测60~65 min的时间段内迅速增加,如图5-28(d)所示。类似的现象也可以在其他浪向不规则波工况下观察到。在横浪工况下,垂向变形引起的疲劳累积损伤在船体M4处增长最快,但在其他浪向工况下,船体M5处的损伤增长最快。事实上,在不规则波工况下,船体M5处的垂向应变幅值总是高于其他位置。因此,在大多数情况下船体M5处的疲劳累积损伤会出现急剧增加的现象。而在横浪工况下,船体M4处承受的垂向应变循环次数要比M5处多,而M4与M5之间的应变振幅差较小,所以在横浪工况下,M4处疲劳累积损伤增长较快。同时,这种应变循环数的差异也说明了在横浪工况下三体船片体阻挡了波浪的传播,但片体结构的振动将通过连接桥结构传播至主船体上。

图5-28(f)显示了船体4个相对危险位置的最终疲劳累积损伤。显然,疲劳累积损伤的最大值出现在迎浪工况的M5处。因此,在进行结构抗疲劳设计时,应关注片体起始端的位置。此外,比较图5-28(a)~图5-28(d)中结构疲劳累积损伤的过程发现,尽管船体M3处垂向变形的应变幅值要高于船体M2处的应变幅值,但船首砰击激发了更高频率的垂向弯曲振动,从

而使船体 M2 处比船体 M3 处遭受更剧烈的疲劳损伤。因此,砰击引起的高频振动对疲劳强度评估的影响是不容忽视的。

由于迎浪和随浪工况下水平振动较弱,水平弯曲变形引起的船体结构疲劳断裂难以形成。因此,图 5-29(d)仅给出了斜浪工况下水平变形引起的结构疲劳强度评估结果。由图可知,船体 M3、M4 和 M5 三处位置之间的疲劳损伤计算结果差距不大,而水平疲劳断裂的最危险位置是不固定的,显然,由水平变形引起的疲劳损伤危险位置对浪向较为敏感。进一步观察同一波浪条件下的疲劳损伤计算结果发现,在不同时刻疲劳损伤相对最高的危险位置也有可能发生变化。在横浪工况下,船体 M3 处在监测 70 min 后取代船体 M5 位置成为疲劳损伤的最高位置,但在 120 min 后情况又发生了逆转。这种交替现象如图 5-29(b)所示。在图 5-29(c)所示的艉斜浪工况下,船体 M3 和 M4 处的疲劳损伤也发现了类似的交替现象。对于水平振动引起的结构疲劳破坏,艉斜浪工况被证明是三体船舶结构最危险的情况,如图 5-29(d)所示,而船体 M4 处的横向表面则是出现结构疲劳裂纹的高发部位。

通过一系列模型试验,证明了利用结构监测与评估系统来实施多体船结构状态安全监测的可行性。其相关研究成果也为多体船结构设计提供了数据支撑。

5.3.6 近海大尺度模型结构状态监测试验

为了进一步验证船体结构状态监测与评估系统的稳定性,在一艘船体大尺度模型上安装了该系统[32]。在模型的船体梁上安装了光纤光栅传感器,通过传感器来测量船舶在近海航行时结构的应变波动,并在系统中对应变数据进行初步分析和处理,从而实现船体结构的实时强度评估。图 5-30 给出了光纤传感器的安装细节。

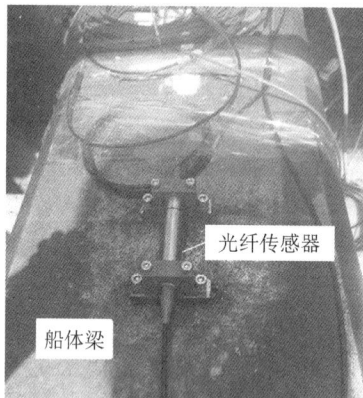

图 5-30 光纤传感器的安装细节

在大尺度模型上安装了 5 个光纤传感器,除接近船中位置的 1 个传感器(T1)为温度补偿传感器外,另外 4 个传感器(S1~S4)为应变传感器。船体结构状态监测与评估系统利用温度补偿传感器对应变传感器测得的应变数据进行校正,从而在监测船体结构应变时消除温度变化对光纤传感器测量的影响。在近海模型试验中,大尺度模型从船首到船尾分为 20 站,其中应变传感器分别安装在第 3.75、5.75、9.75 和 12.75 站处,而温度补偿传感器安装在第 7.75 站处。模型的设计及传感器的具体布置,如图 5-31 所示。

同时,采用浮标测量试验区的波浪参数。进行大尺度近海试验时,波浪有义波高为 0.27 m;平均波周期为 1.93 s。图 5-32 给出了在中国沿海地区采用无线控制的大尺度模型试

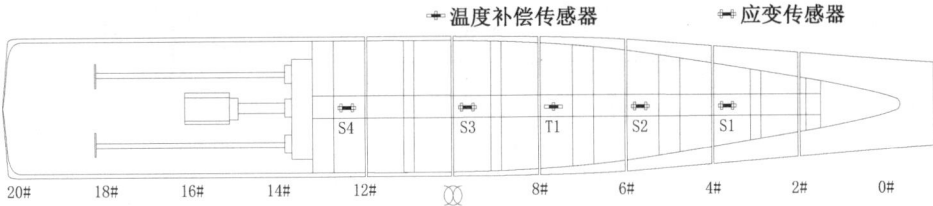

图 5-31　模型的设计及传感器布置

验过程。模型采用自主推进装置,装置包括一台小型发动机、两对螺旋桨和一套自动舵机构。自动舵采用无线远程控制,从而确保模型航行的安全。此外,图 5-33 给出了船体结构状态监测与评估系统对大尺度模型进行实时监测的截图。

图 5-32　采用无线控制的大尺度模型的试验过程

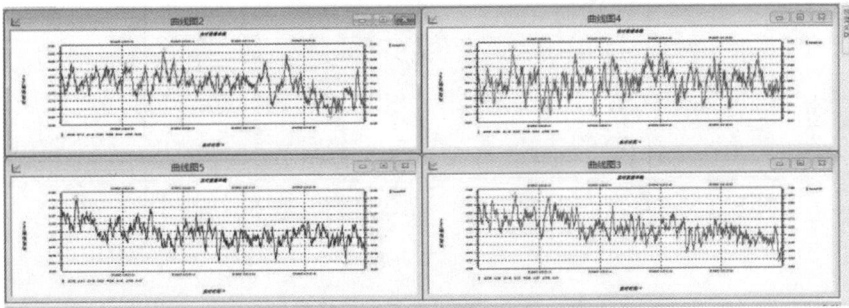

图 5-33　系统对大尺度模型进行实时监测的截图

对于结构疲劳强度评估,系统根据船体结构响应波动的特征,每 5 min 对监测位置进行一次疲劳损伤计算。同时,数据库存储了试验过程中(270 min)的结构疲劳累积损伤,其相关结果如图 5-34 所示。观察评估结果发现,首部(S1)结构的疲劳累积损伤发展较快。究其原因,首部砰击引起的高频颤振加快了疲劳裂纹产生的速度。如果该船舶在相同稳定的环境中一直航行,其首部结构将在 93.2 年后出现裂纹。

对于结构屈服强度评估,监测系统每 30 min 评估一次,其具体评估结果如图 5-35 所示。观察试验结果可知,船体 S3 处的结构失效概率高于其他部位的失效概率。究其原因,船中位置处往往会遭受更加显著的波浪冲击,从而导致船中结构响应变形较大。所以,船舶在航行过程中应重视对船中结构状态的安全监测。此外,通过在不同位置处布置应变传感器,系统能够清楚地了解整个船体模型在航行过程中结构变形的实时状况。为了避免船舶在恶劣海况下发

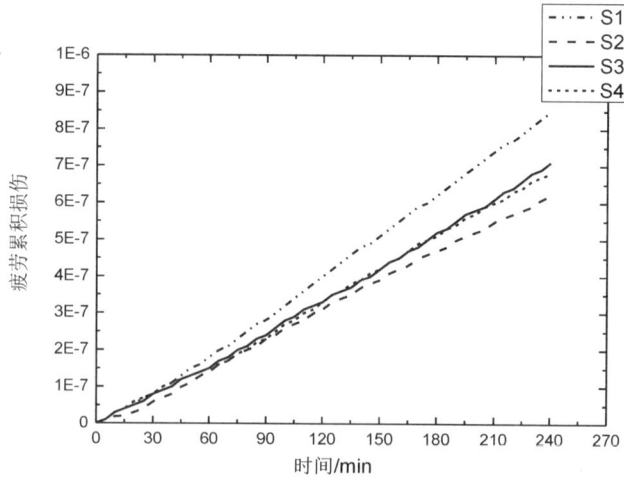

图 5-34　实时结构疲劳强度评估

生局部结构破损,同样有必要对船首和船尾的结构进行屈服强度的实时评估。

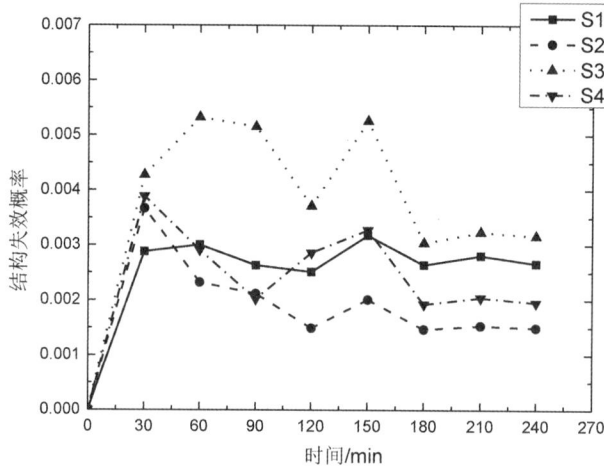

图 5-35　实时结构屈服强度评估

　　近海大尺度模型结构状态监测试验,再一次证明了船体结构状态监测与评估系统的实用性。系统所提供的实时监测数据和强度评估结果能够有效地指导船舶工作人员维护和检修船体结构,避免了船舶在复杂海洋环境下航行时出现结构破损事故,从而保证了船舶的航行安全。

参考文献

[1] 张岚. 基于 FBG 技术的散货船结构监测传感器布置研究[D]. 武汉:武汉理工大学, 2008.

[2] 侯超. 船体强度状态监测技术研究[D]. 武汉:武汉理工大学, 2008.

[3] HILL K O. Photosensitivity in optical fiber waveguides[J]. Application filter fabrication,

1978, 3(2):647-649.

[4] MELTZ G. Formation of Bragg gratings in optical fibers by a transverse holographic method [J]. Opt. Lett, 1989, 14(15):823-825.

[5] KERSEY A D, BERKOFF T A. High-resolution fibre-grating based strain sensor with interferometric wavelength-shift detection[J]. Electronics Letters, 1992, 28(3):236-238.

[6] VOHRA S T, JOHNSON G A. Distributed strain monitoring with arrays of fiber bragg grating sensors on an in-construction steel box-girder bridge[J]. Ieice Transactions on Electronics, 2000, 83(3):454-461.

[7] 张耀麒. 光纤光栅应力传感器的研究[D]. 西安:电子科技大学,2007.

[8] 靳伟,廖延彪,张志鹏,等. 导波光学传感器:原理与技术[M]. 北京:科学出版社,1998.

[9] 黄丽娟. 分布式光纤光栅应变传感网络的研究[D].秦皇岛:燕山大学,2003.

[10] 贾连徽. 船舶运动与应力实时监测系统开发[D].哈尔滨:哈尔滨工程大学, 2011.

[11] TANG H Y, REN H L, JIA L H. Research on applicability of fiber Bragg grating sensor for ship structure monitoring system[J]. IOP Conference Series:Materials Science and Engineering, 2019, 2019(686):1-7.

[12] WANG G,PRAN K, SAGVOLDEN G, et al. Ship hull structure monitoring using fibre optic sensors[J]. Smart Materials and Structures, 2001, 10(3):472-478.

[13] 金永兴,胡雄,施朝健. 集装箱船舶结构状态监测与评估系统[J].上海海事大学学报, 2008, 29(3):1-4.

[14] 胡雄,孙德建,金永兴,等. 集装箱船舶结构状态的在线监测技术研究[J]. 中国工程机械学报. 2009, 7(4): 459-462.

[15] 王为. 光纤光栅在船舶结构健康监测中的关键技术研究[D].天津:天津大学, 2010.

[16] 梁文彬. 基于光纤光栅的船舶结构健康监测技术研究[D].天津:天津大学, 2011.

[17] 申素梅. 自升式海洋平台桩腿桩靴结构监测方案研究[D].湖北:武汉理工大学, 2012.

[18] 赵彦文. 基于光纤光栅传感器的油船结构状态监测研究[D].湖北:武汉理工大学, 2013.

[19] 李志锋. 基于FBG传感器的船舶强度状态监测[D].湖北:武汉理工大学, 2013.

[20] 贾连徽,任慧龙,孙树政,等.船体结构应力监测点的选取方法研究[J].船舶力学, 2013, 17(4):389-397.

[21] 任慧龙,唐浩云,贾连徽,等.基于风险的船体结构监测点优化布置[J].哈尔滨工程大学学报, 2016, 38(1):1-7.

[22] 杨代盛,桑国光,李维扬,等. 船舶强度的概率方法[M]. 哈尔滨:哈尔滨工程大学出版社, 2007.

[23] 祁恩荣.完整和破损船体极限强度可靠性研究[D].无锡:中国船舶科学研究中心, 2003.

[24] 欧贵宝,朱加铭. 材料力学[M]. 哈尔滨:哈尔滨工程大学出版社,2008.

[25] 潘信吉,何蕴增.材料力学实验原理及方法[M]. 哈尔滨:哈尔滨工程大学出版社,1995.

[26] 唐文勇,李典庆,张圣坤.基于风险的船体结构检测及维护研究综述[J].船舶力学, 2005, 25(9):143-154.

［27］ LINDEMANN K, ODLAND J, STRENGTHEAGEN J. On the application of hull surveillance systems for increased safety and improved structural utilization in rough weather［J］. Transactions of SNAME, 1977, 85(1):131-166.

［28］ WANG G, PRAN K, SAGVOLDEN G, et al. Ship hull structure monitoring using fiber optic sensors［J］. Smart Materials and Structures, 2001, 10(3):472-478.

［29］ TANG H Y, REN H L, ZHONG Q. Design and model test of structural monitoring and assessment system for trimaran［J］. Brodogradnja, 2019, 70(2):111-134.

［30］ 王宏伟,邢波,骆红云. 雨流计数法及其在疲劳寿命估算中的应用［J］. 矿山机械, 2006, 34(3):95-97.

［31］ 唐浩云,任慧龙,贾连徽,等. 船舶结构实时监测系统［C］. 中国造船工程学会 CAD/CAM 学术交流会议, 2013.

［32］ 焦甲龙,孙树政,李积德,等. 基于系统辨识的大尺度模型耐波性试验实船响应外推预报［J］. 船舶力学, 2019, 23(11):1310-1319.